河北省社会科学基金项目成果，项目编号：HB21JY060

倪凯歌 著

Philosophy for Children in Kindergarten

幼儿园里的儿童哲学

献给女儿悠悠

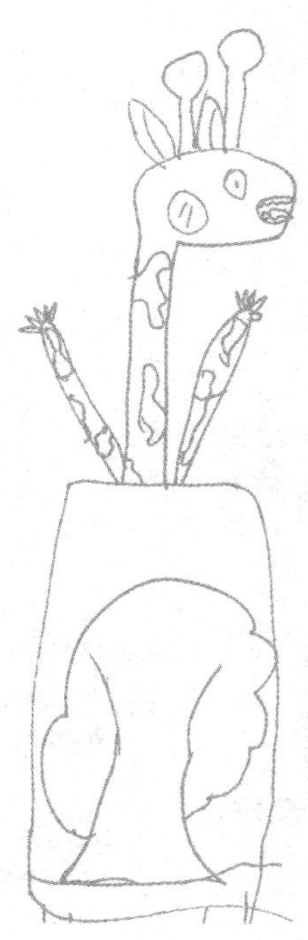

专家推荐

儿童是天生的哲学家。哲学意为“爱智慧”。好问与探究是儿童之天性，也是智慧之源。作为成人，我们要蹲下来，看见儿童，倾听儿童，研究儿童，理解儿童。尊重儿童成长发展的内在规律，保护儿童独有的哲学思维，呵护儿童的想象力、好奇心和创造力。倪凯歌老师坚定儿童立场，基于扎实的实证研究，尝试将儿童哲学与幼儿园课程进行有机整合。《幼儿园里的儿童哲学》是一部具有较强实践指导意义的书，在帮助幼儿园教师理解儿童哲学理论的同时，也提供了丰富的解决思路和实践案例。在幼儿园里实践儿童哲学，是可能的，可行的，也是必要的。

——于伟　东北师范大学教授、东北师范大学附属小学校长

这是一部关于幼儿园儿童哲学教育本土化的创新之作，也是一部能给不同层面的读者以启发和教益的著作。著作中展示了作者站在理论与实践的结合点上开展研究的丰硕成果，既能给儿童哲学教育研究者提供理论提升的丰富的素材，又能开阔幼儿园教师的理论视野并使之获得可资仿效的儿童哲学教育实践范例。

——庞学光博士、曾任天津大学教育学院博士生导师

哲学是一种“爱智慧”的活动，根源于人类的“惊讶”。儿童是“爱智慧”的，表现在他们对外部世界充满着新鲜感、好奇心和困惑。他们天生是哲学家，在探索外部世界的过程中完成自己的哲学体系。凯歌的《幼儿园里的儿童哲学》，以儿童哲学课程为切入点，提出了儿童哲学课程的价值、目标、模式和活动案例等，提供了实践场域中儿童哲学的何为、实为和应为。凯歌在本科学习期间就萌发了对哲学、儿童哲学的研究兴趣，经历了从硕士到博士阶段的不断学习思考，从学生到高校教师的身份转换，持续深耕并不

断推广儿童哲学课程。我与凯歌亦师亦友，见证了他的专业成长，欣喜地看到《幼儿园里的儿童哲学》一书的出版。相信《幼儿园里的儿童哲学》能够引领更多的教师和家长真正地理解儿童，正视“儿童是个哲学家”这一命题，尊重儿童的精神世界，善待儿童的精神萌芽，向儿童学习，体验儿童的精神品质。

——杜燕红博士、洛阳师范学院学前教育学院教授

作者怀着对儿童、对幼教、对哲学纯真、深沉和执着的爱，以开阔的视野，脚踏实地的研究，为读者奉上了幼儿园儿童哲学课程的全方位图景。这是朝着更加美好的幼教方向进行的开拓，成人能够更加尊重儿童，不慌不忙陪伴儿童慢慢成长。它仿佛一点点火花，激发幼教人即刻就出发，不断思与行。

——王银玲博士、天津师范大学教育学部副教授

儿童哲学不仅关注思维的发展，更关注儿童灵魂的滋养。幼儿阶段的哲学活动为走进幼儿的内心世界，了解幼儿的价值判断，关注幼儿的生存境况提供了可能的路径。幼儿在活动中是主动的思考者、温和的协作者和积极的创造者，他们的视角让成人感到生活的松弛与思考的深刻之间的无限关联。作者在书中向我们展现了幼儿哲学活动的不同样态，既是我们在幼儿园做哲学的参考书，又是我们重新认识幼儿的好窗口。

——郑敏希博士、福建师范大学教育学部副教授

当前，幼教行业正在经历新的变革，儿童哲学不失为改变幼儿教师观念、推动师幼互动质量提升的强心剂。如何倾听幼儿微弱的声音，如何与幼儿实现精神的持续共享？本书通过具体的案例和可行的方法提供了观念上的引领和操作上的帮助。

——杨妍璐博士、浙江师范大学儿童发展与教育学院

深不可测的儿童哲学课

（代序）

“Philosophy for Children”，“P4C”直译为“为儿童的哲学”或“给儿童的哲学”。不过，该词当初进入中文世界时，被译为“儿童哲学”。这个译法漏译了介词“for”，这个“for”其实是对前面的名词“philosophy”的限定，也就是说，中译“儿童哲学”的实际外延比“Philosophy for Children”（P4C）的要大。这个译名是历史遗留的问题。

当初将“P4C”译为“儿童哲学”，不意间增强了轰动效应，同时也带来了麻烦。何以见得？儿童＋哲学，这是两个有强烈对比的词。从流行的传统观点来看，儿童是无知的、幼稚的，而哲学是高深的、抽象的，将这两个有强烈对比效应的词摆在一起，有一种引发好奇、震动心灵的效果。可以说，将“P4C”译为“儿童哲学”，这对于“儿童哲学”在中文世界引发关注、迅速传播是有正面意义的。但是，随着中文世界“P4C”运动的壮大，人们愈来愈意识到，“P4C”与“儿童的哲学”“童年哲学”是密不可分的，但又有各自独立存在的必要。

而在汉语里，“儿童的哲学”按照汉语语法和习惯，是可以简称为“儿童哲学”的，“童年哲学”其实又是专门研究儿童的哲学，是关于儿童的哲学，亦可称为“儿童哲学”。如此这般，中文世界便出现了三门“儿童哲学”，从而干扰对这三门可以相对独立的学问的辨识和称谓。

中文世界“P4C”运动的壮大，亦强化了人们对“儿童的哲学”“童年哲学”的兴趣和重视，这一形势进一步促使被中译为“儿童哲学”的“P4C”与“儿童的哲学”“童年哲学”等概念如何命名以实现名正言顺。将眼光放得愈是长远，愈是可能发现，被中译为“儿童哲学”的“P4C”与“儿童的哲学”“童年哲学”的相互依赖和亲密关系，会伴随历史的展开而愈发增强，并且各自的独立性也会愈发鲜明，相应地，“正名”便愈发显得急迫。

时不我待——所以，中译“Philosophy for Children”（P4C），应当赶紧将其中的“for”也译出。于是，我将“P4C”译为“儿童哲学课”（或“儿童哲学课程”）。我并不主张将“P4C”译为“儿童哲学教育”，因为“儿童哲学教育”的外延比“P4C”大，当然我们可以称“P4C”是儿童哲学教育的一种形式。

“Philosophy for Children”（P4C），“为儿童的哲学”或“给儿童的哲学”，我倡议今后称其为“儿童哲学课”。这种哲学教育，当其对象是幼小儿童的时候，应当依循“儿童的哲学”从“本有”而来的本性，而不是从外部传递乃至灌输“你”的哲学、“他”的哲学。

发现儿童，发现伟大儿童，跟随儿童，跟随伟大儿童。这既包括教师倾听儿童，也包括听从自身内在的赤子（天道天命天性天理的体现者，自然目的与自然意志的体现者，亦即纯粹儿童）的召唤。——孟子云：“反身而诚，乐莫大焉！”唯其如此，我们才会更好地理解卢梭所谓“人的教育”应与“自然的教育”保持一致，“人”这个教师应与自然（天性）这位“教师”（“内部教师”）保持一致。唯其如此，我们才会进一步认同福禄培尔“让我们与儿童一起生活吧”。唯其如此，才能发现杜威所谓“儿童将成为未来教育的太阳”是正确的，蒙台梭利所谓“跟从儿童”“蒙台梭利教学法的真正教师是儿童”是正确的。唯其如此，我们才会认为，瑞吉欧方案教学由儿童（而非成人）按其需要和兴趣来决定教学活动之主题，这种观念和做法是正确的。唯其如此，我们才会认为，“安吉游戏”自觉、主动地欣赏儿童、信赖儿童、跟随儿童、依靠儿童来安排课程，这种观念和做法是正确的。

同样的，P4C 的教师应当倾听儿童内心深处的思想召唤，应当帮助儿童倾听其内心深处的思想召唤，应当与儿童一起倾听其内心深处的思想召唤，应当创造条件帮助儿童用各种可能的方式（即“儿童的一百种语言”）来表达来自其内心深处的“声音”。唯其如此，现代哲学与现代教育学才会相互会通、相互支援，才有可能将儿童视为各自思想体系的关键概念（尼采、海德格尔），才有可能各自反映时代精神和时代光辉。

幼儿园是深不可测的，儿童的哲学是深不可测的，儿童哲学课是深不可测的。对此我愈是思索，愈是心怀敬畏，愈是如临如履，而愈是心向往之。

倪凯歌这本《幼儿园里的儿童哲学》对当前幼儿园里的儿童哲学课做了比较全面的探讨、总结、提升。该书试图探讨幼儿园实施儿童哲学课的方方面面，从课程的目标、内容、主题、步骤到评价，详细呈现活动设计与实施的过程。该书通过对相关文献的梳理整合与案例研究，试图揭示教师在实施儿童哲学课程时可能面临的种种挑战，并试图提出一套可供参考的应对策略。该书强调，儿童哲学课的教师应当听从自身内在赤子之心的召唤，进而倾听儿童的声音，呼吁教师应当与儿童的天性保持和谐，而不只是知识传授，等等。该书是倪凯歌对全球 P4C 运动的一个贡献，亦是对当前“儿童哲学课”热潮的进一步推动，是值得阅读和讨论的好书。

期待倪凯歌的 P4C 研究不断取得新的成就。是为序。

刘晓东

华东师范大学教育学部教授

2023 年 12 月 25 日

前　言

近年来，笔者一直致力于在幼儿园推广儿童哲学课程。在对幼儿园教师进行培训的过程中，笔者发现同样的知识和内容需要不断重复地讲，在刘美文编辑的鼓励下，于是萌生了出版一本专门用来支持幼儿园教师实施儿童哲学课程的书的想法，以提高儿童哲学在幼儿园推广和培训的成效。

本书围绕幼儿园如何实施儿童哲学这一核心议题，首先从幼儿园实施儿童哲学的可能性与独特性切入（第一章），在梳理儿童哲学对幼儿及教师发展价值的基础上（第二章），介绍了当前幼儿园教师对儿童哲学的认知现状（第三章）；进而依据对已有文献的梳理及笔者所开展的案例研究，列举了幼儿园教师实施儿童哲学课程面临的挑战，并提供了对策（第四章）；针对第三、第四章发现的问题，本书提出了幼儿园实施儿童哲学课程的七种模式（第五章）。其次，本书围绕幼儿园儿童哲学课程的目标（第六章）、内容（第七章）、主题（第八章）、步骤（第九章）、评价（第十章）这些内容，从理念到策略，详细呈现了幼儿园儿童哲学课程活动设计与实施的过程，并展示了一个完整的活动案例（第十一章）。最后，本书还深入论述了幼儿园运用教育戏剧实施儿童哲学的路径和策略（第十二章），以及如何应用儿童哲学开展幼儿价值观教育（第十三章）。

本书的顺利出版，首先要感谢刘美文编辑和高振宇老师的信任和大力支持。同时，还要感谢我在廊坊师范学院的学生陈奕欣、游诗雨、王鑫然、赵欣悦、张岩、樊笑乐、李冬梅，她们为第三章“幼儿园教师对儿童哲学的认知现状”做了大量数据收集与分析工作，尤其是陈奕欣同学，对第三章的梳理做了重要贡献，廊坊市教育督导赵建新主任对第九章的案例做了重要的修订，在此一并表示感谢。另外，更要感谢这些年来一直邀请我到幼儿园开展儿童哲学课程活动的柴美艳园长（廊坊市直属机关第二幼儿园）、刘丽翠园长（廊坊经济技术开发区第一幼儿园）和周柳毓园长、郑雪剑副园长（金华市观澜江境幼儿园）。此外，在本书第二章及第十一章中，用到了廊坊经济技术开发区第一幼儿园郝津梦、李庆鑫两位老师，以及金华市观澜江境幼儿园鲍燕芬、何庆莉、郑安妮、郑国庆、张翼添、张海平六位老师的部分案例和教学手记，在此一并表示感谢。

近五年来，还要感谢我的学生李青芳、吴瑶、王雨薇、韩金月、雷畅、刘文文、邵明然、王丽娟、杨雪民、张婉莹、张金金、常亚男、卜子晴、侯璐垚、回佳、张佳莹、尹晴雯、魏鹏欣、薛思尧、董迅、杜丽颖、郭杨洋、刘习欢、高艺苇、唐文权、刘孜、张岩、王瑜、徐啸雨、韦红燕、项亦非等同学围绕儿童哲学所做的调查研究及在幼儿园开展的行动研究。特别值得一提的是，在 2018 年 7 月，李青芳同学与廊坊悦读咖啡书店合作，利用绘本精心设计并实施了一系列针对 3—8 岁儿童的哲学活动，这些活动成功推动了儿童哲学在廊坊地区的初步传播。正是这些同学的实践探索，不仅为本书提供了丰富的案例素材，客观上也推动了儿童哲学在廊坊地区的落地生根。就在本书成稿之际，我收到了学生唐文权发来的喜讯：她 2023 年的本科毕业论文《儿童哲学绘本创作及其应用——以自创绘本〈啄木鸟快快乐乐〉为例》在“第十七届全国高校学前（幼儿）教育专业毕业论文评选”活动中荣获本科生优秀毕业论文一等奖。这说明，这些年来学生们的付出得到了国内幼教同行的认可，这也无疑会激发和鼓舞更多的学生未来去从事儿童哲学的研究和实践。

还要感谢这一路陪伴自己的父母、妻女和弟弟、妹妹，尤其感谢我那刚刚 6 岁的女儿悠悠，她是朝阳中灿烂的一抹光辉，将每一个清晨都涂抹得如此明亮愉快；她是探索的小侦探，用童稚之手，轻轻掀起生活的每一层神秘面纱；她是小小画家，用纯真的眼睛捕捉世界的色彩，并以无尽的创意将之展现在纸上；她是幻想的导演，每一次假装游戏都是一出奇妙剧目，带我进入一个又一个令人惊喜的奇幻世界；她是自然的小伙伴，欣赏着每一片树叶，与每一朵花儿窃窃私语。在我生命的舞台上，她是无可替代的主角，每一个动作，每一个微笑，都是我生命中最宝贵的珍宝，给予我力量与灵感，让我学会观察、欣赏和珍惜生命中的每一个细微美好。她，是我的小小导师，教我用最纯粹的心灵，去感受这个世界的奇妙。她，这个我生命中的小哲学家，用她的好奇和智慧不断叩击着我的灵魂，引导我去审视、去感悟这个世界更为深远的意义。

另外，还要感谢一路遇到的良师益友，尤其感谢洛阳师范学院的杜燕红老师、武玮老师和天津师范大学的王银玲导师和庞学光老师，以及廊坊师范学院教育学院的李士萍院长。正是在他们的支持、鼓励与指导下，我才逐步走上了儿童哲学研究与实践的道路。另外，特别感谢近年来一同走在儿童哲学之路上的同仁们、好友们，让这条路不再孤独。感谢东北师范大学于伟老师，杭州师范大学高振宇老师、孙丽丽老师，福建师范大学郑敏希老师，浙江师范大学杨妍璐老师，天津市和平区教师发展中心付莹老师，首都师范大学魏洪鑫博士等。其实，从本源上来说，最应该感谢的还应该是华东师范大学的刘晓东老师，正是我在2010年阅读了刘老师的《儿童精神哲学》一书，才决定走上儿童哲学的道路。

最后，希望本书的出版，也能激发更多的研究者、师范生、幼儿园教师、家长、教育管理者对儿童哲学的兴趣，一起走上儿童哲学的研究与实践之路。

倪凯歌

二〇二三年十二月

目录

第一章　幼儿园实施儿童哲学课程的可能性与独特性 / 001

一、儿童哲学的内涵 / 001

二、儿童哲学课程与哲学专业教育 / 004

三、儿童哲学课程与中国传统教育 / 005

四、儿童是天生的哲学家 / 006

五、幼儿园开展儿童哲学课程的独特性 / 008

第二章　幼儿园实施儿童哲学课程的价值 / 011

一、儿童哲学对幼儿发展的价值 / 011

二、儿童哲学对教师理论思维及专业发展的价值 / 013

三、儿童哲学课程对职前、职后教师发展影响的实证研究 / 016

四、幼儿园里的儿童对儿童哲学的评价 / 022

第三章　幼儿园教师对儿童哲学的认知现状 / 026

一、关于幼儿园教师儿童哲学认知现状的调查 / 026

二、幼儿园教师已有的儿童哲学经验 / 028

三、幼儿园教师对儿童哲学的认知 / 028

四、影响幼儿园教师对儿童哲学认知的外部因素分析 / 033

五、讨论与建议 / 044

六、研究展望 / 046

第四章　幼儿园教师实施儿童哲学课程的挑战与对策 / 048

一、幼儿园教师实施儿童哲学课程的挑战 / 049

二、幼儿园教师实施儿童哲学课程的对策 / 055

第五章　幼儿园实施儿童哲学课程的模式 / 058

一、通过五大领域教学实施儿童哲学活动 / 058
二、在一日生活中开展儿童哲学活动 / 062
三、开展专门的儿童哲学探究活动 / 064
四、通过游戏实施儿童哲学活动 / 066
五、通过故事说演实施儿童哲学活动 / 067
六、通过教育戏剧实施儿童哲学活动 / 069
七、构建指向思维发展的儿童哲学园本课程 / 070

第六章　幼儿园儿童哲学课程目标 / 073

一、儿童哲学课程该不该有目标 / 073
二、国际上关于儿童哲学课程目标的论述 / 073
三、国内儿童哲学课程目标相关的论述 / 077
四、幼儿园儿童哲学课程目标的构建 / 078

第七章　幼儿园儿童哲学课程中使用的绘本刺激物 / 083

一、儿童哲学课程应用绘本的历程 / 083
二、儿童哲学界对应用绘本的争论 / 085
三、绘本适合作为幼儿园开展儿童哲学课程活动刺激物的依据 / 093
四、应用绘本开展幼儿园儿童哲学课程活动的策略 / 096
五、应用绘本开展幼儿园儿童哲学课程活动可能存在的问题与展望 / 103

第八章　幼儿园儿童哲学课程活动主题 / 107

一、幼儿园儿童哲学课程活动的主题来源 / 107
二、幼儿园儿童哲学探究活动主题选择策略 / 110

第九章　幼儿园儿童哲学课程活动的步骤 / 116

一、SAPERE 的儿童哲学活动步骤 / 116

二、儿童哲学活动案例 / 125

第十章　幼儿园儿童哲学课程评价 / 132

一、儿童哲学课程评价 / 132
二、儿童哲学课程评价现状 / 132
三、儿童哲学课程评价工具 / 134

第十一章　幼儿园儿童哲学课程活动案例与评析 / 159

一、活动文本开发 / 159
二、活动实施过程 / 164
三、儿童哲学促进者回顾与反思 / 169
四、观察记录 / 174
五、专家点评 / 178
六、幼儿园儿童哲学活动设计表 / 179

第十二章　幼儿园运用教育戏剧实施儿童哲学 / 191

一、教育戏剧与儿童哲学的天然联结 / 191
二、教育戏剧融入儿童哲学的意义 / 199
三、教育戏剧融入儿童哲学的路径 / 203
四、教育戏剧融入儿童哲学的问题与展望 / 213

第十三章　应用儿童哲学开展幼儿价值观教育 / 215

一、应用儿童哲学开展幼儿价值观教育的必要性 / 215
二、应用儿童哲学开展幼儿价值观教育的可能性 / 218
三、应用儿童哲学开展幼儿价值观教育的策略 / 223

后　记 / 227

第一章

幼儿园实施儿童哲学课程的可能性与独特性

儿童哲学在国内幼教领域的应用尚处于起步阶段，当前依然面临着诸多问题和挑战。其中，对幼儿园能否开展儿童哲学课程的质疑限制着儿童哲学课程在幼儿园的推广。为回应质疑的声音，本章首先梳理了儿童哲学的内涵、儿童哲学课程与哲学专业教育的区别及儿童哲学课程与中国传统教育的关系；其次，从儿童是天生的哲学家及幼儿园课程的目标两方面论证幼儿园开展儿童哲学课程的可能性；最后，从幼儿园课程的特点及幼儿的年龄特点两方面来说明幼儿园阶段开展儿童哲学课程的独特性。

一、儿童哲学的内涵

儿童哲学的内涵，依据高振宇（2011）的解释，要从“儿童”和“哲学”这两个层面来理解：“儿童”可以泛指 18 岁以下的孩子，“哲学”则是作为一种方法或程序而存在。国内研究者对儿童哲学的定义一般分为三种：第一种定义追随马修·李普曼（Matthew Lipman）的儿童哲学课程（Philosophy for Children），认为儿童哲学是思维训练的新模式；第二种定义以刘晓东为代表，认为儿童哲学除了思维训练的哲学启蒙外，还要加入儿童思想中的精神元素，强调作为智慧探求的哲学启蒙和作为文化陶冶的哲学启蒙；第三种定义则跳脱了哲学的框架，将儿童哲学与儿童的精神世界等同，如刘晓东认为儿童哲学即儿童关于世界的观念，包括儿童的好奇、困惑、探究，也包括他们对世界的理解和阐释。[1] 从国际上来看，英文单词“Philosophy for Children”往往专指李普曼于 20 世纪 60 年代创立的儿童哲学课程，简称 P4C，国内常译作“儿童哲学”。刘晓东认为，随着该领域研究的深入和细化，这样的翻译

[1] 高振宇 . 儿童哲学导论［M］. 桂林：广西师范大学出版社：2020：15.

会遇到很多问题，而儿童哲学要比儿童哲学课程的意蕴宽广许多。因此，刘晓东建议将 P4C 翻译为儿童哲学课程。[1] 事实上，在英文世界中，还有几个词我们也译为“儿童哲学”，但所指并不一样，如 Philosophy of Children，Philosophy by Children，Philosophy about Children，Philosophy with Children 等。其中，Philosophy of Children 指“儿童的哲学”，该词与“成人的哲学”相对应，即儿童自己对世界和自我的认识；Philosophy by Children 则指以儿童为主体，按照儿童自身特有的方式思考哲学问题。Philosophy of Children 强调儿童思考的“内容”，Philosophy by Children 强调儿童思考的“方式”。[2] 另外，Philosophy about Children 即“关于儿童的哲学”，指长久以来人们对儿童的认识，可等同于儿童观。在这些关于儿童哲学的概念中，Philosophy with Children 是近年来需要特别关注的一个概念。立足于美国哲学家加雷斯·马修斯（Gareth Matthews）关于哲学与幼童、童年哲学的相关研究，有学者提出了 Philosophy with Children，简称 PwC，强调“和儿童一起做哲学”，以区别强调“为儿童设计哲学课程”的 P4C（Fiachra Long，2005[3]；Karin Murris，2008[4]；Vansieleghem and Masschelein，2010[5]）。PwC 在内容上未使用儿童哲学促进中心（Institute for the Advancement of Philosophy for Children，IAPC）专用的儿童哲学教材，而采用了绘本、图片、诗歌、视频等多元素材。不过在儿童哲学的教学方法上，PwC 依然强调哲学探究共同体（Community of Philosophical Inquiry）的运用。具体而言，Philosophy for Children 与 Philosophy with Children 的区别与联系如表 1-1 所示。

---

[1] 刘晓东. 论儿童的哲学与儿童哲学课［J］. 苏州大学学报（教育科学版），2019，7（03）：51—59.

[2] 高振宇. 儿童哲学导论［M］. 桂林：广西师范大学出版社，2020：17.

[3] Long，F. Thomas Reid and Philosophy with Children［J］. Journal of Philosophy of Education，2005，39（4）：599—614.

[4] Murris，K. S. Philosophy with Children，the Stingray and the Educative Value of Disequilibrium［J］. Journal of Philosophy of Education，2008，42（3—4）：667—685.

[5] Vansieleghem，N.，& Masschelein，J. Creativiti or Passion? What is at Stake in Philosophy with Children?［J］. Teoría de la Educación：Revista Interuniversitaria，2010.

表 1-1 P4C 与 PwC 的比较

特征	P4C: Philosophy for Children	PwC: Philosophy with Children
时间	1970 年左右	1990 年左右
起因	学生在推理方面存在问题，对学校教育缺乏兴趣	P4C 在应用过程中遇到了越来越多的挑战
代表人物	马修·李普曼	加雷斯·马修斯、卡林·默里斯（Karin Murris）、托马斯·沃顿伯格（Thomas E. Wartenberg）等
理论基础	杜威（Dewey）、米德（Mead）、维果斯基（Vygotsky）、布赫勒（Buchler）等	在原有的理论基础上又增加了新的理论基础，如后现代主义
实践地区	美国	欧洲及其他地区
目标	批判性、创造性和关怀性思维。对李普曼来说，P4C 的目的不是把儿童变成哲学家或决策者，而是帮助他们成为更有思想、更有反思能力、更会关怀、更有理性的人	不仅仅是批判性思维，还包括反思、沉思和交流，自我实现和自我判断，自我管理（或自我导向），强调差异和创新等
刺激物	儿童哲学促进中心（IAPC）所开发的哲学小说	多种多样的刺激物，如绘本、图片、视频、诗歌、寓言、游戏等
教学法	哲学探究团体	哲学探究团体，同时更强调对话

另外，大卫·肯尼迪（David Kennedy）等学者指出，儿童哲学的第一代学者马修斯·李普曼和加雷斯·马修斯开创了 Philosophy for Children 和 Philosophy of Children；而儿童哲学的第二代学者安·玛格丽特·夏普（Ann Margaret Sharp）、大卫·肯尼迪、卡林·默里斯、沃尔特·科恩（Walter Kohan）、米歇尔·萨塞维尔（Michel Sasseville）、乔安娜·海恩斯（Joanna Haynes）、珍·格拉泽（Jen Glaser）、奥斯卡·柏尼菲（Oscar Brenifier）、米歇尔·托齐（Michel Tozzi）、玛丽娜·桑蒂（Marina Santi）、芭芭拉·韦伯（Barbara Weber）和菲利普·卡姆（Philip Cam）等已经不再将儿童哲学（P4C 或 PwC）看作单一的模式或方法，而是称之为一场包含着混合方法（medley of approaches）的运动，在这场运动中，每个实施儿童哲学的地区都可以形成自己的方法、技术和策略。[1] 因此，作为国际儿童哲学运动中的一

[1] Vansieleghem, N., & Kennedy, D. What is Philosophy for Children, What is Philosophy with Children—After Matthew Lipman? [J]. Journal of Philosophy of Education, 2011, 45 (2): 171—182.

环，我们需要结合本土国情形成自己的模式、路径和方法。

儿童哲学课程与儿童哲学教育也有一定区别。儿童哲学课程侧重于课程目标、内容、实施和评价，而儿童哲学教育的范围更加广泛，可以贯穿于整个教育实践，包括儿童的日常活动、游戏等方方面面。另外，儿童哲学课程往往有一套实施的模式和步骤，而儿童哲学教育可通过多种途径实施，如融入环境、微哲学对话等。两者虽有不同，但儿童哲学教育包含了儿童哲学课程，两者都要采用哲学探究团体教学法。鉴于此，本书采用“儿童哲学课程”这一术语，并将其界定为：以儿童已有的思维方式和生活经验为基础，采用绘本、故事等刺激物，通过哲学探究团体教学法，在探究与对话中提高儿童的批判性思考、创造性思考、关怀性思考、交往沟通、团队合作及文化认同能力。

二、儿童哲学课程与哲学专业教育

儿童哲学课程的推广，除了要厘清与儿童哲学课程相似的几个概念之间的关系，还要区分儿童哲学课程与哲学专业教育的不同。哲学专业教育面对的是哲学专业的大学生，强调在系统掌握中西方哲学的历史与理论的基础上，培养哲学思维方式。而李普曼创设的儿童哲学课程面对的是中小学甚至幼儿园阶段的儿童，并不强调对哲学历史和理论的系统学习，而是在继承苏格拉底式诘问法的基础上，将杜威的哲学探究与皮尔士（Peirce）的共同体概念相结合，鼓励儿童围绕刺激物进行对话、探究，在论证、质疑、反思中建构个人意义，提升个人理性，进而促进社会民主。因此，李普曼创设的儿童哲学课程虽与哲学专业教育不同，但可作为哲学教育在儿童这一年龄段的延伸，是专业哲学走向“大众哲学”的一条途径。[1]正如夏威夷儿童哲学所倡导的“小 p”已经从“大 P”的哲学家和哲学领域中解放出来，哲学变成一种可以探究任何内容或主题的“活动”，可以是个人或大家一起思考的、学术性的或是实际生活中的问题。[2]但作为哲学教育的一种，儿童哲学课程依然蕴含着

[1] 杨小微，罗丽．儿童观演进与儿童哲学课程的未来［J］．华中师范大学学报（人文社会科学版），2023，62（02）：154—164.

[2] 冷璐．夏威夷儿童哲学的实践模式［J］．陕西学前师范学院学报，2018，34（10）：29—34，47.

“哲学性”，主要表现在氛围的安全性、目标的思维促进性、主题的哲学性、过程的对话性、结果的不确定性以及哲学思维工具的使用等特征上。[1]

三、儿童哲学课程与中国传统教育

从儿童哲学课程与中国传统教育的关系来看，若将儿童哲学作为一门系统的课程（P4C），中国传统教育中并没有类似的课程，但中国传统教育中并不缺乏“关于儿童的哲学”及“对儿童进行哲学教育”。如陈永宝在《小学与哲学：论朱熹蒙学思想中的儿童哲学》一文中，通过挖掘朱熹存世文本中的儿童观，发现朱熹更为重视问答式与陪伴式的教育方法，这与李普曼和马修斯所主张的儿童哲学理念较为类似。[2]事实上，儿童哲学课程所采用的哲学探究团体教学法，虽由李普曼将其应用在教育中，但其理论溯源可追溯至古希腊苏格拉底和中国古代孔子的思想中。如苏格拉底式探究强调我只知道我是无知的，强调从质疑走向倾听，强调教师成为与学生对话的共同探究者；而孔子的启发式教学同样强调秉持着“无知”精神，重视学生的主动及独立思考，强调师生间及同伴间相互学习[3]，这些都是儿童哲学的重要特征。另外，基于孔子的思想，儿童哲学在中国的发展开始由“思维技能”转向“哲学智慧”，从关注认知到兼顾情感和审美，从诉诸定义走向诉诸情境[4]，从强调批判性思维走向对关怀性思维侧重的转变[5]。因此，基于孔子启发式教学的中国式儿童哲学，既是对传统文化的守正创新，也是与国际对话的成果，可作为中国文化对世界儿童哲学发展的贡献。除了孔子启发式教学与儿童哲学探究团体教学法的联结外，老子《道德经》中的“赤子之心”“复归于婴

[1] 倪凯歌.幼儿园儿童哲学探究活动主题选择策略——以绘本《小蓝和小黄》为例[J].福建教育，2021，1354（51）：24—27.

[2] 陈永宝.小学与哲学：论朱熹蒙学思想中的儿童哲学[J].陕西学前师范学院学报，2020，36（10）：7—13.

[3] 张传燧.孔子与苏格拉底对话教学法：比较文化视角[J].教师教育研究，2006（06）：62—66.

[4] 高振宇.孔子对话教学视野下儿童哲学探究团体的重构与创新[J].教育发展研究，2018，38（Z2）：65—73.

[5] Lam，C. M.（Ed.）. Philosophy for Children in Confucian Societies：In Theory and Practice［M］. New York：Routledge，2019：1.

儿”“圣人皆孩之”“含德之厚，比于赤子”等观念也与儿童哲学强调的“儿童是天生的哲学家”这一理念遥相呼应。另外，孟子的“知言善辩”、庄子的寓言故事都可以作为儿童哲学课程的内容，如杭州市余杭区未来科技城海曙小学就依托《孟子》开展了系列的儿童哲学探究活动。

然而，中国传统教育对儿童哲学课程的促进与阻滞并存。儿童哲学课程强调逻辑与论证，尤其强调批判性思维，而这正是中国传统哲学的弱项。冯友兰先生曾说：“中国哲学家之哲学，在其论证及说明方面，比西洋及印度哲学家之哲学，大有逊色。”[1]而弥补中国传统教育的这一不足，也是儿童哲学课程在当今时代的重要价值。

四、儿童是天生的哲学家

儿童哲学的前提是假设“儿童是天生的哲学家”，围绕这一命题，国内外学者已做了大量研究，如美国哲学家马修斯的儿童哲学三部曲《与幼儿对话》《哲学与幼童》《童年哲学》，心理学家高普尼克（Gopnik）的《宝宝也是哲学家》等；哲学家周国平的《妞妞》《宝贝宝贝》，刘晓东的《儿童精神哲学》，刘绪源的《美与幼童》等。哲学的本义为“爱智慧”，儿童，尤其是学龄前的儿童，对万事万物充满了好奇心和探究欲，从这方面来说，儿童就是天生的哲学家。

西方哲学源于古希腊，是为了理解世界令人费解的特征和人类在其中的地位而产生。[2]李普曼和安·玛格丽特·夏普认为，儿童更接近于前苏格拉底时期的哲学家，而不是后亚里士多德时期的哲学家。[3]沃顿伯格针对这一论断提出了两点理由。首先，困扰前苏格拉底时期哲学家的许多问题与当今困扰儿童的许多问题有共通之处。[4]如前苏格拉底时期的哲学家担心变化发

---

[1] 冯友兰.中国哲学史[M].北京：商务印书馆，2011：9.

[2] Wartenberg，T. E. Thinking Through Stories Children，Philosophy，and Picture Books [M]. London or New York：Routledge，2022：16.

[3] Lipman，Matthew and Sharp，A. M. Wondering at the World：Instructional Manual to Accompany Kio and Gus [M]. Upper Montclair，NJ：Institute for the Advancement of Philosophy for Children，1986：45.

[4] Wartenberg，T. E. Thinking Through Stories Children，Philosophy，and Picture Books [M]. New York：Routledge，2022：16.

生的可能性，赫拉克利特提出，火是万物的本原，而变化是永恒的，一切皆在变化，正如他提出“人不能两次踏入同一条河流，因为河水总是在流动”。而同一时期的巴门尼德却认为：“没有任何事物是变化的，感官的事物只是幻觉。唯一真实的存在就是‘一’。”[1]同样，儿童在生活中也常常遇到许多困惑，如“男孩留了长发、穿了裙子就会变成女孩吗？”“我从小班升入中班了，我还是小班的那个我吗？”“爸爸妈妈对我的爱会变吗？”“雪融化了，它们去哪里了呢？”等等。其次，沃顿伯格提到，前苏格拉底时期的哲学家并没有系统的哲学经典可以参考，他们所处的状况与年幼时的孩子们非常相似，因为在他们之前，也根本不了解哲学这门学科。[2]因此，从这两个理由来看，儿童可以进行哲学思考。正如卡尔·雅斯贝尔斯（Karl Jaspers）在《智慧之路》中所说：“哲学思想永远只能根源于自由的创造，而且每个人都必须自己完成他的哲学创造。”“孩子们常具有某些在他们长大成人之后反而失去的天赋。随着年龄的增长，我们好像是进入了一个由习俗、偏见、虚伪以及全盘接受所构成的牢笼，在这里面，我们失去了童年的坦率和公正。儿童对于生活中的自然事物往往做出本能的反应，他能感受到、看到并追寻那些即将消失在他的视野中的事物。”[3]然而，在中国的教育传统中，往往将儿童视为缺乏接受能力的“小大人”，需要成人不断地教导和约束，正如“教”的古字形会意为手拿教鞭鞭打孩子。这种成人世界对儿童天性、好奇心的不断压制，导致了中国的教育中充斥着成人权威对儿童的压迫和灌输，如今这种观念依然显现于部分教师的教育实践中。幸运的是，通过儿童哲学不仅可以激发和倾听儿童的声音，还可以支持和维护儿童对世界的好奇，减少灌输和惩戒式教育对儿童天性和活力的压制。

另外，李普曼创设儿童哲学最直接的动因是受到了哥伦比亚大学

---

［1］ 罗素．西方哲学史［M］．张作成，译．北京：北京出版社，2007：16.

［2］ Wartenberg，T. E. Thinking Through Stories Children，Philosophy，and Picture Books［M］. New York：Routledge，2022：16.

［3］ 卡尔·雅斯贝尔斯．智慧之路［M］．柯锦华，范进，译．北京：中国国际广播出版社，1988：4.

（以下简称“哥大”）学生抗议活动的冲击。他说：“当我看到哥大所做出的笨拙的努力时，我不禁想到，哥大的问题是无法在哥大自己的机构框架内得到解决的。教师和学生们一样，都是来自同样的小学和中学教育体系。如果我们在早期就被错误地教育了，那我们会有许多共同的错误想法，而这些错误想法会让之后教育的成果付之东流。”[1]因此，李普曼决定在中小学利用儿童哲学开展思维教育。而本书认为，有些错误想法到了中小学再去解决为时已晚，正如中小学的问题是无法在中小学自己的机构框架内得到解决的一样，必须从幼儿教育阶段就开始解决。

五、幼儿园开展儿童哲学课程的独特性

相比其他学段，幼儿园阶段是实施儿童哲学更有效的时期。首先，幼儿园对课程目标的描述与儿童哲学的目标相一致，如国内幼儿园课程目标往往划分为健康、语言、社会、科学（数学）和艺术五大领域，这样的划分与儿童哲学的批判性思维、创造性思维、关怀性思维、合作精神及交流沟通能力有较多吻合的地方，如批判性思维对应科学领域，创造性思维对应艺术领域，关怀性思维和合作精神对应健康和社会领域，交流沟通能力对应语言领域。其次，幼儿园教师在实施新的课程方案时比其他学段的教师更加自由。其他学段的教师往往被严格的课程大纲和教材所束缚，而幼儿园阶段不设置教材，这虽然给幼儿园教师带来了挑战，但客观上却给了幼儿园教师更大的灵活性。再次，在幼儿园开展儿童哲学不需要额外的内容资源，幼儿园自身的丰富资源已经足够，如希腊学者加斯帕拉图（Gasparatou）和坎佩萨（Kampeza）（2012）通过研究证明，在幼儿园不仅可以实施儿童哲学，而且利用幼儿园现有的资源已足够开展儿童哲学活动。[2]

在幼儿园阶段实施儿童哲学不同于中小学阶段。国内虽有一些介绍实施

[1] 韦彩云.思维教育的一生：儿童哲学课程（P4C）之父李普曼生平述评［J］.新儿童研究，2020（1）：142—162.

[2] Gasparatou，R.，& Kampeza，M. Introducing P4C in Kindergarten in Greece［J］. Analytic Teaching and Philosophical Praxis，2012，33（1）：72—82.

儿童哲学的策略，如探究团体的构建、评价体系的构建、倾听策略、提问方法、教师在儿童哲学中的角色等，但多集中在中小学阶段。然而，中小学主要为分科课程，强调将儿童哲学融入现有学科中；幼儿园主要以主题整合课程为主，强调以游戏和亲身体验，难以照搬儿童哲学在中小学的应用模式和策略。因此，在幼儿园实施儿童哲学，必须充分考虑幼儿园的特点，才能真正发挥儿童哲学在幼儿园的价值。幼儿园阶段的独特性主要是由幼儿园的课程特点及幼儿的年龄特点决定的。

从幼儿园课程的特点来看，幼儿园的课程在内容上强调以幼儿的生活为基础；在目标上强调不同领域的相互渗透和整合，重视学习品质的培养；在活动方式上强调幼儿的亲身体验，以游戏为基本活动。《3—6 岁儿童学习与发展指南》（2012）指出，要“关注幼儿学习与发展的整体性”，要注重领域和目标之间的相互渗透和整合，要“尊重幼儿发展的个体差异”，“理解幼儿的学习方式和特点”，“重视幼儿的学习品质”。[1] 该指南还强调幼儿的学习是以直接经验为基础，在游戏和日常生活中进行的。

从幼儿的年龄特点来看，其认知发展、语言发展和注意的发展都有其独特性。依据皮亚杰对儿童认知发展阶段的划分，幼儿园阶段的儿童主要以感知运动与具体形象思维为主，通过实际操作和亲身体验来进行学习。因此，在儿童哲学活动中，要强调让幼儿通过身体进行思考，积极引入有身体参与的游戏和戏剧活动。另外，维果斯基认为，语言和思维是儿童的基本能力，正是二者的交织才使得儿童获得和处理信息、掌握新技能成为可能。然而，处于幼儿园阶段的儿童，其语言尚处于发展过程中，在儿童哲学活动中，仅仅依靠口头语言难以有效推动探究的深入。幼儿的倾听与表达的能力虽然有所发展，但个体差异较大，部分幼儿还难以清晰全面地表达自己的观点，因此，在实施儿童哲学的过程中，需要加入一些强调幼儿多元表征的艺术探究活动。另外，幼儿对抽象文字的阅读和理解能力尚未发展成熟，这也制约着幼儿对儿童哲学故事文本的阅读和理解，因此，在开展儿童哲学时，对哲学

[1] 李季湄，冯晓霞.《3—6 岁儿童学习与发展指南》解读［M］. 北京：人民教育出版社，2013: 287.

文本的呈现不能以文字为主，而应结合图片、声音、视频及“对话阅读”[1]等方式进行。另外，从幼儿的注意特点来看，幼儿的无意注意占优势。无意注意就是事先没有预定目的，也不需要意志努力的注意。[2]幼儿的注意就像灯笼一样照射四方，而成人的注意更像是手电筒，往往聚焦于某一点[3]，因此，幼儿的注意很容易被分散，这就要求在开展儿童哲学时，要控制干扰因素，同时选择那些与幼儿兴趣、需要和生活经验相关的探究主题。从幼儿注意的稳定性来说，3 岁幼儿能够集中注意 3—5 分钟，4 岁幼儿的注意可持续 10 分钟左右，5—6 岁幼儿的注意能保持在 20 分钟左右[4]，因此，在幼儿园开展儿童哲学活动时，如果过于强调单一的口头语言或静坐时间过长，可能导致探究活动的中断或不够深入，这就需要适时在儿童哲学活动中加入游戏或艺术活动，如戏剧、手工、绘画等。

---

[1] Whitehurst, G. J., Falco, F. L., Lonigan, C. J., Fischel, J. E., DeBaryshe, B. D., Valdez-Menchaca, M. C., & Caulfield, M. Accelerating Language Development Through Picture Book Reading [J]. Developmental Psychology, 1988, 24 (4): 552.

[2] 陈帼眉 . 幼儿心理学 [M]. 北京：北京师范大学出版社，2017: 49.

[3] 艾莉森·高普尼克 . 宝宝也是哲学家 [M]. 杨彦捷，译 . 杭州：浙江人民出版社，2014: 98.

[4] 陈帼眉 . 幼儿心理学 [M]. 北京：北京师范大学出版社，2017: 54.

第二章

幼儿园实施儿童哲学课程的价值

一、儿童哲学对幼儿发展的价值

特里基（Trickey）和托平（Topping）（2004）在关于儿童哲学的研究综述中，列举了大量儿童哲学促进儿童发展的相关研究，[1]他们的研究多侧重于儿童哲学在中小学阶段的应用和影响。近年来，国际上也涌现了一批聚焦于幼儿园阶段实施儿童哲学的研究，这些研究发现，儿童哲学不仅可以促进幼儿关怀性思维、批判性思维、逻辑推理能力、创造性思维的发展，还对幼儿的倾听技能、语言表达能力、阅读理解、数学技能、自尊、情商等方面有一定的促进作用。本章重点围绕幼儿的关怀性思维、批判性思维和逻辑推理能力、创造性思维这三个方面，介绍部分实证研究，以供国内研究者借鉴。

（一）儿童哲学可以促进幼儿关怀性思维的发展

在儿童哲学发展过程中，关怀性思维（Caring Thinking）的地位越来越重要。在过去几十年，许多学者围绕幼儿的关怀性思维进行了研究，如韩国学者李和钟（2008）选取45位5岁幼儿，其中实验组22位，对照组23位，实施了为期12周、每周2次、共计24次的儿童哲学活动，结果发现实验组幼儿在关怀性思维的五个维度上（赏识性、规范性、情感表达、同情心、主动性）都有显著的提高。[2]美国学者伯勒斯（Burroughs）和通德米尔（Tuncdemir）（2017）针对30位3—5岁幼儿开展了持续12周、每周1次、每次1小时的儿童哲学活动，结果发现实验组幼儿在公平、移情、个人福祉

---

[1] Trickey, S., & Topping, K. J. "Philosophy for Children": A Systematic Review [J]. Research Papers in Education, 2004, 19 (3): 365—380.

[2] Lee, C. H., & Chung, D. Young Children's Caring Thinking [C]. Proceedings of the XXII World Congress of Philosophy, Vol. 27, 2008: 45—54.

（welfare）和对同伴的包容四个维度明显优于对照组。[1] 另外，美国的丹尼尔（Daniel）（2003）等学者从自主性、判断力、移情能力和情绪识别能力四个维度，证明了儿童哲学在促进5岁儿童道德能力发展方面的作用。[2]

（二）儿童哲学可以促进幼儿批判性思维和逻辑推理能力的发展

在批判性思维方面，丹尼尔等学者（2017）选取加拿大魁北克、渥太华、法国、墨西哥和澳大利亚这五个地区的28组5—12岁的儿童进行了为期10年的追踪研究。在研究中，丹尼尔将批判性思维（Critical Thinking，CT）称为对话批判性思维（Diagonal Critical Thinking，DCT），以强调该研究中的批判性思维主要产生于同伴间的互动与对话中；并将逻辑思维、创造性、责任感和元认知四个思维模式纳入对话批判性思维中。研究结果发现，儿童哲学对这四种思维模式都有显著的促进作用。[3] 另外，希腊学者加斯帕拉图和坎佩萨（2012）通过研究证明，在幼儿园开展儿童哲学活动，对幼儿和幼儿园教师的批判性思维都有较明显的促进作用，实验组中的幼儿和幼儿园教师使用"因为"（because）、"为什么"（why）、"为了"（in order to）、"因此"（hence）、"也就是"（namely）、"由于"（since）等推理性词汇的频率更高。[4]

罗伯特·费舍尔（Robert Fisher）（2005）指出，批判性思维有两个重要的过程需要掌握：一是如何提问，即什么时候提问和提问什么；二是如何推理，即什么时候开始推理及选用什么推理方法。[5] 因此，推理是批判性思维重要的要素。在幼儿推理研究方面，爱沙尼亚塔尔图大学的萨雷（Säre）及图尔维斯特（Tulviste）（2016）采用准实验设计方式，选取了125位5—6岁的

---

[1] Burroughs，M. D.，& Tuncdemir，T. B. A. Philosophical Ethics in Early Childhood：A Pilot Study［J］. Journal of Philosophy in Schools，2017：4（1）.

[2] Schleifer，M.，Daniel，M. F.，Peyronnet，S. The Impact of Philosophical Discussion on Moral Autonomy，Moral Autonomy，Judgment，Empathy and the Recognition of Five Emotions in Five Years Old［J］. Think. J. Philos. Child. 2003，16：4—12.

[3] Daniel，M. F.，Gagnon，M.，& Auriac-Slusarczyk，E. Dialogical Critical Thinking in Kindergarten and Elementary School［C］. The Routledge International Handbook of Philosophy for Children. New York：Routledge，2017：236—245.

[4] Gasparatou，R.，& Kampeza，M. Introducing P4C in Kindergarten in Greece［J］. Analytic Teaching and Philosophical Praxis，2012，33（1）：72—82.

[5] Fisher，R. Teaching children to think［M］. Cheltenham：Nelson Thornes，2005.

幼儿（其中 58 位实验组幼儿，57 位控制组幼儿）进行了为期 8 个月、每周 1 次的儿童哲学活动，结果发现实验组幼儿在比较、类推、辩护、“因为”词语的使用、因果联系五个方面有显著的提高。该研究还提出，通过儿童哲学活动，对幼儿四项语言基本技能（倾听与表达、理解与写作准备）及学业成绩有较大促进作用。[1] 持类似观点的意大利儿童哲学中心的安东尼奥（Antonio）（2010）也认为，儿童哲学在幼儿的口语和书面语言之间起着桥梁作用。[2]

（三）儿童哲学可以促进幼儿创造性思维的发展

在创造性思维方法方面，美国学者沃伊切霍夫斯基（Wojciehowski）和厄恩斯特（Ernst）（2018）以准实验的方式，选取了明尼苏达州四所幼儿园的 86 名 3—6 岁幼儿，实施了为期一年的儿童哲学活动，在研究者采用动作和行动中的创造性思维（Thinking Creatively in Action and Movement，TCAM）测量工具（该工具针对 3—8 岁儿童设计，更强调通过幼儿动作表达而非语言表达进行测评）中发现，幼儿在思维的流畅性、原创性和想象力三个方面有较大的改善。[3] 伊朗学者盖迪（Ghaedi）、法特米（Fatemeh）及迈赫迪安（Mahdian）（2014）选取了德黑兰 6 位 5—6 岁的幼儿，组织了 16 次儿童哲学活动，采用托兰斯创造性思维测验（Torrance Creative Thinking Test，TTCT），研究结果发现实验组幼儿在创造性思维的四个类型（流畅性、灵活性、精细性和原创性）方面有显著的提升。[4]

二、儿童哲学对教师理论思维及专业发展的价值

随着时代的发展，社会对教师的期望和要求也发生了变化，传统课程

[1] Säre, E., Luik, P., & Tulviste, T. Improving Pre-schoolers' Reasoning Skills Using the Philosophy for Children Programme [J]. Trames: A Journal of the Humanities and Social Sciences, 2016, 20 (3): 273.

[2] Consentino, A. P4C: A Bridge Between Orality and Literacy [J]. Retrieved On, 2010: 2.

[3] Wojciehowski, M., & Ernst, J. Creative by Nature: Investigating the Impact of Nature Preschools on Young Children's Creative Thinking [J]. International Journal of Early Childhood Environmental Education, 2018, 6 (1): 3—20.

[4] Ghaedi, Y., Fomani, F. K., & Mahdian, M. Identifying Dimensions of Creative Thinking in Preschool Children During Implementation of Philosophy for Children (P4C) Program: A Directed Content Analysis [J]. Nigerian Chapter of Arabian Journal of Business and Management Review, 2014, 62 (1889): 1—8.

强调教师教和学生学的模式已难以适应时代要求，在建设中国特色高质量教育体系的时代背景下，对培育学生高质量思维素养的现实呼唤，也对教师思维品质的提升提出了相应要求。[1] 然而，当下学界对教师思维品质的关注十分有限，常常忽视教师理论思维的提升。《逻辑学大辞典》将理论思维（Theoretical Thinking）定义为“人类在知识和经验事实基础上形成的认识事物本质、规律和普遍联系的一种理性思维”[2]。学界常常提到的“理论素养”“哲学敏感力”等词汇可看作理论思维的不同表述。在理论思维的特征方面，李伟和黄艺提出，教师的理论思维具有理性与可论证性、抽象性与提升性、反思性与批判性、实践性与行动性、中介性与转化性、结构性与系统性六个特征。而通过教师实施儿童哲学，对提升教师理论思维的理性与可论证性、抽象性与提升性、反思性与批判性三个方面有重要的作用。另外，刘晓东老师曾提到，提升理论思维，阅读哲学著作是一个有效的途径。然而，当前国内的职前和职后教师培育，很少会将哲学学科纳入师资培训内容中，这是许多一线教师缺乏哲学素养和理论思维的部分原因。而关于教师需不需要一定的哲学学科知识，以及需要多少哲学学科知识才能开展儿童哲学课程的争论一直存在。李普曼认为，教师要有一定的哲学基础才可以开展儿童哲学课程，儿童哲学教师的培育一定要由哲学教授来承担。[3] 而沃顿伯格认为，即使教师没有哲学背景也可以开展儿童哲学活动，他强调教师哲学素养的提升是个动态过程，在开展儿童哲学活动的过程中会得到逐步的提升。[4]

另外，洛内（Jana Mohr Lone）在《哲思的幼童：如何与儿童讨论哲学问题》一书中提出了哲学敏感力的概念。她认为哲学敏感力涉及识别和思考与人类境况有关的基础性问题的能力，以及不满足于任何已有答案的能力。

---

[1] 李伟，黄艺．教师理论思维的内涵与特性探析［J］．中小学管理，2021（09）：12—16.

[2] 陶西平．教育评价辞典［M］．北京：北京师范大学出版社，1998：6.

[3] Ann Gazzard. Do You Need to Know Philosophy to Teach Philosophy to Children? A Comparison of Two Approaches［J］. Analytic Teaching and Philosophical Praxis，2012，33（1）：45—53.

[4] Wartenberg T. E. Thinking Through Stories Children，Philosophy，and Picture Books［M］. New York：Routledge，2022：7.

洛内还提到，哲学敏感力包含着推理和想象，运用逻辑能力、分析能力和想象力去设想不为人熟悉的可能性，以及找到关于在最简单的事情中进行探究的想法。[1]丹尼尔·格罗尔（Daniel Groll）在洛内的基础上，又将哲学敏感力细分成了两种敏感力：哲学探究敏感力（Inquiry Philosophical Sensitivity，IPS）和哲学教学敏感力（Pedagogy Philosophical Sensitivity，PPS）。[2]IPS是对所讨论的话题进行阐释所需要的敏感力，IPS 越高，就越能更好地发掘、理解哲学问题并提出有价值的想法。PPS 是以有效的方式向缺乏 IPS 的听众传递复杂思想的敏感力，包括认识到教师和听众在 IPS 水平上的差距，以及差异存在的原因。受过哲学专业训练的教师，IPS 可能会强一些，而经过系统师资培养的教师，PPS 可能会强一些。由此可见，教师在开展儿童哲学课程时既需要哲学学科知识来提升 IPS，更需要师培课程来提升 PPS，而通过实施儿童哲学课程，将有助于教师的 IPS 和 PPS 的发展，从而提升教师的理论思维和专业发展。[3]

近年来，国内外一些学者开始关注儿童哲学在提升教师思维品质和专业发展上的作用。如上海六一小学的张丽芳老师 2004 年在《上海教育科研》上发表的《儿童哲学课程开发与教师专业成长》一文，从五个方面论述了儿童哲学课程开发对教师专业素养的提升方面的作用：在课程开发中，形成了学习型的教师团队；在学习实践中，确立了先进的教育理念；关注学生的生活世界，提高课堂教学的建构能力；注重学生学习能力的发展，提高教学设计与运用的能力；以学生主动学习为目的，提高教学的反思能力。[4]虽然已过去多年，但这样的研究对我们依然有较大的借鉴意义。邓超（2019）从儿童哲学对幼儿园教师权威的重塑这一视角，提出儿童哲学中师幼之间

---

[1] 加纳·莫尔·洛内．哲思的幼童：如何与儿童讨论哲学问题［M］．孙颖，等译．于伟审校．北京：北京师范大学出版社，2021：35.

[2] 加纳·莫尔·洛内．哲思的幼童：如何与儿童讨论哲学问题［M］．孙颖，等译．于伟审校．北京：北京师范大学出版社，2021：36.

[3] Groll，D. The Promise and Challenge of Training College Students as Facilitators［C］. Philosophy in Classrooms and Beyond：New Approaches to Picture-Book Philosophy，London：Rowman & Littlefield，2019：89.

[4] 张丽芳．儿童哲学课程开发与教师专业成长［J］．上海教育科研，2004（08）：46—47.

角色的回归、信任的联结和情感的交融，可以建立起本真的幼儿园教师权威。[1]

近年来国际上也越来越重视儿童哲学对教师专业发展价值的研究，如澳大利亚昆士兰大学的阿曼达（Amanda）(2009）等学者，通过将儿童哲学课程引入职前教师培训中，发现儿童哲学可以改善职前教师的教学信念和对实践的理解，可以显著提升职前教师的元认知能力、反思能力及批判性思维能力。[2] 南澳大学的休·奈特（Sue Knight）和卡罗尔·柯林斯（Carol Collins）(2010）指出，通过将儿童哲学引入课程，可以帮助教师挖掘各个学科背后的哲学问题，从而提升教师对课程的深度理解，有助于课堂活动的激活（enlivening the curriculum）。[3] 随后，乔安娜和卡林（2011）也通过研究证明了儿童哲学在教师关于认识论和教学法问题的批判性反思和专业发展中扮演着重要的角色。[4] 托平和特里基（2014）也认为，通过实施儿童哲学课程可带来教师行为和信念的改变。[5] 结合已有研究，本书认为，儿童哲学不仅可以改善幼儿园教师的儿童观，增进幼儿园教师的批判性反思，改善师幼关系，改善教师获取知识的方法，还可以增进教师对课程文本的理解，提高教师的自尊、自信及自我效能感。

三、儿童哲学课程对职前、职后教师发展影响的实证研究

（一）学前教育专业学生对儿童哲学课程的评价

笔者所在的高校开设了儿童哲学课程，并选择了两年间选修该课程的学

---

[1] 邓超．儿童哲学视角下幼儿园教师权威的失真与重塑［J］．教育导刊（下半月），2019（10）：52—55.

[2] Mergler, A., Curtis, E., & Spooner-Lane, R. Teacher Educators Embrace Philosophy: Reflections on A New Way of Looking at Preparing Pre-service Teachers [J]. Australian Journal of Teacher Education, 2009, 34 (5): 1.

[3] Knight, S., & Collins, C. Enlivening the Curriculum: The Power of Philosophical Inquiry [J]. Theory and Research in Education, 2010, 8 (3): 305—318.

[4] Haynes, J., & Murris, K. The Provocation of an Epistemological Shift in Teacher Education Through Philosophy with Children [J]. Journal of Philosophy of Education, 2011, 45 (2): 285—303.

[5] Topping, K. J., & Trickey, S. The Role of Dialog in Philosophy for Children [J]. International Journal of Educational Research, 2014, 63: 69—78.

生作为研究对象，旨在了解他们修读该课程对个人和专业发展的影响。调查采用了问卷调查方法，通过线上无记名方式进行，使用了 5 点计分量表评估学生的回答（从 1 分到 5 分分别表示很不符合、不符合、一般、符合、很符合）。第一轮调查于 2021 年针对 124 位完成儿童哲学课程的学生进行，第二轮调查于 2022 年针对完成此课程的 58 位学生进行。调查结果如图 2-1、图 2-2 所示。

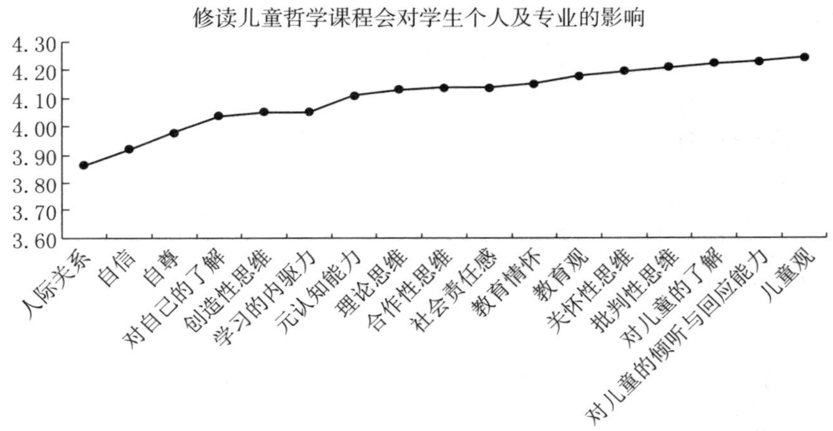

图 2-1　2021 年学生自评结果

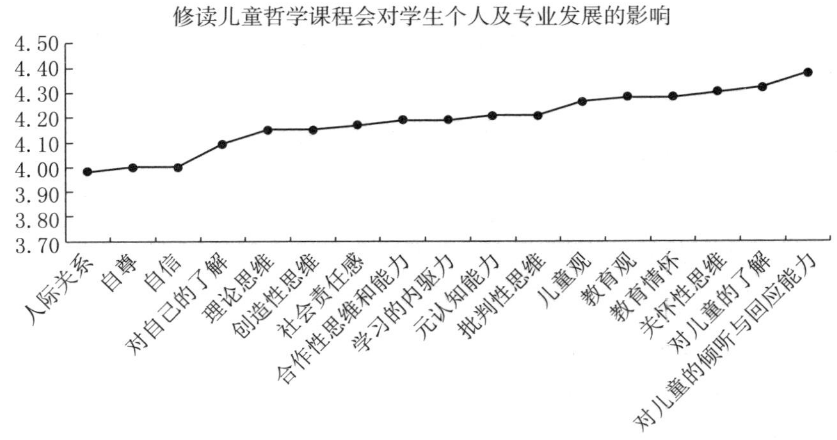

图 2-2　2022 年学生自评结果

通过观察图 2-1 和图 2-2 可以发现，修读儿童哲学课程后，学生在以下方面得到了显著提升：对儿童的倾听与回应能力、对儿童的了解程度、关怀性思维、教育情怀、教育观念、儿童观以及批判性思维能力。对比图 2-1 和图 2-2 可以看出，这些影响在过去两年中相对稳定。以下是学生的反馈意见：

对儿童哲学的认识：在没有上儿童哲学课前，我确实没太接触过哲学方面的内容，一直认为哲学是高高在上的学科，是深不可测、自己学不懂的。但是上过一学期的儿童哲学课后，我对哲学有了新的认识，我认为儿童哲学课很有意思，它注重开发人的思维，不断推动你进行问题思考，锻炼人的逻辑思维与想象的能力，同时思考完毕后，你需要进行语言组织，用较强的表达能力陈述自己的观点才能让别人听懂并赞成你的观点。我之前不爱思考不爱表达，但是上过一学期课后，我开始有了变化，在表达自我方面有了显见的进步，这是让我非常惊喜的，同时这一学期也接触了很多绘本，也让我增加了对绘本的阅读兴趣。

对探究团体教学法的评价：我非常喜欢对话模式的教学，它充分体现了以学生为主体的教学方式，调动学生兴趣，让学生积极参与课堂，注重对学生思维和语言表达能力的锻炼，无形之中促进学生的成长；团体模式上采用小组合作，这既可以节省时间让每个人都表达意见，又可以增进学生间的合作意识，让学生在遇到困难时，知道如何与他人合作共同完成任务。

对儿童的认识：儿童是独立发展的个体，我们必须一直都用发展的眼光看待他们，绝不可以小瞧他们，他们有他们独特的发展机制和学习机制，以“可怕”的力量成长着。因此，以后我在真正面对儿童的时候，我会用一个学习者的态度向他们请教，与他们一起学习，共同进步，共同成长。

对个人信念和专业发展的影响：世界上的事情永远都是存在两面性的，一件事情有好的一面就必然有坏的一面。有些时候我们思考问题不必纠结于一个方面，当你站在一个角度觉得自己接受不了答案时，你可以换另一个角度考虑。对待问题不要太过执着，问题永无对错之分，永远没有统一答案，我们要做的是在合理的情况下，按照自己的心意去对待问题、解决问题，用开阔的胸怀接纳人生。

（二）幼儿园教师对儿童哲学课程的评价

近年来，笔者系统地辅导了两所幼儿园开展儿童哲学活动。2021 年 9 月至 2022 年 6 月辅导廊坊经济技术开发区第一幼儿园，其间由于新冠疫情幼儿无法入园，辅导活动主要集中在对幼儿园教师的儿童哲学培训和儿童哲学模拟活动上，在辅导结束后，参与培训的每位教师反思了儿童哲学对自己的影响。2022 年 10 月至 2023 年 1 月，笔者辅导金华市观澜江境幼儿园 6 位教师，在小、中、大班共开展了 48 次儿童哲学活动，并在活动后对教师进行访谈。通过对廊坊经济技术开发区第一幼儿园 9 位教师的反思文档及观澜江境幼儿园 6 位教师的访谈数据分析，发现幼儿园教师接受儿童哲学培训及实施儿童哲学活动对教师个人及专业发展产生了积极的影响。

如廊坊经济技术开发区第一幼儿园的一位教师反馈如下：

对自己个人的影响：哲学课程对我的影响很大，首先在对自己的认识上更加清晰了。在设计每次的活动和方案时，会把自己带入，思考里面的问题，从中找到属于自己的答案。每一次都会对自己有更加清晰的认识，也是发现自己、探索自己的一个过程。其次，对于看待事物的方式会更加客观，共情能力更强，我发现我会尝试着跳脱于事件的本身去思考和分析，并且会从不同的角度，从对方或者他人的角度去思考问题。换位思考的能力增强，也更容易产生共情。我觉得可能是在思考问题上，或者在文本的开发上，我们在不断地练习，练习如何从不同的角度思考，练习如何发散自己的思维，练习如何站在不同群体的角度进行提问，这都是我能力提升的原因。最后，自我成就感和价值感得到了提升，抗挫能力得到了提升。在学习的过程中，不断有困难出现在自己面前，比如一开始的目标设定，后面的主题开发以及问题的提出，一个个挑战都摆在自己面前，解决一个，我的成就感就提升一次。在每一次的活动和实施中我都能发现问题，也能得到新的经验。同时，当我面对否定或者问题时，我的态度不再那么消极了，反而会积极地去解决。在课程培训的过程中，出错、方向把控不好、被指出错误，这些对于之前的我是很难接受的，我很在乎别人的评价。在原来我会比较消极地处理，可能会躲开或者不再触碰。但是现在我能够比较坦然地接受建议和批评，并能积极地去寻找解决方案和方法，让自己快速成长，而不再纠结于之前的羞耻心。这也是因为倪老师能够给我很中肯的建议和方法，让我能快速找到方向和问题所在。

对儿童观的影响：在我们作为教师的培养中，更多的是教老师如何让孩子知道什么是对的事情，什么是错的事情，哪些可以做，哪些不可以做，但是很少让孩子去寻找对的和错的事情的原因是什么，而是直接告诉答案，这个答案到底是对还是错，我们也是从课本或父辈那里得到的，很少是通过我们自己的感悟思考讨论得出来的。这就像画画时告诉我们太阳如何画、小树如何画而提供样画和模板一样，没有让我们自己去观察和尝试描绘的过程。我们在一些实质性的学习上可能已经意识到了，不能直接把成品给孩子，也不能直接让他们模仿，而是要通过好的方法让孩子去探索和发现答案，从而得到属于自己的认知。但是在思维层面，可能很多老师，也包括我，还没有认识到，我们直接告诉答案和方法，或者对于事情的处理方法可能也是直接灌输的教学。那么到底怎样才能使孩子在思想上更加自由和有探索性呢？我觉得哲学课程给了我答案。在生活中、学习中，老师应该给孩子更多的空间去质疑、思考和寻找解决方法，而不是直接给出正确做法和答案，这对于孩子来说是不是一种思维上的解放和自主呢？当孩子们在老师的引导、提问下慢慢地讨论出结果，形成每个人对于这件事的理解和认知，我觉得这是孩子们自己对于思想的探索进而促成“三观”的形成，这是自主的，是个性化的。老师只需要把控大的是非对错、小的点或者处理方法可以是多种多样的。在接下来的教学中，我会更加注重对孩子思想上的解放，希望他们不仅独立思考的能力有所提升，批判性思维也能得到更好的发展。这不管是对他们的现在还是将来，都是很宝贵的财富。

依据对金华观澜江境幼儿园 6 位教师的访谈发现，幼儿园教师通过接受儿童哲学培训，并亲自组织幼儿实施儿童哲学活动，对自身的影响可分为如下方面，如表 2-1 所示。

表 2-1 教师参与儿童哲学培训并实施儿童哲学课程活动后对自身的影响

类 别	说 明
对幼儿的认识	发现幼儿有能力进行哲学探究，喜欢问问题，喜欢被倾听，想要表达，能够推理、判断、反思等
对幼儿的态度	更倾听幼儿，更关注幼儿，更包容幼儿，更鼓励幼儿，更尊重幼儿等
师幼关系	更平等的师幼关系
教学方法	观察得更仔细，更强调课程中的生成，更及时地回应幼儿，更深入地回应幼儿，更擅长记录幼儿的学习发展等
个人发展	更谦逊，更重视自我反思，更喜欢思考等

如一位教师反馈如下：

1. 你认为 P4C 对你的情感和思想有什么影响？为什么？

我觉得 P4C 对自己的情感和思想是有影响的。因为在没有接触儿童哲学之前，我上课都是上完就好了，并不会去过多地在意在课堂上一些没有回答的幼儿，或者是出现问题分歧的情况下为什么那个孩子会这样回答，等等。在接触儿童哲学活动之后，我现在每次上完课会仔细地看回放，然后会回过头问孩子。比如在上《拼拼凑凑的变色龙》中思考时间时，我问孩子："你们都想好了吗？"大部分的幼儿都想好了，只有一个小朋友一直没有回答我。于是我在课后单独问了他，他说因为自己没有想好，我也把孩子的回答给记录了。通过儿童哲学活动，我对孩子的包容心更强了，因为只有自己带头做好榜样，孩子们才会向你学习。另外，我学会了倾听孩子们的声音，无论是在上课，还是在日常学习生活中，孩子们每时每刻都想参与，我会好奇地问孩子们为什么，也会通过孩子们的一些表现去发现他们的特点。当他们主动地提出为什么时，我作为老师也会给予回应，回应并不是告诉孩子们答案，而是更好地促进幼儿问问题。另外，作为老师的我学会了及时地反思，在儿童哲学活动结束后，会仔细地回想是否有遗漏的地方，并且会及时地问孩子的表现。如：为什么你不想回答呢？为什么你会有这种想法呢？通过上儿童哲学活动，我发现自己会慢慢地喜欢上儿童哲学活动，并不是说我上得有多好，而是能够听到孩子们内心的想法，以及想法背后的原因，这才是最有意义的。

在没有接触儿童哲学的时候，我都会直接告诉孩子们答案，孩子思考的时间也很少，所以我觉得儿童哲学不仅让孩子们学会思考，更是让老师学会思考和反思。

2. 作为一名教师，你能从 P4C 中获得什么收获？

第一个收获就是更加会倾听孩子们的声音。比如会在课后单独问几个上课不怎么回答问题的孩子上完课的感受，以及有些孩子在课上发表自己的意见但是没有被关注的时候的感受。

第二个收获就是会通过细节观察孩子。比如在开展儿童哲学活动时，一个女孩子找位置的时候，小男生轻轻地对她说："我们这里有位置，你可以坐过来。"这何尝不是孩子们的一种关怀性思维？也包括合作性和包容性。在其他小朋友回答问题的时候孩子们学会了倾听，又或者有小朋友在提出问题时，其他小朋友指出："你的问题不是跟另外一个小朋友一样的吗？"等等。

第三个收获就是会及时地记录孩子们的表现，并且会关注孩子们的表现和成长。比如有一个小男生经常会出现和大家不一样的想法和意见，最后问了才知道他只是想让老师关注他，采纳他的问题罢了。孩子的想法其实很简单，只要老师多多去关注他就好了。

3. 你的 P4C 经历是否改变了你对学习的看法？如何改变的？

每个孩子都是天生的哲学家，当老师提出问题的时候，孩子们的答案都不一样。当两个小朋友发生争执不知道怎么办的时候，其中一个女孩子就说你们可以石头剪刀布，这就是小朋友的创造性思维。孩子们的学习能力很强，会用自己觉得对的答案回答老师的问题；当有小朋友提出问题时，其他小朋友也能提出自己的质疑。

四、幼儿园里的儿童对儿童哲学的评价

由于缺乏科学且系统的幼儿园儿童哲学课程活动评价工具，同时对幼儿开展追踪研究难度也较大，国内目前关于儿童哲学对幼儿发展影响的实证研究较为缺乏。观澜江境幼儿园的教师们在实施一学期的儿童哲学课程活动后，请幼儿对儿童哲学进行了评价。

如在问及大班的幼儿什么是儿童哲学时，幼儿给出了如下回应：

儿童哲学是学到很多的知识、是爱惜、是倾听别人、是画画、是上课、是提出问题、是讨论问题、是分享、是帮助、是时间、是举手回答问题、是听故事、是成长等（见图 2-3、图 2-4）。

图 2-3　幼儿心中的儿童哲学记录图

图 2-4　幼儿心中的儿童哲学（可以思考很多问题）

对大班幼儿关于是否喜欢儿童哲学及其理由的回答进行整理，结果如表 2-2 所示。

表 2-2 大班幼儿喜欢儿童哲学的理由及例子

	例 子
听故事 （9 位幼儿）	幼儿：儿童哲学活动很有趣，比如可以听故事 幼儿：儿童哲学活动可以听到很多绘本 幼儿：儿童哲学活动可以听到老师讲的很多好听的故事 幼儿：儿童哲学活动可以听好听的绘本故事 幼儿：可以听很多好听的绘本故事 幼儿：儿童哲学活动可以听绘本故事，很好听 幼儿：在儿童哲学活动里可以听故事 幼儿：可以听故事 幼儿：里面的故事很好听
回答、 解决问题 （5 位幼儿）	幼儿：可以用发言话筒回答问题 幼儿：可以回答问题 幼儿：儿童哲学活动很好玩，有很多的问题我们可以回答 幼儿：可以回答问题和解决问题 幼儿：儿童哲学活动非常好玩，好玩在回答问题，因为回答问题很有趣
画画 （4 位幼儿）	幼儿：儿童哲学活动很有趣，比如可以画画 幼儿：可以画画 幼儿：儿童哲学活动故事听完了，可以给我们问问题，问题问完了还可以画画 幼儿：很开心，可以画想画的东西
提出问题、 发表意见 （4 位幼儿）	幼儿：儿童哲学活动可以发表自己的意见 幼儿：可以问问题 幼儿：听完故事还可以举手问问题 幼儿：儿童哲学活动可以问我想问的问题。比如：小蚂蚁死了会去哪里
学知识 （3 位幼儿）	幼儿：儿童哲学活动课上可以学到很多知识 幼儿：学到知识，比如讲故事 幼儿：儿童哲学活动可以学到很多本领，比如画画、回家讲给妈妈听
发言话筒 （2 位幼儿）	幼儿：可以用发言话筒回答问题 幼儿：可以用发言话筒回答问题
关系 （2 位幼儿）	幼儿：可以和老师一起上课，上课的时候很开心 幼儿：可以跟我喜欢的好朋友坐在一起
思考 （1 位幼儿）	幼儿：还可以在听故事之后思考问题

备注：25 位幼儿中，有几位幼儿同时提出了多个喜欢儿童哲学的理由。

从幼儿的回答来看，幼儿喜欢儿童哲学的理由最多的是听故事，其次是与解决问题、画画、可以提出问题、发表意见，这说明儿童哲学吸引幼儿的一大原因在于将图画书作为刺激物使用。虽然大班幼儿较少提及“思考”这个词语，但是幼儿提出的“回答、解决问题”及“提出问题、发表意见”等体现的就是思考的过程和探究的精神。值得注意的是，其中一位大班幼儿提到不喜欢儿童哲学，因为时间太久了。这提醒我们，儿童哲学单一的对话活动很容易令幼儿感到无聊，这就需要控制活动的时长，大班活动尽量不超过 30 分钟，也可以将绘画、表演等艺术活动加入儿童哲学课程活动过程中，以增加活动的趣味性。

第三章

幼儿园教师对儿童哲学的认知现状

一、关于幼儿园教师儿童哲学认知现状的调查

为了解幼儿园教师对儿童哲学的认知现状，笔者带领廊坊师范学院学前教育专业的 7 名学生：陈奕欣、游诗雨、王鑫然、赵欣悦、张岩、樊笑乐、李冬梅，对京津冀三地 52 所幼儿园 493 位幼儿园教师进行了问卷调查，其中女性教师 485 人，男性教师 8 人；公立幼儿园教师 422 人，私立幼儿园教师 71 人。

调查所采用的问卷为笔者自编。通过测试和项目分析，发现本问卷的信度为 0.958，说明本问卷有较高的内部一致性。问卷共由四个部分组成：基本信息、影响因素、幼儿园教师对儿童哲学的认知现状、幼儿园教师的困惑和建议。问卷的基本信息主要用于收集幼儿园教师的一些基本情况；影响因素主要是指影响幼儿园教师对儿童哲学认知的先前经验和外部支持体系；第三部分主要是幼儿园教师对儿童哲学的认知现状，此部分共分为七个维度：含义、价值、内容、内容来源、可行性、态度、自我能力；第四部分依次对照七个维度，分别设置七道开放性问答题，以期收集更为全面的质性资料。问卷主要采用李克特（Likert）量表法，从完全不符合到完全符合，以 1、2、3、4、5 计分，分值越高表明幼儿园新手教师对儿童哲学的认识程度越高。

问卷的组成及维度如表 3-1 所示。

表 3-1　幼儿园教师对儿童哲学认知现状的调查问卷组成部分

题　型	内　容	维　　度	题　项	合计
基本信息			1—8	共 8 道
影响因素	先前经验和外部支持体系		1—6	共 6 道

续表

题 型	内 容	维 度	题 项	合计
客观题	对儿童哲学的认知现状	对儿童哲学含义的认识	1—7	共 7 道
		对儿童哲学课程价值的认识	8—14	共 7 道
		对儿童哲学内容的认识	15—21	共 7 道
		对儿童哲学内容来源的认识	22—29	共 8 道
		对儿童哲学可行性的认识	30—37	共 8 道
		对儿童哲学的态度	38—42	共 5 道
		对自己开展儿童哲学活动能力的认识	43—52	共 10 道
主观题	针对七个维度的困惑和建议		53—59	共 7 道

调查对象的基本情况如表 3-2 所示。

表 3-2 调查对象的基本情况

性别情况	女性	485 人
	男性	8 人
所在幼儿园的类型	公立	422 人
	私立	71 人
各阶段教龄人数	3 年及以下	141 人
	4—5 年	127 人
	6—10 年	114 人
	11—20 年	63 人
	21—30 年	30 人
	31 年及以上	18 人
教育程度情况	高中及以下	8 人
	大专	121 人
	本科	354 人
	研究生及以上	10 人

二、幼儿园教师已有的儿童哲学经验

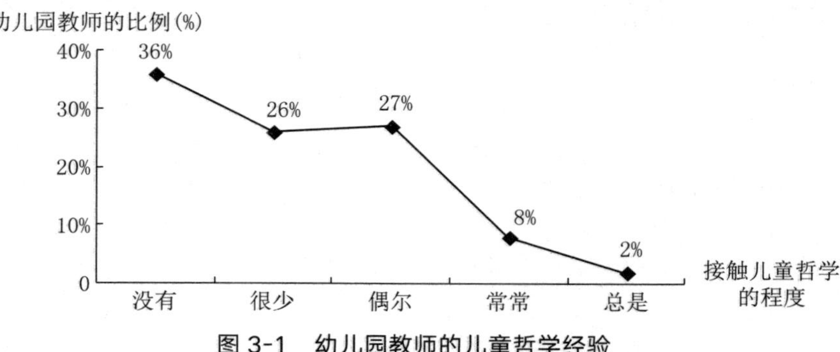

图 3-1 幼儿园教师的儿童哲学经验

从图 3-1 来看，只有 10% 的幼儿园教师常常或总是接触儿童哲学，这是因为在这些调查对象中，有部分属于笔者辅导过的幼儿园，因此这部分幼儿园教师对儿童哲学较为熟悉。另外，有 62% 的幼儿园教师很少或没有接触过儿童哲学，27% 偶尔接触过儿童哲学。总体来说，这些数据从侧面反映了儿童哲学对于大部分受访者来说是一个相当陌生的领域。

三、幼儿园教师对儿童哲学的认知

（一）幼儿园教师对儿童哲学含义的认知

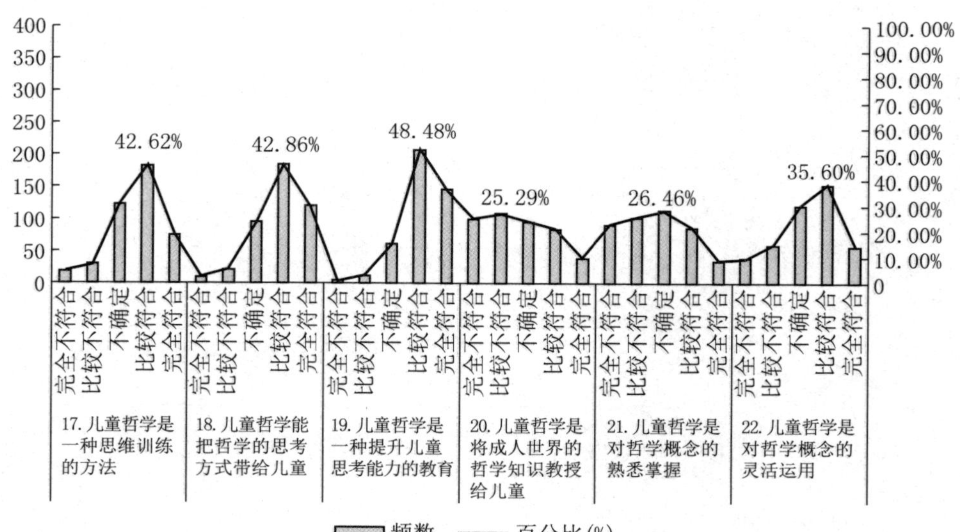

图 3-2 幼儿园教师对儿童哲学含义的认知

从图 3-2 来看，绝大部分受访者对儿童哲学的认知偏向于良好，在第 17、18、19 三道题目中占比最高的是“比较符合”这一选项，说明大家对儿童哲学的态度偏向于正面，且带有一种“中庸”的意味。从宏观视角来看，受访者对于儿童哲学的态度不算排斥，这是一件令人可喜的事情，但是大部分受访者对于儿童哲学仍然存在着不小的困惑，笔者认为这是后续学术界继续推广儿童哲学时亟须解决的一个问题。

（二）幼儿园教师对儿童哲学价值的认知

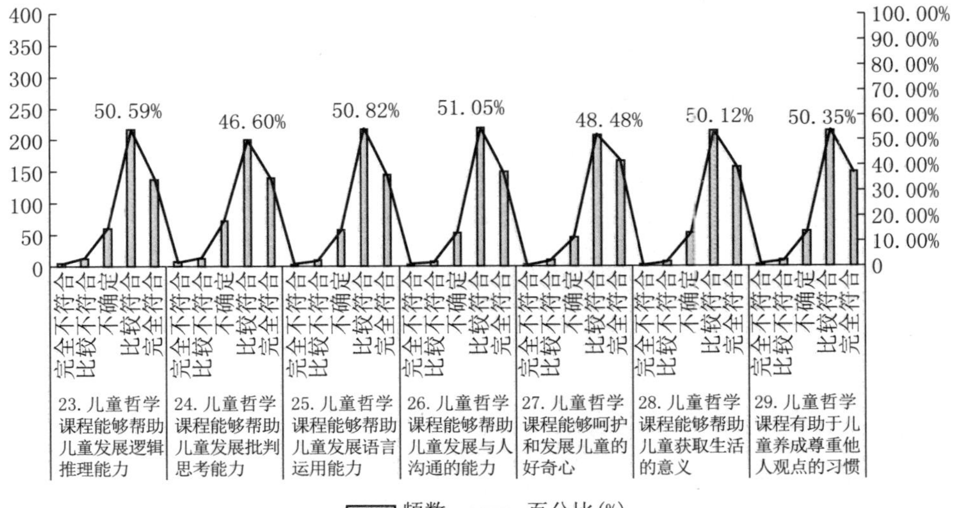

图 3-3　幼儿园教师对儿童哲学价值的认知

从图 3-3 来看，关于儿童哲学的作用或价值，大部分人给出了十分正向的答案，在所有的题目中包含“符合”的正向选项加起来的占比基本在 80% 左右，证明受访者对于儿童哲学持积极、乐观、接纳的态度。这对于学术界来说是一个好消息，这样看来日后在幼儿园中推广儿童哲学活动的阻力会相对较小，因为大部分人都认可儿童哲学的正面价值。

（三）幼儿园教师对儿童哲学内容的认知

在图 3-4 关于儿童哲学内容的选择上，绝大多数的问题都有超过 80% 的受访者赞同题目中所呈现的内容，除了第 31、35 题关于真假与神明的问题赞同的人数稍微少一些（但总体而言选择与赞同有关的选项的频数仍然占据了大部分）。

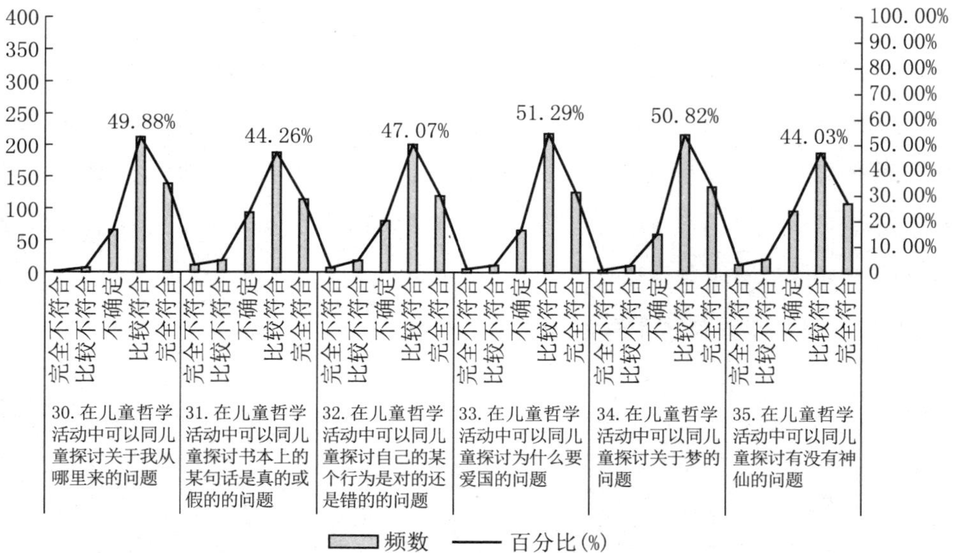

图 3-4 幼儿园教师对儿童哲学内容的认知

（四）幼儿园教师对儿童哲学内容来源的认知

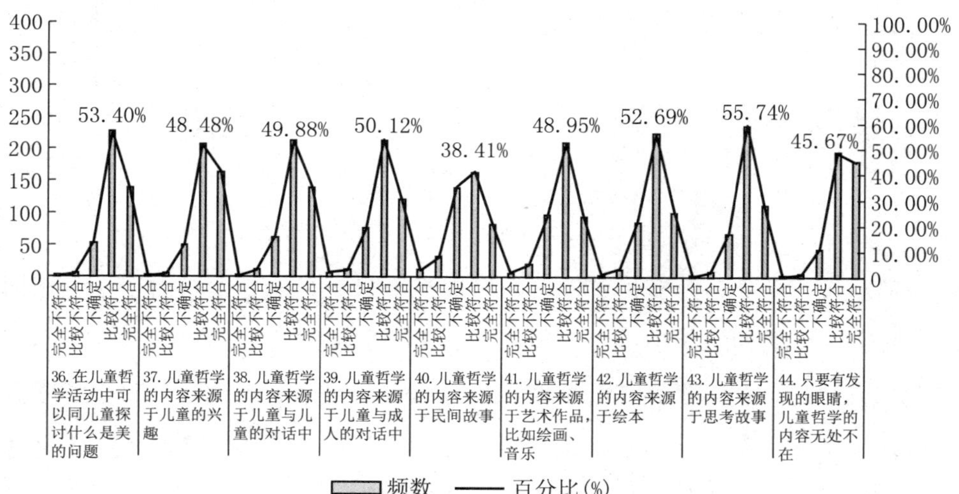

图 3-5 幼儿园教师对儿童哲学内容来源的认知

就图 3-5 反馈的情况而言，大部分人对题目所给出的答案呈现认可的态度。比较令笔者惊讶的是第 44 题也有将近 90% 的正面反馈，大部分人认可儿童哲学的来源可以存在于生活的每一处角落，然而实际实行起来又会遇到一番问题，如何在生活中发现具有教育价值的内容并将其与儿童哲学结合起来，是将儿童哲学落到幼儿园课程实处的一个很重要的问题。

（五）幼儿园教师对儿童哲学可行性的认知

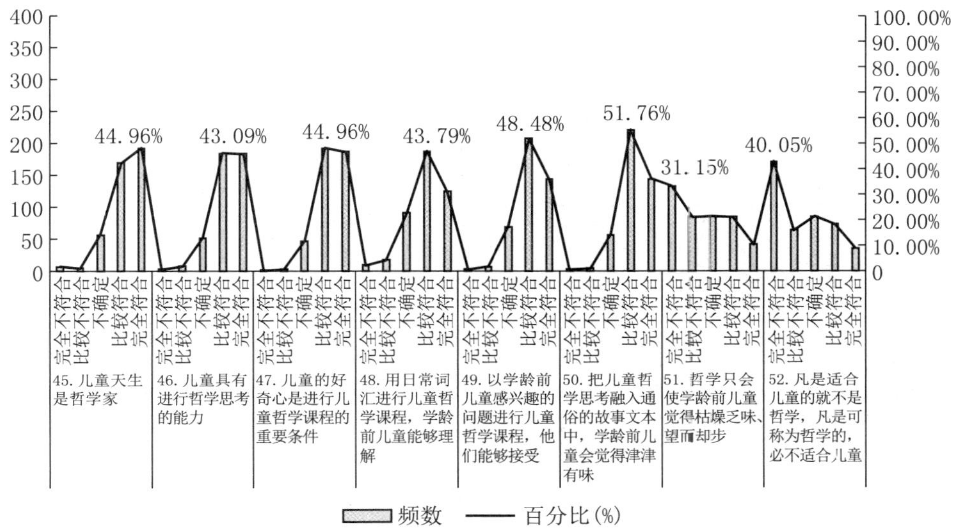

图 3-6　幼儿园教师对儿童哲学可行性的认知

从图 3-6 来看，受访者延续了对儿童哲学一贯的宽容态度，大部分受访者认可儿童在哲学方面的潜力。在第 51 题“哲学只会使学龄前儿童觉得枯燥乏味、望而却步”中则出现了小小的分歧。从图 3-6 反应的趋势来看，五个选项接近均匀分布，也许在部分受访者心中对于哲学的印象是枯燥乏味的，由己度人推演到了儿童的身上，然而在前面的问题中却又反映出大部分人对于儿童哲学的价值是认可的，这是一个笔者认为存在矛盾的地方，即大部分人认可儿童哲学，但是对哲学又带有一些偏见与误解，这些偏见与误解导致他们对儿童哲学或者说哲学望而却步。在最后一题“凡是适合儿童的就不是哲学，凡是可称为哲学的，必不适合儿童”中也出现了一些分歧，有 30% 左右的受访者选择了包含赞同意味的选项，笔者认为这些选项背后隐藏的观点是：哲学不适合儿童。本题反映出来的结果与前面对儿童哲学的认可又大相径庭了，笔者认为这是值得引起相关研究者注意的点：一方面大部分受访者对于儿童哲学的价值是认同的，但是另一方面有一小部分受访者对儿童哲学是否适合儿童这一点持观望态度。

（六）幼儿园教师对开展儿童哲学活动的态度

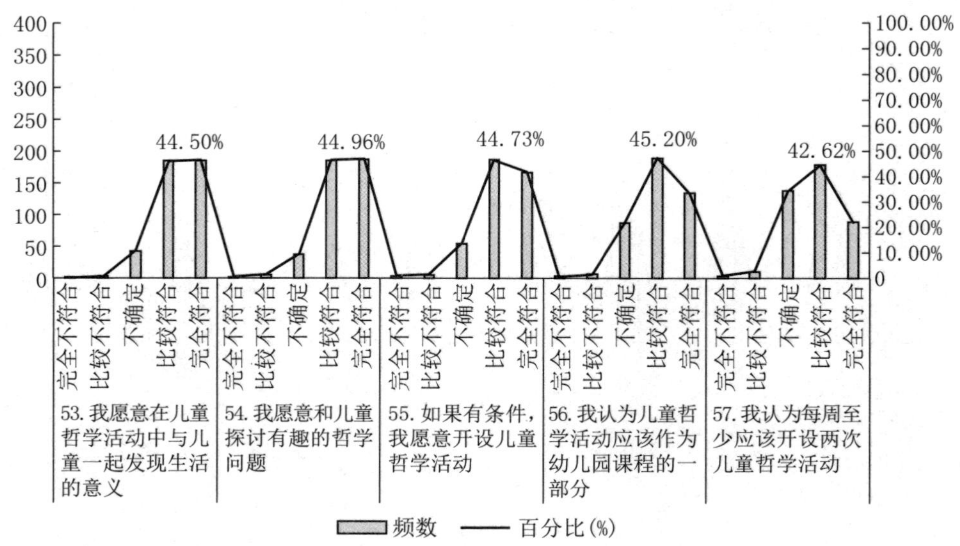

图 3-7　关于开展儿童哲学活动的意愿问题

从图 3-7 所反馈的信息来看，绝大部分受访者对于开展儿童哲学活动持赞同、接纳的态度，这与前面数据所反映的情况相差无几，说明后续进一步推广儿童哲学活动的阻力会较小。然而在最后两题的选项中，虽然持赞同态度的受访者占了大部分，但同时笔者也注意到选择“不确定”这一选项的频数也有所上升。笔者猜想，对于大部分受访者来说，抛却现实中各种因素的影响，大部分受访者是愿意去认识、学习儿童哲学，但是落到实处真的要将儿童哲学加入幼儿园五大领域的时候，又有不少人开始犹豫了，也许在之后的调查和落实方法推广的时候是需要多方协商、妥协的。简而言之想做是一回事，真正实施起来又是另一回事。

（七）幼儿园教师对自己开展儿童哲学活动能力的认知

在笔者看来，从图 3-8 的答案仍然能感受到强烈的中庸思想，但是图 3-8 所反映出来的答案似乎存在着一些矛盾：在第 58 题中超过三分之一的受访者对于自己是否有足够的知识来开展儿童哲学活动是不确定的，也就是说有大概三分之一的人不确定自己是否具备开展儿童哲学的能力；然而在后面几道题中，绝大部分受访者又认为自己具备开展儿童哲学活动的能力。这是令笔者困惑的地方，从宏观来看不确定自己是否具备知识去开展儿童哲学活动，

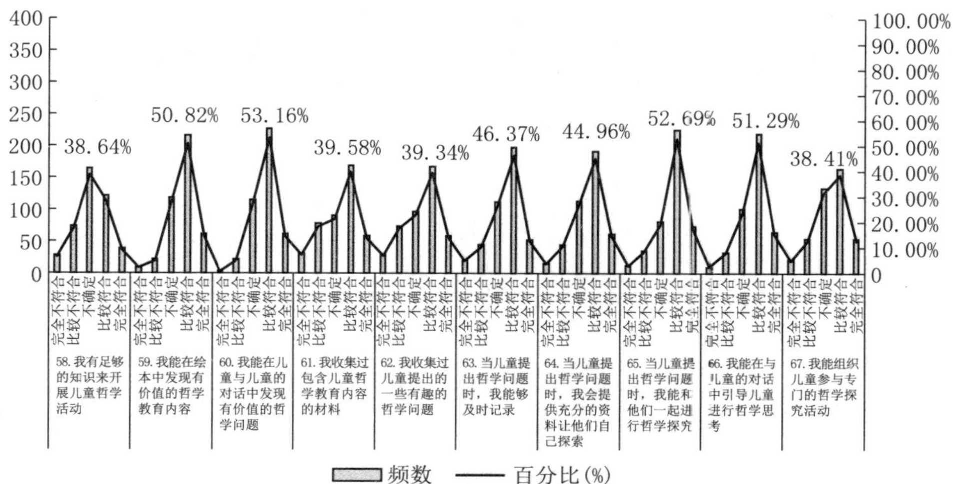

图 3-8 幼儿园教师对自己开展儿童哲学活动能力的认知

然而却又都赞同自己具备那些具体的能力。笔者认为，教师的这种矛盾和困惑来源于对儿童哲学的陌生与好奇。事实上，开展儿童哲学活动所需的很多能力正是教师的常规教学能力，如文本开发、提问策略、观察记录、引导策略等。令人欣慰的是，调查中大部分教师都认为自己的这些能力不错。因此，笔者相信，当教师揭开儿童哲学的神秘面纱，抛开对儿童哲学的误解与恐惧，会发现自己早已拥有足够的能力，完全可以胜任儿童哲学活动的设计与实施。

四、影响幼儿园教师对儿童哲学认知的外部因素分析

由于接下来的问题皆为开放题，所以笔者做了关键词的梳理（见表 3-3、图 3-9），通过对关键词及其背后所反映的观念来分析教师对儿童哲学的认知。

68. 您认为，为儿童开设的儿童哲学课程应该是什么样的？

表 3-3 儿童哲学的教育应该是什么样的

序号	关 键 词	频数	占比
1	孩子、儿童、幼儿	211	49.41%
2	自由、随机、开放、轻松	115	26.93%
3	思维、思考、思想、思辨、哲学、逻辑、抽象、批判	101	23.65%
4	兴趣	72	16.86%
5	无、不清楚、不确定、不了解、不知道	45	10.54%
6	生活	42	9.84%

续表

序号	关 键 词	频数	占比
7	活动	17	3.98%
8	平等、尊重	17	3.98%
9	故事、绘本	16	3.75%
10	交流、谈话、对话	15	3.51%
11	教育	14	3.28%
12	游戏	9	2.11%
13	探索	5	1.17%
14	接受	5	1.17%

图 3-9 幼儿园教师眼中的儿童哲学词云图

从表 3-3 来看，接近半数的受访者的答案都包含了与儿童相关的关键词，超过 20% 的受访者的答案都包含了与哲学相关的关键词。也就是说，大部分的受访者都认可儿童哲学课程应该与儿童有关。占比第二高的关键词是与自由、轻松相关联的词，接近 30%，有相当一部分人认为儿童哲学的教育应该是自由的、开放式的，幼儿在儿童哲学的课程中能体会到和传统领域教学不一样的感受，并且儿童哲学应该与幼儿的兴趣爱好相关联。而剩余的答案则是关于儿童哲学的开展模式，但遗憾的是，答案中包含平等、尊重的只有 17 份，大部分受访者仍是采用俯视的角度在观察儿童，很少有人认为教师与儿童应当进行平等对话。

在这部分的答案中，笔者发现几个很有趣的答案。有个答案是“专业教师开展活动”，儿童哲学需要专业的哲学教师来开展活动才能成功吗？笔者认为不一定，儿童哲学不是带领幼儿研究哲学的历史发展、内容体系，而是通过哲学的方法，引导幼儿思考和探索身边的事物、现象和问题。儿童哲学的核心不在于掌握深奥的哲学理论，而在于培养儿童的批判性思维、独立思考和解决问题的能力。笔者认为会出现这种答案，也从侧面证明了部分幼儿园教师对儿童哲学的认知存在误解。还有个答案是“自由的，平等的，没有教学任务约束的”，儿童哲学需要像传统课堂那样的教学任务吗？笔者认为是需要的，虽然儿童哲学重过程多于结果，但是儿童哲学仍需要教学目的，否则儿童哲学会变成无序的课堂。

69. 您认为，为儿童开设的儿童哲学课程还有什么价值？

表 3-4　儿童哲学课程的价值

序号	关　键　词	频数	占比
1	思维、思辨、思考、辩证、逻辑、哲学	221	51.76%
2	想象、创造、认知、认识、全面发展、情感、语言、倾听、交流、探究	172	40.28%
3	生活、世界、生命	58	13.58%
4	无、不清楚、不了解、不确定、不太了解	45	10.54%
5	批判、批评、质疑、困惑	26	6.09%
6	价值观	20	4.68%
7	探索、发现	19	4.45%
8	兴趣、好奇	15	3.51%
9	成长	9	2.11%
10	视野、自信、眼界	7	1.64%
11	父母、家	3	0.70%

在这个问题中，与哲学有关的关键词和与各方面发展的词出现的频率基本持平（见表 3-4、图 3-10），而关注到儿童哲学倾听、交流的频率变高了。第 69 题与第 68 题的内容相辅相成，然而第 69 题出现倾听、交流的概率比第 68 题高。笔者猜想，可能是受访者认为交流、倾听是儿童哲学课程能够做

图 3-10　幼儿园教师认为儿童哲学的价值词云图

的但是实际开展却又是另外一回事的原因吧。值得庆幸的是，分别有 6% 和 13% 左右的受访者将批判性思维和生命教育纳入了儿童哲学的价值之中，这说明还是有部分人能够注意到传统教育领域较为缺失的地方。但是只有不到 1% 的受访者提到与家庭有关的词语，这表明大部分教师将儿童哲学看成一种课堂上的任务，与家庭脱离了，然而笔者认为，不只学校里可以开展哲学活动，在家庭中父母也可以和孩子共同讨论、共同成长。

就像笔者在前文所说的，家庭中也可以开展儿童哲学活动。在这道题里面有这样一个答案："对父母也起一定的隐性教育"，笔者看到这个答案十分惊喜，说明还是有一小部分人能够将儿童哲学带入家庭教育中。笔者认为，儿童哲学发展到后期完全可以变成一个家园合作的活动。

70. 您认为，为儿童开设的儿童哲学课程还应该包括哪些内容？

表 3-5　儿童哲学课程还应该包括哪些内容

序号	关　键　词	频数	占比
1	无、不了解、不清楚、不知道、想不到、不太清楚	96	22.48%
2	生活、一日活动、日常、社会	78	18.27%
3	思维、思考、思辨、思想、哲学	73	17.10%
4	教育	31	7.26%
5	绘本、故事	26	6.09%

续表

序号	关　键　词	频数	占比
6	科学、自然	23	5.39%
7	生命、生死、性、死亡	22	5.15%
8	交往、交流、探究、对话、谈话	22	5.15%
9	诗歌、艺术、人文、文学	21	4.92%
10	游戏	18	4.22%
11	传统文化、传统、民族	9	2.11%
12	家长、家园、亲子	8	1.87%
13	创作、创造	8	1.87%
14	爱国	7	1.64%
15	五大领域	6	1.41%
16	平等、尊重	4	0.94%

图 3-11　幼儿园教师认为儿童哲学的内容词云图

在这个问题中，出现频率最高的词语是和不知道相关的关联词，这是一个很令人意外的答案，也许大部分受访者对哲学教育的认知不够充分，一时间不知道该如何回答这个问题（见表 3-5、图 3-11）。接下来两个占比较高的答案分别是与日常生活和哲学范围相关的关联词，加起来大概有 35% 的受访者认为儿童哲学的教育要跟哲学这个大的课题有关，而内容要从日常生活中来。而很有趣的是，在这个问题中提到了前面很少会出现的关于生死、性的教育（占比大约 5%）。有人说我们缺少关于性、关于爱、关于死亡的教育，是否在儿童哲学的课程中我们可以添加进这些被我们忽略的教育呢？这些关键词能被提到，也从侧面说明了教师们开始正视那些原来让我们难以启齿的问题。关于家庭、平等的关键词仍然太少，没有超过 2%，笔者认为在后期解决问题中，我们仍需要为改变人们的旧观念做出很大的努力。

有一条答案涉及对哲学家的了解，这条答案是这样的："对世界名人的认识，对其他国家的哲学家的了解"。笔者不能确定在儿童哲学活动中加入对哲学家的简单认识是否是一种必须，但这条答案相对其他答案来说有些不太一样，因此笔者将其贴出来，希望能够给其他研究者带来一些不一样的角度。

71. 您认为，儿童哲学课程的内容还可以来源于哪里？

表 3-6　儿童哲学课程的内容还能来源于哪里

序号	关　键　词	频数	占比
1	生活、活动	256	59.95%
2	绘本、图书、故事	49	11.48%
3	不确定、无、不清楚、不知道	42	9.84%
4	家庭、社会	38	8.90%
5	文学、科学、自然、艺术、戏剧	23	5.39%
6	对话、谈话	21	4.92%
7	兴趣	16	3.75%
8	环境	10	2.34%
9	网络、电子	2	0.47%

这个问题出现频率最高的是和生活有关的关键词（见表 3-6、图 3-12），对于大部分受访者来说，儿童哲学的内容应该来自生活，然而要如何从生活中提取儿童哲学的内容又需要下一番功夫。与绘本故事有关的内容和与艺术科学有关的内容的占比分别是 12% 与 5% 左右，其中从文学、科学、自然、戏剧中提取有关儿童哲学的内容似乎是一个很好的选择，只是后续实际开展活动的效果仍是一个未知数。

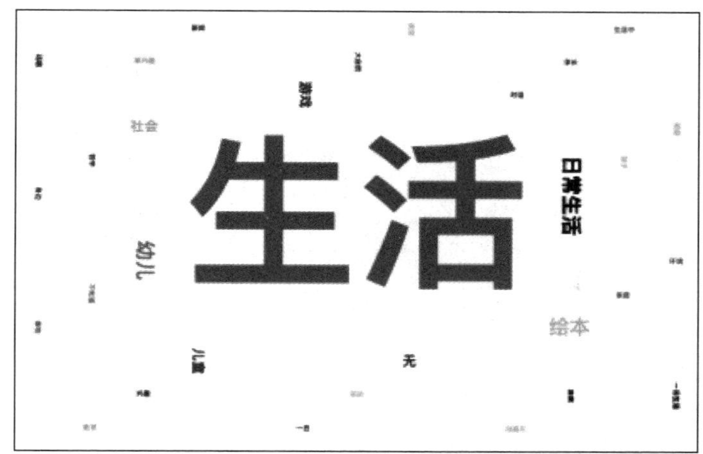

图 3-12　幼儿园教师认为儿童哲学内容的来源词云图

在本题中大部分答案是来自生活，而只有一条答案涉及社会新闻：“环境，书籍，新闻，社会实践”，儿童可以讨论社会新闻吗？笔者认为是可以的，虽然大部分研究者认为儿童哲学的实践内容来自绘本、故事等图书，但是笔者认为就算从绘本中寻找素材，儿童哲学活动的归宿仍应该是现实生活。

72. 您认为，还有哪些因素阻碍儿童哲学课程的普及？

表 3-7　哪些因素阻碍了儿童哲学课程的普及

序号	关　键　词	频数	占比
1	教师、老师	120	28.10%
2	哲学	100	23.42%
3	无、不确定、不知道	61	14.29%
4	教育	43	10.07%
5	家长	35	8.20%
6	专业	29	6.79%
7	时间	17	3.98%
8	制度、管理	5	1.17%
9	资源	5	1.17%
10	推广方式	2	0.47%

图 3-13 阻碍儿童哲学普及的因素词云图

在阻碍儿童哲学普及的因素中，占比最高的是老师这一选项（见表 3-7、图 3-13），证明大部分受访者认为幼儿园教师的现有水平还不足以支撑起儿童哲学的教学。这个问题的答案比较复杂，很难确定关键词，但总体仍可以分成学校、教师、家长、儿童自身、大环境这几个方面，现有学校体制使得儿童哲学目前无法成为幼儿园课程的主流；而教师本身的能力也很难在幼儿园开展有效的儿童哲学课程；许多家长仍对儿童哲学存在误解；儿童自身能力的差异导致了儿童哲学无法在课堂上取得很好的效果；最后由于学前教育仍算是一个被误解、被忽视的学科，社会上很多人仍旧认为幼儿园教师是“陪小孩玩”的工作，甚至关于学前教育的内容很难登上新闻头条，更遑论消解人们心中对于儿童哲学的困惑，大多数人甚至没有听过“儿童哲学”这个概念。

在这些答案中有一条答案提到了农村幼儿园的儿童哲学课程，但可惜的是该题答案只有两个字“乡镇”，受访者并未详细展开自己的想法。在众多与儿童哲学相关的研究中，笔者也很少看到关于在农村开展儿童哲学的设想，不只是受乡镇自身条件所限，就连学术界也忽略了农村这个广阔天地，笔者认为儿童哲学倘若只能在大城市开展，那么儿童哲学最终恐怕要变成“贵族游戏”，学术界在发展儿童哲学的同时要注意防止城市与乡镇出现分离的状况。

73. 您认为，还有哪些因素影响您对儿童哲学课程的接纳？

表 3-8　影响教师接纳儿童哲学课程的因素

序号	关　键　词	频数	占比
1	无、不确定、没有	137	32.08%
2	哲学、深奥	67	15.69%
3	难度、知识、经验、学习	44	10.30%
4	家长、父母、家庭	22	5.15%
5	幼儿园、学校	11	2.58%

图 3-14　影响教师接纳儿童哲学的因素词云图

在关于影响教师接纳儿童哲学课程因素的问题中（见表 3-8、图 3-14），除去与不确定相关联的关键词之外，占比最高的是哲学本身与教师的哲学学习经验和教师本身掌握的哲学知识。由此可见，在部分受访者心中，哲学是一门深不可测的、困难的、令人捉摸不透的学科，既然哲学是困难的，大人都不懂的学科，又怎样让孩子学会呢？其余的答案有的是来自家长的不理解，有的是学校本身没有儿童哲学的课程。

在所有的答案之中有三条答案很有意思。一条是说："哲学相较于其他通识学科，属于上级学科，对于幼儿来说，过早地开始这类哲思探索，会不会有悖于他们现阶段所需要的对世间万物的理解与接受，养成凡事不求甚解先杠一下的此类坏习惯。"笔者认为，从这条答案中我们可以窥见大众对哲学的误解。哲学是需要思考、需要讨论的，有时候甚至会起争执，在争论中达到新的高度。笔者认为拥有怀疑精神并不是什么坏习惯，更不用套用“杠”之类的词语将讨论污名化。从这条答案中还可以看见儿童哲学课程的道路还有很长的路要走。而另一条答案是：“课程目标不能准确界定，在教学的过程中不能关怀到儿童自身身心发展的需要，无法体现儿童的个体差异性。”笔者认为，这是我们在研究儿童哲学课程时要注意的问题：如何在群体的讨论中兼顾个人的发展。还有一条答案是：“儿童哲学的站位太高。”我想这体现了受访者对于儿童哲学的典型误解，儿童哲学的站位很高吗？或者说，哲学的站位很高吗？笔者认为，这条答案仍然可以代表部分受访者对于儿童哲学乃至哲学的误解：因为它们看起来很高深，所以不适合被大范围地在幼儿园中开展。

74. 您觉得，要想成功组织儿童哲学活动还需要哪些能力？

表 3-9　成功组织儿童哲学活动需要的能力

序号	关　键　词	频数	占比
1	专业、知识、能力	235	55.04%
2	哲学	125	29.27%
3	儿童哲学	43	10.07%
4	无	48	11.24%
5	问题	23	5.39%

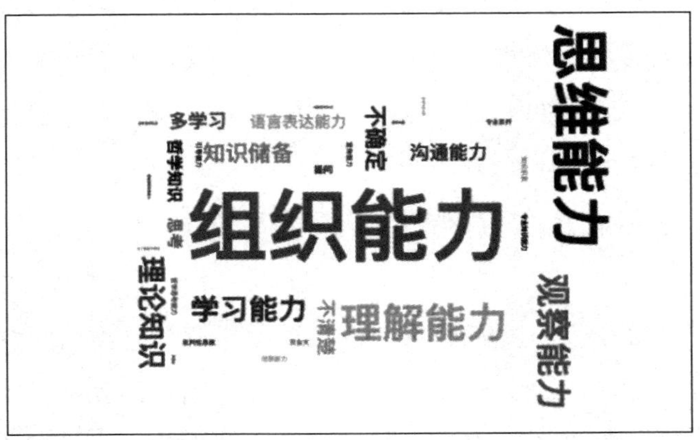

图 3-15　幼儿园教师认为开展儿童哲学活动所需的能力词云图

在这个问题中，过半的受访者认为组织儿童哲学课程活动的最大阻力是专业能力不足（见表 3-9、图 3-15），出现频数位于第二和第三的分别是哲学与儿童哲学（剔除掉“无”这个答案以外）。从受访者的答案来看，有一部分人还是不能区别哲学与儿童哲学，他们认为想要开展儿童哲学活动就必须精通哲学，然而笔者认为儿童哲学并不是让儿童系统地去学习古典哲学，而是通过活动引导他们去思考，哲学开展的过程比结果是否正确更重要。从受访者的答案来看，大部分人对儿童哲学乃至哲学仍有很大的误解。

综上，大多数受访的幼儿园教师过去关于儿童哲学的经历很少，对儿童哲学的态度较为矛盾，不会完全肯定也不会否定，态度偏向于正面，但是存在着不少的困惑。部分人仍然认为儿童哲学是对哲学概念的熟悉掌握，然而这并不是儿童哲学的实质。大部分人都认可儿童哲学对幼儿发展的价值，他们最认同儿童哲学能发展逻辑推理的能力，最不认同儿童哲学能发展儿童批判思维能力。从中可以看出，受访的幼儿园教师对于儿童哲学最明显的价值——训练儿童的思维方式的认知存在矛盾。笔者认为逻辑推理与批判思维是同一事物的不同面，然而受访教师对它们的认同度却完全相反。对于儿童哲学活动的内容，他们更倾向于相对平和的话题，对于某些可能会产生争议性的话题的赞同程度稍微低一些。至于活动内容的来源，认可度最高的是与幼儿园日常课程相关的绘本与故事。多数受访者认为，从儿童自身特点的角度来讲，在幼儿园实施儿童哲学活动具有很大的可行性，但同时他们对哲学本身的特点仍有一些误解，小部分受访者对开展儿童哲学活动的可行性仍持悲观态度。从调查所反映的情况来看，幼儿园教师大都具有不小的意愿去开展儿童哲学活动，但是仍处于一个“心有余而力不足”的状态。

在开放题中，受访者心理预设的儿童哲学活动应该是符合儿童发展的特点，并能够进一步促进儿童发展，同时是带有趣味性且自由的，儿童哲学的价值在于不仅可以促进幼儿各方面的发展，对于幼儿园的发展来说也可以形成办园特色，促进幼儿园教育方式的革新，还能更新成人的儿童观、教育观。在受访者的认知中，儿童哲学应当包括认知、社会、各种能力、态度等方面的内容，而儿童哲学的来源一般是生活中的各种事件，当然也可以来源于文学作品、人文历史。是什么阻碍了儿童哲学课程普及的脚步呢？受访者的答案大概可以分为这几方面：经济、政策、教师能力、幼儿园物质条件、儿童素质、家长的看法。阻碍受访者接纳儿童哲学的因素大概可以分为两个维度：一个是受访者自身的能力限制，另一个是哲学本身的学习门槛较高。对于受访者如何提高儿童哲学活动组织能力，大部分人认为一方面是教师自身要不断学习关于儿童哲学的知识，另一方面是外在环境也要提供足够的支持，只有个人与环境一起努力才能让儿童哲学的发展达到最好的效果。

五、讨论与建议

本次幼儿园教师儿童哲学认知现状的调查研究反映出我国儿童哲学在发展上的一些问题：

（一）存在的问题和原因分析

1. 多方原因导致幼儿园教师难以理解儿童哲学的含义

在前文中，笔者谈到对儿童哲学的研究大多聚集在理论方面，重点介绍儿童哲学的价值和意义，以及将儿童哲学与各种先哲的看法联系起来，对于儿童哲学究竟是什么并未做出太多的介绍，这导致了儿童哲学过多与哲学的深入研究联系起来。大多数幼儿园教师对哲学涉猎不多甚至没有接触过哲学，要让他们理解这些论文描述的东西确实有些困难。从前文的数据中我们可以得知，大部分幼儿园教师都是本科学历，幼儿园教师哲学基础薄弱导致他们在繁忙的工作中难以系统学习儿童哲学这种新的教育形式。

2. 儿童哲学作为新兴教育形式在幼儿园的宣传不够

从前文的数据中我们可以得知，大部分幼儿园教师关于儿童哲学课程的学习经验几乎是没有的，这证明了无论是在学生时代还是步入工作岗位之后，儿童哲学在大学和幼儿园中的宣传都是不够的。笔者认为造成这种情况的原因是儿童哲学在个别学校只是作为选修课存在，大部分学校甚至没有开设与儿童哲学相关的课程，儿童哲学在高校中仍然是被边缘化的存在。而幼儿园就更不可能大面积开展关于儿童哲学的培训了，现如今幼儿园课程仍是以“五大领域”为主，儿童哲学在幼儿园中更多是作为特色课程，还没有被大面积宣传，而无此需求的幼儿园也不会组织教师进行相关的培训。

3. 高校及幼儿园没有相关培训导致幼儿园教师缺乏开展儿童哲学的能力

在调查中，大部分幼儿园教师都认为自己没有足够的能力开展儿童哲学活动，而造成这种现象的原因有很多，没有经过相关的培训便是其中之一。从数据分析中我们可以得知，大部分教师在学校中并未受过儿童哲学相关课程的训练，这就导致了从学校毕业的学生没有儿童哲学课程的基础，缺乏理论知识的积淀；再加上儿童哲学仍是新兴教育形式，其尚在发展当中，没有形成完整的体系，知名度也远比不上传统领域，政府对其的重视程度也较为欠缺；而从幼儿园家长的角度来讲，笔者认为知道儿童哲学的家长少之又少。

（二）建议

针对本次调查研究发现的我国儿童哲学在发展上的问题，笔者提出以下相关建议：

1. 国家出台相关政策，支持将儿童哲学纳入幼儿园课程体系

倘若儿童哲学作为一个新的教学方式能够获得政府的认可，笔者相信儿童哲学的普及速度与广度可以扩大好几倍。另外，除了政策的引领，如果政府能够将儿童哲学纳入幼儿园原有的课程体系，笔者相信这将引起幼儿园从业人员最大限度的重视，这样也可以让儿童哲学活动的实践部分获得足够的发展。

2. 学前教育专业要在职前教育中开设儿童哲学课程

从前文研究中我们可以得知，大部分师范院校没有开展儿童哲学课程，这就导致了大部分学前专业的学生对于儿童哲学只有浅层认识，而高校又是培养学前教育人才的重要基地。笔者认为高校需要将儿童哲学课程纳入课程重点并且重视对儿童哲学的研究。比如，将儿童哲学课程纳入必修课或者选修课的行列；提高对儿童哲学研究的经费，鼓励更多研究者投入对儿童哲学的研究当中；成立专门的研究儿童哲学的机构，并加强与其他学校儿童哲学机构的交流、研讨。

3. 专家学者要积极宣传儿童哲学的价值，引起社会对儿童哲学的关注

笔者在前文中已经谈到过大部分关于儿童哲学的研究仍然属于上层理论

的研究，关于实践的部分可以说是少之又少，所以笔者认为专家学者们如果真的想要推广儿童哲学，不只要深入研究、挖掘儿童哲学的价值和意义，还要“接地气”，专家学者应该实地去调查一线幼儿园教师、家长甚至是幼儿对于儿童哲学的态度，在此基础上进一步思考如何让来自西方的儿童哲学体系更加符合中国的国情。虽然笔者写的小标题是积极宣传儿童哲学的价值，但是笔者认为上述改进是积极宣传的前提，正所谓知己知彼百战百胜，知道了普罗大众对于儿童哲学的印象才能更方便地制订针对性的宣传方案，站在社会大众的角度上推广儿童哲学，才能达到润物细无声的效果。

4. 鼓励有能力的幼儿园开展儿童哲学活动的相关培训

有一些私立幼儿园喜欢给自己印上标签，比如蒙台梭利教学、双语国际幼儿园、华德福等，其中一定会有一些幼儿园对于儿童哲学这个课题感兴趣，而且这些私立幼儿园一般资金、资源都相对充足，完全可以独立开展儿童哲学活动的培训，只要有幼儿园做出尝试并且能为公众接受、得到良好的效果，就一定会有其他幼儿园效仿，这样就可以从幼儿园这端促进儿童哲学的良性发展。当然，这个鼓励的主体笔者认为可以是专家学者，这就需要专家学者们能放下身段，深入幼儿园，构建实践与理论之间的桥梁了。

六、研究展望

根据前文的研究结果我们可以得知，对于大部分幼儿教师来说，儿童哲学仍是一个亟待开发的领域，虽然他们对儿童哲学的了解并不是十分深刻，然而大多数受访者并不排斥儿童哲学，对儿童哲学的内容、来源、实施等相关部分都有自己的想法，只是缺少专业的训练，也不知从何学起。笔者认为想要发展儿童哲学仍需要从破除人们对于哲学的误解、畏难情绪着手，然后加强对儿童哲学师资的培训。当然，在破除误解以及师资培训的过程中，仍然需要多方呼吁，以引起政府乃至社会的关注，只有在多方合力的情况下才能促进儿童哲学的良性发展。

另外，笔者在撰写本书的同时，发现当前儿童哲学研究存在的几个不足：缺乏大城市与小乡镇的数据，并且缺乏对于二者反映情况的对比研究；专家学者们忽视了在乡镇开展儿童哲学活动的可能性，倘若缺失了这一部分，笔者认为儿童哲学将成为新的“贵族游戏”；缺乏对于儿童哲学如何更加适合中国国情的研究，倘若儿童哲学能改造得适合国情并且能够符合国家发展所需，笔者相信政府将大为重视将儿童哲学纳入幼儿园课程体系这件事情；缺乏对于家长、儿童乃至公众的研究，一场儿童哲学活动的完成不仅需要专家学者们的高深理论，更重要的是落到实际让儿童和教师能够在开展儿童哲学活动的过程中获得发展。

本章在收集数据时并未对教师的基本信息与他们对儿童哲学的认知做出一个对比，这是此次研究有疏漏的部分，希望以后的研究者可以加强对这方面的研究。

第四章

幼儿园教师实施儿童哲学课程的挑战与对策

近年来，国内较多学者在理论上论证了开展儿童哲学的可能性和必要性。高振宇在《中国儿童哲学研究三十年：回顾与展望》一文中提出，在过去的几年中，儿童哲学的研究经历了从基本介绍和理论铺垫、初步尝试到短暂兴盛、缓慢发展和稳步提升到快速增长和多元发展的四个基本阶段。在理论、课程、儿童、学校及教师、国际比较等领域，儿童哲学取得了重大的成就。[1]然而，从儿童哲学课程在中国的推广来看，汤广全认为进度依然较为缓慢，并提出了四个原因：推行区域范围较窄、推行学校单兵作战、推行年龄段有限及哲学学人缺席。而其背后的根源在于教育观念滞后、推行动力不足及教育机制保障短缺。[2]同时，汤广全还提到中国目前儿童哲学课程存在着目标模糊、内容散乱、实施形式化、评价片面化四个突出问题。[3]

冷璐与高振宇对三所代表性小学——云南昆明南站小学、上海六一小学和温州瓦市小学的 P4C 实践进行了综述。他们指出这三所学校在开展儿童哲学活动方面存在以下五个相似之处：（1）这三所学校的教材开发、教学材料和方法、扩展活动以及课程设计都基于儿童的认知和心理状态、中国学校的具体情况、历史、社会文化背景和中国社会的需求。（2）这些学校在 P4C 的实践中面临着思维教学的挑战，过于关注辩论和简单思维，忽视了如何培养思维的深度和广度、多样化的思想和观点，以及倾听和引发对话的能力。（3）在儿童哲学探究活动中，教师仍然不断干预学生的讨论，不断将自己准

[1] 高振宇．中国儿童哲学研究三十年：回顾与展望［J］. 教育发展研究，2019，39（Z2）：70—79.

[2] 汤广全．儿童哲学课程推广缓慢的原因分析［J］. 教育探索，2016（03）：67—70.

[3] 汤广全．儿童哲学课程本土化：问题及策略［J］. 课程教学研究，2017（08）：34—47.

备的教案强加给学生，不断引导学生朝着自己计划好的方向前进。（4）过于重视思考和探究，忽视探究团体的构建。在竞争激烈、刻板且缺乏对话性的学习环境中，大多数学生害怕或缺乏发表自己思想的自信。如果没有来自探究团体的安全感、尊重、支持、关心和倾听，他们可能会优雅地站在“正确”的立场上，或者迎合成人所喜欢的立场。因此，要让学生积极真实地参与探究团体活动是困难的。（5）这些学校的 P4C 课程在某种程度上类似于道德教育课程或社会生活课程，主要适用于中国的思想教育，并受到传统道德习俗的限制，刺激物的选择也多倾向于道德说教或训诫风格的文本，导致儿童哲学活动常常沦为道德说教。[1]

一、幼儿园教师实施儿童哲学课程的挑战

从国际上的相关研究来看，萨拉·戴维·切斯特斯（Sarah Davey Chesters）和林恩·欣顿（Lynne Hinton）（2017）认为，在实施儿童哲学活动时，教师会面临如下四个挑战：（1）教师缺乏哲学学科相关的经验；（2）在教师培养课程中引入哲学的方式令教师感到难以接近；（3）有些教师承受着过重的日常教学工作的压力，虽然有兴趣开展儿童哲学活动，但缺乏学习一个全新领域的自信；（4）教师缺乏有开展儿童哲学活动经验的人带领，以联结课堂实践与哲学实践。[2]另外，彼得斯（Peters）（2009）认为，许多教师觉得儿童哲学与日常生活无关，担心会占用过多额外的时间和精力。[3]休·奈特和卡罗尔·柯林斯（2013）认为，也有一些教师发现很难识别哲学思想，不知道从哪里开始；[4]温迪·特金（Wendy Turgeon）（2013）认为，还有一些教师基于自身在对话教学上的专业知识，对促进哲学探究的能力感到过于自

[1] Leng, L., & Gao, Z. The Development and Contextualization of Philosophy for Children in Mainland China: Based on Three Model Schools' Practice [J]. Teaching Philosophy, 2020.

[2] Davey Chesters, S., & Hinton, L. What's Philosophy Got to Do With It? Achieving Synergy between Philosophy and Education in Teacher Reparation. [C]. The Routledge International Handbook of Philosophy for Children. New York: Routledge, 2017: 208—215.

[3] Peters, M. The Philosopher as Exile [R]. Philosophy of Education Society of Australasia Conference, Hawaii, December 2009.

[4] Knight, S. & Collins, C. Opening Children's Minds to Philosophy: The Crucial Role of Teacher Education [J]. Educational Philosophy and Theory, 2013, 46 (11): 1—10.

信。[1]而休·奈特和卡罗尔·柯林斯（2014）认为，儿童哲学进展缓慢的原因是教师认为哲学探究无用，并且缺乏成熟的推理技巧。[2]

笔者立足国内外已有研究，结合自身在幼儿园推广儿童哲学课程的实践，认为儿童哲学在国内幼儿园的实施面临以下六个挑战：

（1）中国传统哲学对儿童哲学的推动与阻滞并存。如冯友兰先生认为："中国哲学家之哲学，在其论证及说明方面，比西洋及印度哲学家之哲学，大有逊色。"[3]这种对逻辑忽视的哲学传统，依然影响着当今社会的方方面面。另外，冯先生还提到，中国哲学虽然在逻辑方面不够发达，但是却极为重视"为学之方"，对修养方法的论述极为详尽。[4]因此，中国哲学在"内圣"，即伦理学（Ethics）方面可以为世界儿童哲学的发展做出重要贡献。

（2）儿童哲学的目标未能与幼儿园已有课程体系相融合。笔者在幼儿园开展儿童哲学活动时，幼儿园园长最担心的是会打乱课程计划，与幼儿园原有的课程目标不符，许多园长认为儿童哲学课程是额外新增的一项任务。解决这个挑战最好的办法就是将儿童哲学的目标融入幼儿园课程体系中，并向园长解释清楚。

（3）缺乏基于本土文化的儿童哲学文本开发。无论是儿童哲学创立之初的 IAPC 儿童哲学教材，还是如今儿童哲学绘本的广泛使用，文本内容依然是基于西方文化，所选用的绘本和对绘本的文本开发都是基于国外的相关研究，基于本土文化的儿童哲学绘本创作及儿童哲学文本开发，依然任重道远。事实上，传统文化中蕴含着丰富的可以开展儿童哲学的材料，如孔子的对话[5]、庄子的寓言、孟子的"知言善辩"、朱熹的蒙学思想[6]等。

---

[1] Turgeon，W. Teachers Bringing Philosophy into the Classroom [C]. Philosophy in Schools: An Introduction for Philosophers and Teachers. New York: Routledge，2013: 9—20.

[2] Knight，S.，& Collins，C. Opening Teachers' Minds to Philosophy: The Crucial Role of Teacher Education [J]. Educational Philosophy and Theory，2014，46（11）: 1290—1299.

[3] 冯友兰 . 中国哲学史 [M]. 北京：商务印书馆，2011: 9.

[4] 冯友兰 . 中国哲学史 [M]. 北京：商务印书馆，2011: 10.

[5] 高振宇 . 孔子对话教学视野下儿童哲学探究团体的重构与创新 [J]. 教育发展研究，2018，38（Z2）: 65—73.

[6] 陈永宝 . 小学与哲学：论朱熹蒙学思想中的儿童哲学 [J]. 陕西学前师范学院学报，2020，36（10）: 7—13.

（4）未形成幼儿园实施儿童哲学活动的有效模式。目前关于实施儿童哲学活动的模式多适用于中小学，从规则的制定、活动的流程、讨论的形式和持续的时间等方面对幼儿园的儿童来说往往过于复杂，且难以提供系统的指导与建议。

（5）缺乏对儿童哲学活动实施效果的评价。对儿童哲学活动实施效果量化的评价，其核心在于评价量表的制定，而目前国内还缺乏基于本土的儿童哲学评价量表，对儿童哲学质性的评价，对儿童哲学活动实施者的要求较高；另外，对儿童哲学活动实施效果的评价，还应该纳入对教师专业发展价值的影响。

（6）缺乏稳定的职前儿童哲学师资输出，且职后幼儿园教师未能形成实施儿童哲学活动的自觉。目前国内学前教育专业开展儿童哲学课程的院校并不多，且儿童哲学的实践体系并未完全建立，难以培养稳定且高素质的儿童哲学教师；同时，职后幼儿园教师受限于各种因素，缺乏对儿童哲学价值的认识，也缺乏实施儿童哲学活动的自觉。

笔者于 2022 年 10 月至 12 月指导浙江省金华市观澜江境幼儿园 4 位教师，分别以绘本《小蓝和小黄》《拼拼凑凑的变色龙》《等一会儿，聪聪》《喂，小蚂蚁》在幼儿园大班开展了 32 次儿童哲学活动，每次参与的幼儿人数为 10—12 人。在资料收集方面，每次活动结束后，笔者采用半结构访谈的方式了解教师在实施儿童哲学活动中面临的困难和挑战，访谈后将访谈录音转化为文字，共收集了 32 份访谈资料；同时，每次活动结束后，请教师撰写活动反思，以更详细地描述在实施儿童哲学活动中所面临的困难。另外，笔者每周组织一次集体教研，聚焦于当周的儿童哲学实践活动，与教师们进行讨论和分享。具体活动安排如表 4-1 所示。

表 4-1 儿童哲学活动安排表

周次	教师	刺激物	班级
第一周	安安	《小蓝和小黄》	大班 A 组
	平平	《小蓝和小黄》	大班 B 组
	抱抱	《小蓝和小黄》	大班 C 组
	天天	《小蓝和小黄》	大班 D 组

续表

周次	教师	刺激物	班级
第二周	安安	《小蓝和小黄》	大班 A 组
	平平	《小蓝和小黄》	大班 B 组
	抱抱	《小蓝和小黄》	大班 C 组
	天天	《小蓝和小黄》	大班 D 组
第三周	安安	《拼拼凑凑的变色龙》	大班 A 组
	平平	《拼拼凑凑的变色龙》	大班 B 组
	抱抱	《拼拼凑凑的变色龙》	大班 C 组
	天天	《拼拼凑凑的变色龙》	大班 D 组
第四周	安安	《拼拼凑凑的变色龙》	大班 A 组
	平平	《拼拼凑凑的变色龙》	大班 B 组
	抱抱	《拼拼凑凑的变色龙》	大班 C 组
	天天	《拼拼凑凑的变色龙》	大班 D 组
第五周	安安	《等一会儿，聪聪》	大班 A 组
	平平	《等一会儿，聪聪》	大班 B 组
	抱抱	《等一会儿，聪聪》	大班 C 组
	天天	《等一会儿，聪聪》	大班 D 组
第六周	安安	《等一会儿，聪聪》	大班 A 组
	平平	《等一会儿，聪聪》	大班 B 组
	抱抱	《等一会儿，聪聪》	大班 C 组
	天天	《等一会儿，聪聪》	大班 D 组
第七周	安安	《喂，小蚂蚁》	大班 A 组
	平平	《喂，小蚂蚁》	大班 B 组
	抱抱	《喂，小蚂蚁》	大班 C 组
	天天	《喂，小蚂蚁》	大班 D 组
第八周	安安	《喂，小蚂蚁》	大班 A 组
	平平	《喂，小蚂蚁》	大班 B 组
	抱抱	《喂，小蚂蚁》	大班 C 组
	天天	《喂，小蚂蚁》	大班 D 组
共计	4 位教师	4 个绘本，32 次活动	4 个小组

在四次集体教研活动中，教师提出了许多困惑的问题，并进行了深入研讨。笔者依托研讨内容，整理了教师在实施儿童哲学活动不同阶段所面临的困惑。如表 4-2 所示。

表 4-2　幼儿园教师在实施儿童哲学活动不同阶段面临的困惑

不同阶段	具体的困惑
活动设计	1. 目标如何描述 2. 是否需要设计一个有对立性的概念或问题 3. 如何对文本进行开发 4. 绘本如何选择，等等
准备	5. 准备什么？怎么准备 6. 是否需要热身游戏？需要什么样的热身游戏，等等
呈现刺激物	7. 如果用绘本，如何呈现绘本？多媒体还是纸质书 8. 绘本文字太多了怎么办 9. 故事是否需要讲完？如果已经讨论得比较热烈，还需要继续讲吗 10. 为什么要介绍绘本的作者 11. 教师呈现绘本的时候，语气应该怎么处理？中立还是带情感 12. 绘本呈现完后，要不要重复呈现？幼儿可能会因为呈现的细节或某一页，而聚焦于这一页的问题上，该怎么办 13. 幼儿的问题只围绕绘本时，需不需要向外扩展 14. 呈现的绘本是否会限制幼儿的思考 15. 绘本涉及敏感议题该如何处理，等等
思考	16. 是否需要思考时间 17. 思考时间需要多久 18. 思考时幼儿能不能发出声音，等等
绘画	19. 绘画环节有没有必要 20. 幼儿要画自己想画的，与绘本和主题无关怎么办 21. 幼儿不知道怎么画、不愿意画怎么办 22. 绘画要给幼儿多少时间 23. 分享问题环节与绘画环节是否重复，如何处理 24. 分享绘画的环节，是否需要追问每幅作品的内容 25. 在孩子绘画的时候问他们画的内容，还是等他们画完再问 26. 教师把幼儿画出的内容转化为问题时，是否会存在误解，等等
问题生成与选择	27. 必须要有问题才能进行探究吗 28. 如果孩子提不出问题怎么办 29. 幼儿一直用陈述句，表达不清楚所提的问题怎么办 30. 如果幼儿发言的时候，所说的不是问题，教师能不能把孩子的话组织成哲学问题 31. 所选的问题体现不出哲学性怎么办 32. 要不要对幼儿提出的问题进行分类和转化，如何进行 33. 为什么只能选一个问题进行讨论？剩下的其他问题怎么办

续表

不同阶段	具体的困惑
问题生成与选择	34. 孩子们聊不下去的时候，可不可以换成别的问题？比如，讨论票数第二多的问题 35. 如果幼儿提出的问题太多，教师如何分类和选择 36. 当幼儿提出问题后，是立即追问某个孩子，还是将问题抛给同伴 37. 每个问题都需要追问吗 38. 幼儿说的每个问题都要记下来吗 39. 怎么发挥投票的价值 40. 投票时，孩子是否理解贴在黑板上的文字代表的问题 41. 投票是否会盲目跟从，或被同伴挟持 42. 如果最后的讨论主题是教师选择的，是否合适，等等
探究对话	43. 教师的追问技巧有哪些 44. 抓不住幼儿问题和回答的重点怎么办 45. 如何围绕哲学概念进行追问和澄清 46. 如何发现幼儿对话中的哲学问题 47. 如果孩子说得比较简洁，教师该怎么补充 48. 如何将对话引导到哲学高度 49. 当幼儿的回答出现跟风怎么办 50. 有没有供教师可以借鉴的“话术” 51. 如何将问题转化为幼儿能深入思考的问题 52. 当幼儿没有说明理由的时候要不要追问 53. 当观点对比明显时，是否还需要站队做出选择 54. 如何处理第三种选择 55. 如何将探究联系到幼儿的生活，等等
组织策略	56. 幼儿人数太多怎么办 57. 每次多少孩子参与合适？怎么安排幼儿与教师的位置 58. 在记录问题时，是自己记录还是请别人记录？自己记录的话，等记录完孩子丧失兴趣了怎么办 59. 预设与生成哪个重要 60. 如何处理意外情况 61. 幼儿总是沉默怎么办 62. 时间过长的话，幼儿的专注力如何保持 63. 如何营造公平的发言机会 64. 如何对待不想参与的幼儿 65. 要不要规则（常规）？什么样的规则既不限制孩子，还有助于探究进行 66. 如何体现儿童哲学活动的“哲学性”
反思评价	67. 有哪些评价的方式或游戏 68. 要反思什么？怎么反思？为什么要反思 69. 活动过程是否促进了儿童对讨论主题或问题的理解？如何证明 70. 如何发现与记录儿童哲学活动中孩子的发展
	71. 如何反思教师在儿童哲学活动中的提问、追问及组织策略 72. 如何提高教师的哲学敏感性？如何增进对哲学概念的理解 73. 如何撰写儿童哲学活动反思
延伸环节	74. 要不要做延伸环节？怎么做 75. 如何在延伸环节帮助幼儿将观念转化为行动

在集体教研中，幼儿园教师所列举的这 75 个实施儿童哲学活动的困惑有一定的重复性。除了在集体教研中教师反馈的这 75 个困惑外，笔者以质性分析软件 NVivo12 对 64 份文档资料（32 份访谈文档和 32 份教学反思日记）进行了编码和分类。经梳理发现，幼儿园教师面临的困难主要集中在六个类别上，如表 4-3 所示。

表 4-3　幼儿园教师实施儿童哲学活动面临的六个困难

困难类型	举　　例
倾听	教师忽视幼儿的提问和回答；忽视其他幼儿；对幼儿的行为缺乏包容；说得太多等
提问	教师问题表述不清；问的问题太封闭；问题与幼儿的生活经验缺乏连接；画画时要求不明确；难以发现哲学问题等
回应	教师过多重复幼儿的回答；缺乏对幼儿及时的追问；不能促进幼儿之间的对话等
组织策略	规则制定不明确或过于强调规则；忽视使用思考工具；绘画环节组织不当；未能给幼儿足够的思考时间；问题分类、转化、选择不恰当；缺乏制作概念地图等
幼儿年龄特点	活动过程中，做其他事情或着急说，而不愿意听；不会提问或不愿意说；重复其他幼儿的回答；回答前后不一致；嘲笑其他幼儿的回答；推理能力薄弱；过于抵触，导致不合理的质疑等
绘本	幼儿的回应被绘本所限制；绘本涉及难以驾驭的敏感主题；教师在呈现绘本这一刺激物时过快或过慢；教师在呈现绘本时缺乏吸引力或过于夸张；教师呈现绘本时不够灵活（如当幼儿已经开始讨论某个主题时，依然要机械地呈现完绘本，导致幼儿失去兴趣）

二、幼儿园教师实施儿童哲学课程的对策

依据国内外相关研究及笔者案例研究的结果可以发现，幼儿园教师在实施儿童哲学时面临的挑战是复杂的，但可以总结为社会文化、教师观念与能力、儿童年龄特点及儿童哲学活动组织与实施四个方面。本书主要针对儿童哲学活动的组织与实施，从儿童哲学活动的价值、模式、目标、内容、主题、实施步骤、评价等方面进行了阐述。幼儿园教师除了参考本书提供的对策，在儿童哲学实践中不断地教研与反思外，还需要不断学习哲学学科的内容知识、教学法知识、关于儿童发展的知识及教育情境知识[1]，这样才能提高自身

[1] 高振宇．儿童哲学教师的知识结构及师资培育的优化策略［J］．教师发展研究，2019，3（03）：108—116．

实施儿童哲学活动的综合能力。

高振宇认为，掌握哲学学科知识有助于教师识别儿童思想世界中哲学的部分，特别是儿童的哲学提问，并将哲学探究与其他类别的探究区别开来。他认为，儿童哲学教师应当掌握的哲学学科知识可分为两部分。首先是逻辑学方面的知识，包括形式逻辑、非形式逻辑以及其他常见的逻辑形态。这些知识是教师从事哲学探究和引导儿童发展思维能力的基础。如《大问题：简明哲学导论》一书中就列举了 15 个常见非形式谬误：只做断言、循环论证、恶性循环、离题、人身攻击、结论含糊或变动、改变含义、分散注意力、伪问题、不可靠的权威、滑坡隐喻、攻击稻草人、同情（以及诉诸其他感情）、诉诸力量及不恰当的论证。哲学非形式谬误可以帮助教师在对话过程中识别幼儿及自身所犯的错误。所谓“非形式谬误”是指许多论证尽管从形式上说是有效论证，且不违反推理规则和演绎规则的正当形式，但它们确实谬误。[1] 其次是哲学史方面的知识，包括西方哲学史自古希腊以来的发展以及中国哲学史的部分知识。在学习哲学史方面，教师可以参考相关的哲学导论丛书，按照范畴、问题和可能解答的框架，整理适合本班、本校或本园教学的哲学内容体系。特别需要重视的是苏格拉底和柏拉图的哲学对话，它们与儿童哲学教学的关系最为密切。此外，对于我国轴心时代（公元前 800 年至公元前 200 年）代表性的哲学流派和作品（如《论语》《庄子》等），它们通常以民众的生活语言表述，通俗易懂，但不乏深刻。其中很多作品采用对话的形式或记载了生动的故事，这些都是对苏格拉底对话及西方哲学的有力补充，因此也需要给予特别的关注。[2] 其中，冯友兰先生的《中国哲学史》是一本不错的入门书，该书不仅梳理了中国自子学时代到经学时代的哲学思想及哲学家，还系统地讲述了哲学的方法、哲学的论证、中国哲学的弱点与优点等议题。[3] 另外，本书在第二章第二节“儿童哲学对教师理论思维及专业发展的价值”

[1] 罗伯特·所罗门/凯思林·希金斯. 大问题：简明哲学导论［M］. 张卜天，译. 桂林：广西师范大学出版社，2011：407—412.

[2] 高振宇. 儿童哲学教师的知识结构及师资培育的优化策略［J］. 教师发展研究，2019，3（03）：108—116.

[3] 冯友兰. 中国哲学史［M］. 北京：商务印书馆，2011：3.

部分，列举了哲学探究敏感力和哲学教学敏感力两个概念。学习哲学学科内容知识是提升哲学探究敏感力的重要途径，而哲学教学敏感力主要依靠教学法知识来获得。

教学法知识主要包括一般教学法知识和儿童哲学课程所特有的探究团体教学法知识。作为幼儿园教师，在其职前培养中，已系统学习过一般教学法的知识。关于探究团体教学法的知识，在本书第九章“幼儿园儿童哲学课程活动的步骤”中做了详细论述。教育情境知识主要指班级环境、学校氛围、学区的管制和财务运行情况、社区和文化的特点等，即教师对所在班级、学校、学区、省市和国家教育政策环境以及学生所在家庭和社区环境的知识。

另外，社会文化方面的挑战也非教师自身能解决，需要更多教育学人，甚至教育政策制定者的参与。正如刘晓东在《教育是什么——兼议教育学与儿童学的关系》一文中指出：教育学教材通常将“教育”界定为教育者有意识、有目的、有计划地对受教育者所进行的知识、道德、审美、技能等的传递活动。这是值得商榷的。教育概念的这一偏差导致反自然的无儿童的教育（学）的产生，而“双负”现象等一系列教育综合征正是这种教育（学）的必然产物。现代教育学主张教育应当遵循儿童的天性（即儿童的内在发展所体现的自然趋向、自然目的、自然意志和成长规律等）。从夸美纽斯、卢梭到裴斯泰洛齐、福禄培尔、杜威和蒙台梭利，“教育的太阳”——儿童——在教育学中冉冉升起。教育学学科的发展是与儿童观的发展保持同步的。[1]

这启示着我们要从根本上反思“教育”的内涵，要重新思考教育与儿童的关系，要从“儿童观”层面思考教育。在儿童哲学实践中，不仅要关注思维教育的目的，还要逐步将儿童哲学提升到“儿童学”的高度，使之成为一种引领新时代课堂革命的“教育哲学”。

[1] 刘晓东．教育是什么——兼议教育学与儿童学的关系［J］．教育发展研究，2023（8）：57—64.

第五章

幼儿园实施儿童哲学课程的模式

莉齐（Lizzy）和罗杰·萨克利夫（Roger Sutcliffe）(2017）基于英国儿童哲学的发展状况，提出了将儿童哲学融入学校的四个模式:（1）将儿童哲学融入原有学科课程中;（2）定期开展儿童哲学研讨会;（3）将儿童哲学列为选修课或必修课;（4）构建以儿童哲学为主导的思维发展或技能训练课程。他们认为，不仅应该把儿童哲学融入课程（curriculum）中，还应该融入校园文化（ethos）和教学法（ pedagogy）中。[1]依据莉齐和罗杰·萨克利夫的观点，结合幼儿园阶段的独特性，本章提出在幼儿园实施儿童哲学课程的七个模式:（1）通过五大领域教学实施儿童哲学活动;（2）在一日生活中开展儿童哲学活动;（3）开展专门的儿童哲学探究活动;（4）通过游戏实施儿童哲学活动;（5）通过故事说演实施儿童哲学活动;（6）通过教育戏剧实施儿童哲学活动;（7）构建指向思维发展的儿童哲学园本课程。

一、通过五大领域教学实施儿童哲学活动

这种模式的好处是当幼儿园课程压力大的时候，只需将儿童哲学融入现有的领域教学中即可，不需要额外花时间开设儿童哲学课程，相对更容易被幼儿园管理者和教师所接纳。国内学者于伟和高振宇都很推崇这种模式。东北师范大学附属小学（以下简称“东北师大附小”）校长于伟（2017）提到，有别于李普曼通过开发专门的儿童哲学教材对儿童进行专门的儿童哲学课程和马修斯主张的成人应该与儿童展开平等的对话这两种做法，东北师大附小正在以“各学科普遍渗透”、重点研究“儿童之问、之思、之学”、“培养儿童

[1] Lewis, L., & Sutcliffe, R. Teaching Philosophy and Philosophical Teaching [C]. The Routledge International Handbook of Philosophy for Children, New York: Routledge, 2017: 200—207.

基本思维能力”的“第三条道路”前进。[1]高振宇在《儿童哲学与学科课程的整合及实施策略》一文中说：“独立的儿童哲学课程虽然有其重要价值，但其与学科课程的整合已成为国内外实践的重要趋势。”高振宇还说道：“儿童哲学在融入学科课程时，须重视儿童批判思维、创造思维、关怀思维和协作思维的发展，并贯彻团体、思维、探究和哲学四大基石。儿童哲学与语文、科学和数学三大学科的联系极为紧密。”[2]另外，澳大利亚学者奈特提出，在学科领域中蕴含着许多值得探究的哲学话题，如数学领域中的演绎与归纳、数概念、空间和无穷等；艺术领域中关于美的问题；健康领域中的道德伦理问题，关于人的本性等；语言领域中关于真理与意义的问题、语言的结构等；科学领域中关于科学的方法、理论的角色等。[3]

在应用这种融入模式时，幼儿园教师可以利用探究团体教学法，从学科领域中挖掘潜在的哲学主题，进而引导幼儿围绕概念或问题进行探究。路易斯（Lewis）和钱德利（Chandley）的著作《通过第二课堂实施儿童哲学》（*Philosophy for Children through the Secondary Curriculum*）（2012），就列举了大量案例和具体的操作方法。如该书提到在艺术领域，首先可以使用的素材就是绘本中的图画[4]，默里斯和海恩斯（2000）针对如何应用绘本开展儿童哲学做了详尽论述[5]。孙丽丽在《天真之眼——绘本在儿童哲学中的另一种运用》一文中也分析了利用绘本中的图画开展儿童哲学的可能性和策略。[6]具体而言，在艺术领域可以探究这些问题：（1）艺术是什么？它是在什么情况下被提出来的？它适用于什么情况？（2）图像是什么？我们怎么知道我们

---

［1］于伟．儿童哲学走“第三条道路”的可能与尝试——东北师范大学附小探索的历程与研究［J］．湖南师范大学教育科学学报，2017，16（01）：27—33.

［2］高振宇．儿童哲学与学科课程的整合及实施策略［J］．教育科学研究，2020（10）：10—16.

［3］Knight，S. The Curriculum Transformed：Philosophy Embedded in the Learning Areas［D］. Doctoral Dissertation，Deakin University，2000.

［4］Lewis，L.，& Chandley，N.（Eds.）Philosophy for Children Through the Secondary Curriculum［M］. London：Bloomsbury Publishing，2012.

［5］Murris，K.，& Haynes，J. Storywise：Thinking Through Stories：Issues［M］. Pembs：Dialogue Works，2000.

［6］孙丽丽．天真之眼——绘本在儿童哲学中的另一种运用［J］．教育发展研究，2021，41（02）：50—57.

看到了什么？我们使用什么线索来解释图片？我们如何处理模棱两可的作品（如凯斯·哈林的作品）？（3）在 2D 画纸上绘制 3D 世界会产生什么问题或概念？（4）我们面前图画的功能和信息是什么？我们怎么能相信我们看到的？（5）记号（sign）、符号（symbol）和标志（secular）的区别是什么？同时，他们还提供了“抽象与写实”“抽象的自画像”“底线在哪里”“你怎么知道你看到了什么”“永恒与艺术作品”“艺术在哪里”“什么是女性美”“肖像能说出真话吗”“我要买广告中的产品吗”“形式与功能”“图画和音乐是如何连接的”等问题。针对这些问题，利普泰（Liptai）设计了相应的十二个活动，每个活动都包含了刺激物、指导方法、哲学问题、哲学概念、注意事项五个部分。[1]

目前，国内部分幼儿园围绕语言、科学、社会等领域做了初步尝试。由于儿童哲学是以对话为主要形式的教学活动，与幼儿语言领域的发展相结合，能够帮助教师通过教学活动更好地达成幼儿语言领域发展的相关目标。如周慧川和郑敏希依托福建师范大学实验幼儿园，以儿童哲学活动“大与小”的开展为例，通过“参观小学归来：比较大与小”“深入思考：最大与最小物的再讨论”“思考与创作：小人物之大作品”这三个环节，探讨了儿童哲学活动对幼儿语言能力发展及在幼小科学衔接方面的作用与价值。[2]另外，儿童哲学与幼儿园语言领域的结合，常常以绘本作为刺激物和载体来开展，而国内在以绘本作为刺激物开展儿童哲学的理论研究和实践经验较为丰富，如高振宇的《基于绘本的儿童哲学对话：回顾与展望》[3]《以绘本为载体的儿童哲学对话——基于上海市某幼儿园的案例分析》[4]，杨妍璐的《哲学文本绘本及在儿童哲学课中的应用》[5]等；在实践方面，近年来有较多教师以某绘本为例，探讨

---

[1] Lewis，L.，& Chandley，N.（Eds.）*Philosophy for Children through the Secondary Curriculum*. London：Bloomsbury Publishing，2012.

[2] 周慧川，郑敏希．从儿童哲学活动中探寻幼小科学衔接的路径——以对“大与小”问题的讨论为例［J］. 福建教育，2021（29）：18—21.

[3] 高振宇．基于绘本的儿童哲学对话：回顾与展望［J］. 教育实践与研究（C），2014（09）：63—65.

[4] 高振宇．以绘本为载体的儿童哲学对话——基于上海市某幼儿园的案例分析［J］. 教育导刊（下半月），2014（10）：3—7.

[5] 杨妍璐．哲学文本绘本及在儿童哲学课中的应用［J］. 上海教育科研，2018（01）：24—27.

了儿童哲学应用绘本在幼儿园语言领域中的实践，如李萍的《换一种角度提问——儿童哲学在〈三只蝴蝶〉故事教学中的新尝试》[1]，苏泳的《听幼儿讲绘本里的哲学——以大班幼儿阅读绘本〈活了一百万次的猫〉为例》[2]等。

在科学领域方面，孙为为和杨妍璐以上海特级教师袁晶晶的大班科学活动“我发现的变化”为例，探讨了儿童哲学工具“苏格拉底五指诘问法”在科学活动中运用的五个策略，分别为：从自身的经历描述问题的现象——现象学的方法；用原有的经验进行解释——解释学的方法；抓住关键点展开分析与讨论——分析的方法；在矛盾冲突中发展辩证思维——工作的方法；在大胆想象中尝试推断——猜测或直观的方法。[3]需要注意的是，这五个儿童哲学策略在应用过程中并非线性的发展，而是在各个环节中可以灵活使用。孙为为和杨妍璐通过分析发现，如果教师在科学活动中与幼儿的对话能有效运用“五指模型”，将有助于幼儿对科学现象的深层次思考。

在社会领域方面，高洁和张丹以幼儿园“品德”教育为切入点，提出了儿童哲学融入幼儿园品德教育的三个实施策略，分别为：坚持生活化原则，探寻幼儿身边的道德问题；坚持对话性原则，引导幼儿形成探究群体；坚持思辨性原则，构建幼儿正确的道德认知。另外，高洁和张丹还讨论了幼儿品德教育应用儿童哲学后对幼儿和教师产生的影响和改变。[4]但儿童哲学在社会领域其他主题方面的应用还较为缺乏。

总体来说，儿童哲学在幼儿园五大领域中的应用较为集中在语言领域，科学和社会领域也有所涉及，但健康和艺术领域的应用还较为缺乏。需要注意的是，在应用这种模式时也存在一定弊端：首先，在学科教学中，教师和幼儿可能会弱化和低估哲学概念、问题及探究的价值[5]；其次，受限于教师的

[1] 李萍．换一种角度提问——儿童哲学在《三只蝴蝶》故事教学中的新尝试［J］. 福建教育，2021（11）：28—29，64.

[2] 苏泳．听幼儿讲绘本里的哲学——以大班幼儿阅读绘本《活了一百万次的猫》为例［J］. 福建教育，2021（25）：62—64.

[3] 孙为为，杨妍璐．“苏格拉底五指诘问法”在科学活动中的运用——以大班科学活动“我发现的变化”为例［J］. 福建教育，2021（16）：19—21.

[4] 高洁，张丹．儿童哲学对幼儿园品德教育的启示［J］. 福建教育，2021（38）：25—27.

[5] Lewis，L.，& Sutcliffe，R. Teaching Philosophy and Philosophical Teaching［C］. The Routledge International Handbook of Philosophy for Children，New York：Routledge，2017：200—207.

哲学素养，有些教师难以从学科或领域中发掘出适合探究的哲学主题。克服这些弊端既要注重提高幼儿园教师的哲学探究敏感力和哲学教学敏感力，提升从五大领域及幼儿的生活中挖掘适宜的哲学话题的能力，也要注重儿童哲学的目标与五大领域目标的深度整合。

二、在一日生活中开展儿童哲学活动

幼儿园除五大领域集体教学外，一日生活的各个环节对幼儿的发展同样重要。《3—6 岁儿童学习与发展指南》中强调，幼儿的学习是以直接经验为基础，在游戏和日常生活中进行的[1]，因此，儿童哲学在幼儿园的应用不能忽视一日生活的价值。楼梦娜和杨妍璐也提到幼儿园儿童哲学与中小学所开展的哲学教育有着本质的区别，其核心任务不是去完成高结构化的课程。[2]本节结合国内幼儿园近年来的实践，从儿童哲学环境创设及微哲学对话这两个角度来论述如何在一日生活中开展儿童哲学。

幼儿园环境在幼儿一日生活中起着潜移默化的教育作用，在幼儿园开展儿童哲学活动，需要幼儿园环境的支持。在应用儿童哲学理念创设幼儿园环境方面，杨昱和高振宇基于当前国内幼儿园将儿童哲学与环境创设整合方面存在的幼儿参与不足、哲学元素运用不恰当、忽视精神环境创设等问题，提出了儿童哲学视野下幼儿园环境创设的四个策略，分别为：充分发挥环境的哲学教育价值，加强幼儿在环境创设过程中的参与度，强化环境创设的哲学设计意识，利用魔法圈强化精神环境的创设。[3]依据这些策略，教师可以设置哲学问题盒来收集幼儿日常的疑问，也可以布置哲学问题墙来展示儿童的哲学探究过程和作品，还可以布置家园联系栏与家长分享儿童哲学的理念和实践。需要注意的是，儿童哲学理念下的幼儿园环境创设并非千篇一律，各

---

[1] 李季湄，冯晓霞.《3—6 岁儿童学习与发展指南》解读[M].北京：人民教育出版社，2013：287.

[2] 楼梦娜，杨妍璐.在一日生活中陪伴幼儿做哲学——以“洗手间的标志”事件为例[J].福建教育，2021（07）：25—27.

[3] 杨昱，高振宇.儿童哲学视野下幼儿园环境创设的现状分析与实践策略[J].福建教育，2021（20）：22—26.

个幼儿园可依据自身特色灵活设置，以促进幼儿园环境创设回归儿童、回归教育本真，同时引发幼儿对哲学问题的好奇心和求知欲。[1]

微哲学对话，顾名思义，就是小而短的哲学对话。林宇菁和周慧川认为，微哲学对话的特点在于地点的随机、形式的多样、时间短、人数少、针对性强等[2]，因此特别适合在幼儿园一日生活中的各个过渡环节中开展。林宇菁和周慧川依托福建师范大学实验幼儿园的一日生活，以微哲学对话的方式总结了“听话的勇士”“朴素的幻想家”和“天真的洞察者”三个幼儿形象。[3]她们认为，通过微哲学对话的方式，教师能及时深入了解幼儿的所思所想，丰富教师眼中的幼儿形象；而在对对话内容进行反思的过程中，教师还可以更好地透过幼儿形象进行教学反思。[4]由此可见，一日生活的各个环节中蕴含着丰富的机会可以与幼儿进行微哲学对话，而且这种“打游击战”的方式还可以避免大班额开展儿童哲学存在的困难和挑战，如无法顾及每位幼儿的回应、时间过长导致幼儿失去参与的兴趣等。

另外，通过一日生活中的微哲学对话，除了有助于教师深入理解幼儿的形象外，还可以生成儿童哲学探究的主题，甚至生成幼儿园的课程。如楼梦娜和杨妍璐以幼儿园的“洗手间的标志”这一生活事件为例，从幼儿质疑洗手间标志，想重新设计标志，到幼儿探究男孩和女孩的区别，整个过程持续了近一个月。在这个过程中，教师结合儿童哲学的理念和思考工具，从“捕捉好奇心”开始，逐步“引领幼儿反思日常观念的合理性”；在增加刺激物激发幼儿讨论的基础上，推动幼儿内心观念的转变；最后，通过“开放洗手间标志”，将儿童哲学的探究结果转化为实践和行动。由此可见，这次由“洗手间的标志”引发的儿童哲学探究，事实上就是一次儿童哲学理念引导下的幼儿园生成课程。在生成课程的过程中，教师重新理解了童年的情调与生机，

[1] 杨昱，高振宇．儿童哲学视野下幼儿园环境创设的现状分析与实践策略［J］．福建教育，2021（20）：22—26．

[2][3][4] 林宇菁，周慧川．微哲学对话中的幼儿形象——来自儿童哲学新手教师的观察与思考［J］．福建教育，2021（25）：25—27．

直面了儿童生活世界所诞生的真实问题，教师与幼儿一同对世界的复杂性进行了智性的探索。[1]因此，通过幼儿园的一日生活开展儿童哲学，不仅意义重大，更应该成为未来幼儿园实施儿童哲学活动的主流形式。

三、开展专门的儿童哲学探究活动

在一日生活中开展儿童哲学的模式不需要在特定的学科领域中开展，幼儿园可以自主安排时间进行开放性的哲学探究。另外，该模式强调生成幼儿“自己”的哲学，其目标不仅是幼儿个性化的学习，还强调通过思考人类的经验及意义，以开放性的态度去了解诸如伦理、价值、美学、形而上学等问题，以实现深度学习。[2]该模式目前在许多国家的幼儿园很受欢迎，它不仅可以帮助幼儿园教师和幼儿暂时从设定的课程框架中解放出来，自由地追求对他们来说更有意义的问题，还可以让幼儿通过足够的时间去内化哲学探究中所需的思维技能。[3]

然而，该模式面临的主要挑战是幼儿园教师很少有时间进行专门的哲学探究，这既需要幼儿园教师重新调整他们的时间，也需要幼儿园管理者、家长甚至高校研究者的支持。另外，当前作为开展儿童哲学素材的文本，已从原先仅用 IAPC 教材到现在强调绘本、图片、视频、故事及其他学科主题等多元材料的运用，但是如何从这些材料中发掘出值得探究的哲学主题是个难点。针对此问题，古秀蓉（2017）在《论儿童哲学探究活动的主题特征》一文中说道：“儿童哲学探究活动主题可以是文本内部的中心主题，也可以是在文本内部抽象出来的话题，但是最重要的必须是原生于儿童的兴趣话题，并且是由儿童紧密结合自己的生活事件来论证和推进的主题。”同时，古秀蓉还指出，儿童哲学主题谈话和一般主题谈话的根本区别在于谈话过程中对思考过程的自觉，主题生成关键在于聚焦原生于儿童的“小哲学问题”，而不仅仅

---

[1] 楼梦娜，杨妍璐. 在一日生活中陪伴幼儿做哲学——以“洗手间的标志”事件为例［J］. 福建教育，2021（07）：25—27.

[2] Lewis，L.，& Sutcliffe，R. Teaching Philosophy and Philosophical Teaching［C］. The Routledge International Handbook of Philosophy for Children，New York：Routledge，2017：200—207.

[3] Lewis，L.，& Sutcliffe，R. Teaching Philosophy and Philosophical Teaching［C］. The Routledge International Handbook of Philosophy for Children，New York：Routledge，2017：200—207.

是专业哲学家们的“大哲学问题”。[1] 另外，戴维·A. 怀特（David A. White）在《写给孩子们的哲学》里列举了 40 个儿童日常可能接触到的哲学问题，伊莎贝尔·米隆在《111 个儿童哲学思考练习》中列举了 111 个可以开展的思考练习，这些都可以为组织专门的儿童哲学探究活动提供借鉴。然而，如果这些思考练习没能与当下幼儿的生活发生联结，就会影响儿童哲学探究活动的效果，还会影响幼儿对意义的获得。那么，如何结合幼儿的兴趣、生活事件确定幼儿园儿童哲学探究活动的主题呢？笔者结合自身在幼儿园推广儿童哲学的实践，提出确定儿童哲学探究主题的五个步骤：第一，通过集体备课，围绕儿童哲学刺激物开发其中蕴含的哲学主题；第二，在呈现刺激物后，请幼儿提出自己的问题；第三，利用“问题象限”思考工具，将幼儿提出的问题分类，聚焦于“不确定性”的哲学探究类问题上；第四，将幼儿提出的“不确定性”探究类问题与教师预设的哲学主题建立连接；第五，在儿童哲学探究活动过程中生成新的主题。（将在第八章做详细论述）

在该种模式的已有实践中，潘小慧在辅仁大学哲学系组织的“儿童哲学营”是一种自上而下推广儿童哲学探究活动的尝试。潘老师自 2004 年起，每年 5 月中下旬组织为期半天的哲学探究活动，其目的在于让儿童了解什么是哲学及哲学思考，同时训练修习儿童哲学课程的学生成为种子教师，并推广儿童哲学。[2] 虽然潘老师组织的“儿童哲学营”参与者主要是哲学系学员和小学三、四年级以上的学生，但其组织的方案、流程及成果报告书都值得幼教领域借鉴。受潘老师启发，笔者在高校学前教育专业开展了“儿童哲学工作坊”，吸纳感兴趣的学前教育专业学生和一线幼儿园教师参与，在接受 32 课时的儿童哲学培训后，工作坊成员会与一线幼儿园教师合作，每周在幼儿园协同开展儿童哲学探究活动。这种模式不仅提升了职前、职后幼儿园教师实施儿童哲学的意识和能力，也为幼儿园课程改革输送了新的理念。

从国外中小学和幼儿园的实践经验来说，关于独立开展儿童哲学活动的

---

[1] 古秀蓉 . 论儿童哲学探究活动的主题特征［J］. 北京教育学院学报，2017，31（06）：34—39.

[2] 潘小慧 . 儿童哲学的理论与实践［M］. 桂林：广西师范大学出版社，2020：130—134.

实施步骤，最具代表性的是李普曼和夏普开创的探究团体教学法（LS-P4C）。奥伊勒（Oyler）（2016）认为，探究团体教学法一般包含五个步骤：呈现刺激物、生成问题、探究对话、元认知反思、将探究转化为行动[1]，该教学法早期主要应用于中小学的儿童哲学活动中。然而，由于幼儿的沟通能力尚处于发育之中，很难自发形成探究团体，更需要教师一步步地引导。那么，探究团体教学法对幼儿园阶段来说，就显得较为抽象和难以操作。近年来，默里斯和海因斯在此基础上进行了改造，提出了针对小学低龄和幼儿园阶段实施儿童哲学的九个步骤：（1）呈现刺激物（sharing a story）；（2）思考时间（thinking time）；（3）同伴分享（discussing in pairs）；（4）提出问题和选择问题（questioning）；（5）讨论（discussing）；（6）观点建构（building）；（7）结束（closure）；（8）评估（evaluation）；（9）活动延伸（follow-up work）。[2]（将在第九章做详细论述）另外，在幼儿园实施儿童哲学时，由于幼儿进入探究状态需要一定的时间，因此在呈现刺激物之前，可以观察幼儿的状态，如果幼儿尚未进入探究状态，加入“热身环节”以稳定幼儿情绪和吸引幼儿注意力很有必要。事实上，幼儿园教师在实施儿童哲学活动时，并不一定每次都要将这九个步骤全部展开，当孩子状态好的时候，可以不进行热身环节；当孩子数量少的时候，可以取消同伴分享的环节；当某位孩子提出的问题迅速唤起了其他孩子的共鸣，引起了热烈的讨论时，就可以将提出问题与选择问题相结合，或者将讨论与观点建构相结合。然而，有些步骤是每次儿童哲学活动所必需的，如李普曼和夏普的探究团体教学法所包含的五个步骤，而这也是判断一次活动是否为儿童哲学活动的标志之一。

四、通过游戏实施儿童哲学活动

高振宇于2021年在其论文《基于游戏的儿童哲学探究：理论依据与实践模式》中对通过游戏实施儿童哲学的理论依据和实践模式做了系统的研究。

---

［1］ Oyler. Philosophy with Children：The Lipman-Sharp Approach to Philosophy for Children［C］. In：Peters M.（eds.）Encyclopedia of Educational Philosophy and Theory. Springer，Singapore. 2016：1—7. https：//doi.org/10.1007/978-981-287-532-7_226-1.

［2］ Murris，K.，& Haynes，J. Storywise：Thinking Through Stories：Issues［M］. Pembs：DialogueWorks，2000：44.

高振宇认为，做哲学在一定意义上是具有游戏的性质与精神的，游戏在本质上具有自由性、规则性、目的性、幻想性等一系列特征，对儿童的认知与情感发展具有举足轻重的意义与价值。基于此，高振宇选取乔治·贾诺塔基斯的“玩智”哲学桌游以及“儿童哲学在阿尔伯塔”的夏令营哲学游戏两种模式，并介绍了开展的策略。[1]其中，“儿童哲学在阿尔伯塔”的夏令营实施模式主要面向三个年龄段：1—3年级；4—6年级；初一至初三年级。其中，1—3年级可供幼儿园阶段借鉴，其活动主要集中在三类主题上，即“魔法艺术”（含创造性的表演游戏）、“思想食物”（以游戏的方式开展与食物相关的活动，如制作食物、扮演美食家等）和“幻想工程”（玩真人版“宠物小精灵”和“挖矿争霸”等游戏，以哈利·波特的形式创造一个“魔法世界”等）。[2]除了高振宇提及的这两种游戏模式，孙丽丽提出了可以通过戏剧游戏开展儿童哲学探究活动，并提出了儿童哲学探究的戏剧游戏模式，即“游戏—探究”教学模式，并将其概括为暖身、表演、探索、复演、拓展五个程序，从而实现游戏与探究性学习及经验的扩展、丰富、改造的有机统一。[3]另外，笔者将戏剧游戏作为教育戏剧的一部分，在第十二章“幼儿园运用教育戏剧实施儿童哲学”中做了详细的论述，在该部分就不再赘述。

五、通过故事说演实施儿童哲学活动

“故事说演教学法”源于美国的佩利（Vivian Gussin Paley）。在她37年教学生涯中，有24年在美国芝加哥大学附设实验学校的幼儿园工作。她获得了许多荣誉，甚至是第一位受到白宫接见的幼儿教师。她于1987年获得了艾力克森机构颁发的儿童服务奖；于1989获得了麦克阿瑟奖；于1998年获得了哥伦布前基金会（Before Columbus Foundation）颁发的终身成就奖；1999年，其作品《共读绘本的一年》获得了NCTE戴维·H.罗素之卓越英语教学研究奖；于2000年获得了约翰·杜威协会颁发的杰出成就奖。她以

[1][2] 高振宇.基于游戏的儿童哲学探究：理论依据与实践模式[J].教育发展研究，2021，41（02）：26—35.

[3] 孙丽丽.儿童哲学探究的戏剧游戏教学模式与策略[J].陕西学前师范学院学报，2018，34（10）：35—41.

叙事与评论相结合的方法陆续出版了 13 本著作，在她的著作中介绍了她作为一名幼儿园教师的成长过程，深入地介绍了孩子们的生活和游戏，提出了幼儿游戏中重要的“3F”原则，即幻想（Fantasy）、公平（Fairness）和友谊（Friendship）。从佩利教学实践中提炼出的“故事说演教学法”，在世界范围内形成了较大的影响，许多国家的幼儿教师将佩利的“故事说演教学法”作为提升专业素养、了解孩子内心、提高教学有效性的途径。孙丽丽在其论文《在故事中看见孩子：说演故事在儿童哲学中的运用》中，结合佩利的故事说演教学法，对如何通过故事说演活动实施儿童哲学做了系统研究。[1] 另外，帕特里夏·库珀（Patricia M. Cooper）教授结合许多执行说演故事活动的课程，在《小小孩都需要的教室：薇薇安·嘉辛·佩利的教学智慧》一书中，归纳提出了说演故事的指南，包括制订计划、说故事（口述）、演故事（戏剧）三个步骤，并为每个步骤提供了详细的操作指导建议。[2]

笔者于 2021 年 7 月 3 日受廊坊市开发区第一幼儿园及第四幼儿园的邀请，以“故事说演”（storytelling-acting）的方式同 16 位大班幼儿开展了一场儿童哲学探究活动。活动流程按照活动导入、小组分享说故事、集体分享说故事、演故事、讨论故事、活动延伸这六个步骤进行。在集体分享中，共有 5 位幼儿分享了自己的故事，经过投票，最终选取了悦悦小朋友的故事进行表演，表演后，笔者引导幼儿进行了故事改写和主题讨论。

在运用故事说演开展儿童哲学活动之后，笔者邀请参与观摩的教师进行提问。在该环节，教师们共提出了 20 多个问题，如：如何安排故事说演的时间？是否可以加入音乐元素？可不可以允许幼儿说想象故事？教师在幼儿说演故事中的作用是什么？如果幼儿说的故事太短，幼儿没兴趣怎么办？幼儿因为紧张而忘记故事内容、角色该怎么办？幼儿每日分享日常经验，算不算

[1] 孙丽丽．在故事中看见孩子：说演故事在儿童哲学中的运用［J］．教育发展研究，2019，39（Z2）：94—102.

[2] 帕特里夏·M．库珀．小小孩都需要的教室：薇薇安·嘉辛·佩利的教学智慧［M］．孙莉莉，译．昆明：晨光出版社，2021.

说演故事呢？幼儿不想说怎么办？幼儿在说故事时，如果别的孩子想要补充，该怎么办？说演故事需要一天一次吗？绘本可以作为说演故事的素材吗？幼儿说故事时，教师能否用图画或其他符号代替文字记录故事？幼儿表演时私自加戏，过于沉醉于自己的表演中该怎么办？如何将故事说演提升到儿童哲学的高度？等等。对这些问题的思考和探索，有助于教师将故事说演的方式深入地应用在儿童哲学课程活动中。

事实上，佩利的故事说演与教育戏剧、儿童哲学及行动研究有着密切的联系。可以这样说，佩利的故事说演是应用行动研究的方法，采用教育戏剧的形式，在幼儿园进行儿童哲学课程的实践。当孩子把自身经验或绘本故事表演出来的时候，我们称之为“教育戏剧”（这是佩利故事说演模式运用的主要方法）；当孩子表演后，进行讨论和分享时，可以称之为“儿童哲学活动”，而将这个过程记录下来，不断地反思调整以改善下次的活动，我们称之为“行动研究”。佩利的实践有效地将行动研究、教育戏剧、绘本和儿童哲学融合到一起，这对我们了解孩子的生活世界、深挖绘本的教育价值、学习有效的教学方法、促进教师专业成长有着丰富的启发。

六、通过教育戏剧实施儿童哲学活动

幼儿园阶段的儿童以形象思维为主，强调通过操作体验和游戏的方式进行学习，单纯强调语言对话的儿童哲学探究模式难以持续吸引幼儿参与。因此，将教育戏剧与儿童哲学相结合，是在幼儿园开展儿童哲学活动的一种有效方式。笔者曾发表论文提出教育戏剧融入儿童哲学共有六条路径：（1）通过幼儿自发性戏剧游戏融入；（2）通过以“戏剧”为主的自发性创造活动融入；（3）通过以“剧场”形式为主的表演活动融入；（4）通过幼儿“肢体与声音的表达”融入；（5）通过“故事剧场”融入；（6）通过教育戏剧策略融入。[1] 从已有实践经验来看，英国康弗拉克斯剧院（Konflux Theatre）多次将儿童哲学融入其开展的“游戏日”戏剧体验活动中。[2] 其实践经验对在我

---

[1] 倪凯歌．回归身体与情感：教育戏剧融入幼儿园儿童哲学的路径探索［J］. 陕西学前师范学院学报，2021，37（04）：23—35.

[2] 资料来源：https://www.konfluxtheatre.co.uk/philosophy-4-children-p4c，2022-1-27.

国幼儿园利用教育戏剧开展儿童哲学活动有四方面的启示：首先，在主题上可以选择“反霸凌”“心理健康”“家乡历史”“幼小衔接”“道路安全”等与幼儿生活经验和身心健康密切相关的主题，尤其是“反霸凌”主题，通过表演呈现“霸凌”及哲学探究，不仅可以使幼儿更深刻地体验“霸凌”唤起的感受，同时还能促进幼儿更深入地认识“霸凌”，学会识别和应对霸凌。如笔者在幼儿园采用绘本《不是我的错》，以戏剧表演的方式，开展过多次儿童哲学活动。其次，要注重对“剧场”和“表演”的强调，可以创编“儿童哲学剧”，与幼儿园的六一儿童节活动、学期汇报演出、毕业演出等大型活动相结合。再次，利用教育戏剧开展儿童哲学活动时，要注意将艺术因素与哲学因素相结合，既凸显艺术性，又蕴含哲学性，艺术性体现在戏剧表现、创造与演出等过程中，哲学性体现在促进幼儿批判性、创造性、关怀性和合作性思维的发展上。最后，要注意儿童哲学活动重在过程，不要被外在的功利目的所束缚，更不要把“儿童哲学剧”当成娱乐成人的工具。

七、构建指向思维发展的儿童哲学园本课程

陈时见和严仲连曾提出，幼儿园园本课程开发具有民主性、灵活性、多样性和独特性四个特征，在开发园本课程时要处理好五个问题：以和谐发展为前提，建立科学的课程体系；发挥教师和幼儿的双主体作用；重视潜在课程的影响；避免流于形式，避免增加教师和幼儿的负担；强调游戏，注重活动。[1]然而，当前许多幼儿园在构建园本课程时，往往把园本课程建设等同于教材编写或特色创建。事实上，构建园本课程要立足于幼儿的发展和教师的专业成长，以提高课程质量为根本目的，以儿童哲学为核心构建园本课程可以较好地达成这一目的。

在构建以儿童哲学为核心的园本课程时，不仅仅是把儿童哲学融入现有课程中，还要把儿童哲学作为一种园本文化和教学法，将儿童哲学提升到“课程原则”的高度，使之成为引领园本课程发展的“教育哲学”。这种模式与将儿童哲学融入五大领域教学中的第一种模式最大的不同在于儿童哲学的

---

[1] 陈时见，严仲连．论幼儿园的园本课程开发［J］．学前教育研究，2001（02）：27—29.

地位不同。在第一种模式中，儿童哲学处于边缘地位，而这种模式将儿童哲学置于中心地位；另外，第一种模式依然是传统上的分科教学，而这种模式强调主题的整合及幼儿发展的整体性。路易斯和苏特克里弗认为，教师主要通过发展儿童的一般性技能来推动哲学探究，这些技能往往与“生活”能力或教育上的一般发展目标密切相关，如基本的倾听与阅读的能力、一般性的认知能力、社会性、自信、耐心、与他人合作等。[1]事实上，学校和幼儿园一直面临着要发展儿童一般性的、认知性的、学术性的技能和学习品质的培养目标，而该种模式可以较好地满足幼儿园的这些培养目标。

笔者在指导幼儿园开展儿童哲学时常采取这种模式，该种模式强调立足幼儿园自有的课程体系或发展诉求，结合儿童哲学的目标，为幼儿园量身打造指向批判性思维，或创造性思维，或关怀性思维的园本课程。这意味着在实施儿童哲学时，除了聚焦于李普曼早期提出的 3C（批判性、创造性和关怀性）目标外，还可以引入儿童其他方面的发展目标，如合作能力、倾听技能、语言表达能力、阅读理解、数学技能、自尊、情绪、智力等。如笔者在指导幼儿园开展“指向批判性思维的幼儿园园本课程建设”时，首先将批判性思维解构，与幼儿园原有的语言、数学、科学等领域目标建立联结，构建园本课程的目标体系；其次利用幼儿园现有的资源，如绘本、民间传统游戏、图片、儿童生活故事等，发掘适合幼儿年龄特征和生活经验的、可探究的哲学主题，构建园本课程的内容体系；再次将幼儿班级转化为探究团体，同时结合教育戏剧和故事说演构建园本课程的实施体系；最后采用定量与定性相结合，重点采用质性评价方式，围绕教学困难与经验、教师及儿童发生的变化、他人的态度意见，构建园本课程的评价体系。

这种模式是儿童哲学在幼儿园应用较为深入的一种状态，不仅可以实现儿童哲学自有的目标，还可以兼顾幼儿园原有的课程体系和发展诉求。然而，这种模式的实现不仅需要民主、开放、科学的幼儿园管理和高素质的幼儿园教师团队，还需要儿童哲学研究者持续的入园指导和引领。值得一提的是，

[1] Lewis，L.，& Sutcliffe，R. Teaching Philosophy and Philosophical Teaching [C]. The Routledge International Handbook of Philosophy for Children，New York：Routledge，2017：200—207.

目前中国思考拉儿童哲学研究中心推动的“儿童哲学专业委员会理事单位”项目，推动了部分中小学和幼儿园成为实施儿童哲学的实验基地，是实施该种模式典型的代表。在构建以儿童哲学为核心的园本课程中，幼儿园事实上就是在开展“行动研究”，这种在行动中研究、为了行动研究、由行动者研究的方式，对完善儿童哲学方案本身、促进幼儿全面发展、提升幼儿园教师专业素养、改善幼儿园管理等方面都具有重要意义。

总之，作为课程的儿童哲学，自身有其目标、内容、实施和评价体系。因此，未来在幼儿园实施儿童哲学课程时要注意五点：第一，在理论基础上，要了解杜威、维果斯基、李普曼、马修斯等在儿童哲学课程形成和发展中的作用，还要了解威廉姆（Williams）、齐迪（Cheety）等人对儿童哲学的批判和建议；第二，在儿童哲学目标确定上，既要强调“爱智”，如批判性思维、创造性思维、语言表达沟通能力等智力因素，还要强调“爱人”，如关怀性思维、合作性思维、自尊、自信及情感等伦理道德因素；第三，在内容选择上，既要“回归儿童”，从儿童的生活经验中发掘哲学探究主题，也要加大对适合哲学探究之本土刺激物和教师操作手册的开发；第四，在实施方式上，要将传统的课堂转换为探究团体，掌握探究团体的构建流程，注重规则的构建，既要发挥教师的促进者角色，更要发挥儿童的主体性；第五，在评价上，既要侧重儿童哲学课程对幼儿发展的影响，还要关注其对教师专业成长的价值，如对幼儿园教师的价值观、儿童观和教育观的影响。总之，正如刘晓东、高振宇、杨妍璐等所呼吁的：儿童哲学课程在幼儿园的应用，要避免步入“工具主义”的陷阱，不要过于强调其思维训练的工具价值，而忽视其在认识论、本体论方面带来的变革，而是要逐步将儿童哲学提升到“课程原则”，甚至“童年哲学”的高度，使之成为一种引领新时代课堂革命的“教育哲学”，为传统课堂注入新的活力。

第六章

幼儿园儿童哲学课程目标

一、儿童哲学课程该不该有目标

关于儿童哲学课程该不该有目标是个有争议的话题。如果儿童哲学课程的探究主题建立在生成的基础上，探究过程又鼓励儿童说出自己真实的想法，强调开放式的对话，那么就不应该预设任何明确的目标。然而，如果不预设目标，会让许多刚接触儿童哲学的教育管理者或教师感到无所适从，会认为儿童哲学课程缺乏“真正的”教育意义。[1]同时，儿童哲学课程目标的不明确，也使得儿童哲学容易被误解和批评。因此，梳理清儿童哲学课程的目标，对提升幼儿园教师对儿童哲学的认可度，进而推动儿童哲学课程在幼教领域的深入应用至关重要。如果幼儿园教师相信儿童哲学课程可以促进幼儿的思维、学习和社交能力的发展，并且可以应用到其他领域教育中，就愿意为此投入时间和精力，就愿意参与到儿童哲学实践中。

二、国际上关于儿童哲学课程目标的论述

（一）李普曼儿童哲学课程的目标

事实上，不管有没有预设的目标，儿童哲学课程在创立之初是有目标的。李普曼创立儿童哲学的目的在于提升儿童的推理与判断能力，“帮助儿童学会独立思考”并做出明智选择，进而满足儿童对意义的追求。[2]为了实现这一目的，李普曼早期将必需的思维技能描述为批判性思维和创造性思维，其后又有学者将关怀性思维及合作性思维纳入其中；在儿童哲学课程实践中，又逐步将交往沟通能力纳入目标之中。当然，有的儿童哲学实践者会

[1] 高振宇. 我们追寻怎样的儿童哲学之梦？[J]. 教育研究与评论，2018（4）：13.

[2] Lipman，M.，Sharp，A. M. and Oscanyon，F. Philosophy in the Classroom [M]. Philadelphia，philadelphia：Temple University Press，1980：53.

把交往沟通合并到合作性目标中，称之为“4C”（Critical，Creative，Caring，Cooperation）。[1]

在儿童哲学的 4C 中，推理能力是批判性思维的核心，涉及儿童用理由证明自己观点、做出推论、进行演绎、识别潜在假设和处理矛盾、澄清不明确的概念、避免片面的概括，并通过理由或证据来支持决策等。推理通常被看作是为自己的认知目标服务的能力，比如关注自己的主张和逻辑依据的关系。推理通常有两个功能：提出论据来说服别人；评估别人为了说服我们而使用的论据。[2]当推理用言语表达出来时就是言语推理。[3]许多研究表明，言语推理与阅读理解、词汇量、工作记忆、非言语推理、听力理解、情绪理解、数学思维及口语表达呈正相关，拥有更高言语推理能力的儿童更擅长获取新信息，更善于理解文本含义及言语情境，能更好地与同伴交流，更善于团队合作及解决问题。[4]在基础教育领域，言语推理能力被看作是个人获取生活和学业成功的基础，因为言语推理能力是听、说、读、写四项主要语言技能的先决条件。事实上，儿童不善于阅读的原因之一，是我们没有教会他们推理，不懂得推理，他们就不能真正领会所读的东西，如果过分强调阅读而忽略了思维能力的培养与锤炼，成倍的努力也只能是“盲目的努力”，而儿童哲学可以较好地提高儿童的言语推理能力。[5]儿童是在学习语言的过程中学习逻辑的，教学的最初阶段就是把已开始思考的孩子转变为善于思考的孩子。儿童哲学课程不是要把儿童培养成哲学家或决策者，而是要帮助他们成

---

[1] 高振宇. 中国儿童哲学研究三十年：回顾与展望［J］. 教育发展研究，2019，39（Z2）：75.

[2] Sperber，D.，& Mercier，H. Reasoning as A Social Competence. Forthcoming.［C］. Collective Wisdom：Principles and Mechanisms. New York：Cambridge University Press，2012：368—387.

[3] Peterson，A.，& Bentley，B. Exploring the Connections Between Philosophy for Children and Character Education：Some Implications for Moral Education?［J］. Journal of Philosophy in Schools，2015，2（2）.

[4] Ribeiro，I.，Cadime，I.，Freitas，T.，& Viana，F. L. Beyond Word Recognition，Fluency，and Vocabulary：The Influence of Reasoning on Reading Comprehension［J］. Australian Journal of Psychology，2016，68（2）：107—115.

[5] Fisher，R. Teaching Thinking：Philosophical Enquiry in the Classroom［M］. London：Bloomsbury Publishing plc，2013：50.

为更有思想、更有创见、考虑周到、通情达理的人。同时，李普曼还指出，儿童从其所读、所见或其他方面的经历中推导出合乎逻辑的或符合语义的结论越多，那些经历就越能让他们感到满意，感到有价值。[1]

（二）国际上近年来对儿童哲学课程目标的论述

除了李普曼早期对儿童哲学课程目标的论述外，近年来，国际上对儿童哲学课程目标的梳理以托平、特里基、克莱格霍恩（Cleghorn）[2]和阿纳斯塔西娅·安德森[3]（Anastasia Anderson）为代表。

1. 托平、特里基及克莱格霍恩对儿童哲学课程目标的论述

托平、特里基及克莱格霍恩在2019年出版的《儿童哲学教师指南》一书中，为儿童哲学课程设定了四重目标，其中包括培养独立思考者、更有效的学习者、促进社交和情感发展，以及培养儿童参与和支持民主的能力。[4]

在培养独立思考及更有效的学习者方面，儿童哲学课程注重批判性思维、创造性思维、关怀性思维和合作性思维的培养。这些思维方式能帮助儿童仔细倾听、分析和评估所学内容的有效性和合理性。通过儿童哲学课程，儿童能够将所学知识与之前的知识联系起来，深入思考和反思，并将所学应用于现实世界，与机械式学习形成鲜明对比。因此，儿童能够分析所学内容并进行更合乎逻辑的推断，从而得出更好的结论并取得更好的学习效果。

在促进社交和情感发展方面，通过儿童哲学课程，儿童可以学会在有不同观点的情况下保持友好，不轻易排除不同意见。在儿童哲学探究团体中，友谊和合作是重要的元素，与普遍存在于许多课堂上的对抗或竞争的场景形成鲜明对比。儿童通过共同的探究满足了对自主性和同伴关系等情感需求。

---

［1］ Vansieleghem，N.，& Kennedy，D. What is Philosophy for Children，What is Philosophy with Children—After Matthew Lipman?［J］. Journal of Philosophy of Education，2011，45（2）：171—182.

［2］ Topping，K. J.，Trickey，S.，& Cleghorn，P. A. Teacher's Guide to Philosophy for Children［M］. New York：Routledge，2019：18.

［3］ Anderson，A. Categories of Goals in Philosophy for Children［J］. Studies in Philosophy and Education，2020，39（6）：607—623.

［4］ Topping，K. J.，Trickey，S.，& Cleghorn，P. A. Teacher's Guide to Philosophy for Children［M］. New York：Routledge，2019：18—21.

因此，在儿童哲学课程中，社交与情感既是探究过程的副产品，也是一个重要的目标领域。

在培养儿童参与和支持民主方面，儿童哲学课程具有发展个人理性和社会民主的潜力，而不仅仅是增强认知能力或提升社会情感能力。在儿童哲学探究团体中，儿童需要学会倾听、包容不确定性、避免轻易排斥不同意见，并要学习如何在不同观点的基础上进行讨论而不是争吵，进而反思自己的观点，理解他人持有不同观点的原因，从而促进儿童对多样观点的尊重和理解，为构建健康的民主社会做出贡献。

2. 阿纳斯塔西娅·安德森对儿童哲学课程目标的论述

阿纳斯塔西娅·安德森（2020）在《儿童哲学目标分类》一文中梳理了关于儿童哲学目标的争论和分类。安德森提到，在李普曼4C目标的基础上，龙于斯（Rondhuis）和范德莱乌（Van Der Leeuw）（2000）区分了儿童哲学课程的内在目标和外在目标，他们认为儿童哲学课程的内在目标包含三个方面：推理和分析的品质，对模糊性、含糊性和边界的处理和探索，与现实生活的联系；而外在目标是指哲学探究之外的影响。[1]安德森进一步指出，内在目标是与儿童哲学探究直接相关的目标，如智性美德与哲学敏感性；而外在目标是指数学或阅读分数的提升。[2]与此类似，麦考尔（McCall）和韦杰斯（Weijers）（2017）也认为，儿童哲学的内在目标是儿童对个人和集体的人类生活基础的深刻理解，这只能通过“哲学”来实现。而发展沟通技巧、倾听技巧、耐心、对差异的容忍和对他人的尊重等可以通过其他方式实现的目标是儿童哲学的外在目标。[3]由此可见，儿童哲学的4C目标亦属于外在工具性目标，但儿童哲学课程的最终目的不是让儿童掌握这些工具性技能，而是

---

[1] Rondhuis, T., & Van Der Leeuw, K. Performance and Progress in Philosophy: An Attempt at Operationalisation of Criteria [J]. Teaching Philosophy, 2000, 23 (1): 30.

[2] Anderson, A. Categories of Goals in Philosophy for Children [J]. Studies in Philosophy and Education, 2020, 39 (6): 607—623.

[3] McCall, C. C., & Weijers, E. Back to Basics: A Philosophical Analysis of Philosophy in Philosophy with Children [C]. The Routledge International Handbook of Philosophy for Children. London: Routledge, 2017: 83—92.

通过培养 4C 思维，最终发展儿童的推理与判断能力，从而实现幸福而智慧的生活，如表 6-1 所示。

表 6-1　儿童哲学目标分类

教育目的	儿童哲学课程中并没有形成对教育目的的统一认识 儿童哲学在中国的实践，需要服务于中国的教育目的
儿童哲学的教育目标	内部（Internal）：哲学思考与敏感性；智慧；良好的生活；对个人及集体生活基础的理解 外部（External）：认知、非认知
儿童哲学探究团体的目标	1. 程序性（Procedurai）：4C 目标 2. 认识论（Epistemic）：某种更好的理解、概念、答案或解决方案 3. 体验（Encounter）：非教育性的目标，而是一种经验 4. 团体（Community）：群体的目标，整个群体的进展 5. 终极（Telos）：探究和团体成员都趋于完善
儿童哲学促进者的目标	教师实施儿童哲学活动时心中的目的和预期
儿童的目标	儿童参与儿童哲学活动的目的和预期

三、国内儿童哲学课程目标相关的论述

高振宇以美国儿童哲学促进中心（IAPC）所开发的《聪聪的发现》教师手册为例，提出国内对儿童哲学课程目标的确定，可以从三方面来入手：其一是增进对概念的理解；其二是促进思维技能的发展；其三是呵护和发展情意态度。[1] 其一，增加对概念的理解，也可表述为儿童对“哲学大观念”的理解力，即不断逼近可能的真理，然而如何确定这种进步，如何围绕某个大概念设置横向或纵向的“思想里程碑”，以及将儿童认识上的进步与哲学史上的种种论据建立联系等，都须开展更深入的研究。[2] 其二，促进思维技能的发展包括前文所描述的批判性、创造性、关怀性、合作性、交往沟通及文化认同。在该层面，高振宇结合核心素养的要求，从申辩思考力、创造思考力、关怀思考力、交往沟通力、团队合作力五个方面构建了儿童哲学课程的目标体系。[3] 其三，在情感态度方面，主要包括呵护和发展儿童的好奇、探

[1] 高振宇 . 我们追寻怎样的儿童哲学之梦？[J]. 教育研究与评论，2018（4）：13.

[2] 高振宇 . 中国儿童哲学研究三十年：回顾与展望 [J]. 教育发展研究，2019，39（Z2）：75.

[3] 高振宇 . 基于核心素养的儿童哲学课程体系建构 [J]. 上海教育科研，2018（1）：21.

究、尊重、宽容、同情或同理、开放等关键的思维态度与意识。需要注意的是，这些情感态度往往与思维技能融为一体，而部分思维技能同样也涉及态度意识，如合作、关怀等。对以上目标的表述，可以以中国传统哲学中的技艺、义理、情感和修行四个方面来概括。但这四个方面均属于“末”，儿童哲学课程目标的根或“本”在于古希腊哲学所强调的灵魂转向或中国儒道学者所追寻的“道”。[1]

近年来，亚洲学者基于东方文化更加重视伦理关怀的缘故，纷纷倡导将关心及关怀性思维作为东方儿童哲学首要关注的目标[2]，事实上，对关怀性思维的强调，可以结合诺丁斯的“关怀理论”：在开展儿童哲学课程活动时，首先要建立基于“关怀”的关系，并以“关怀”作为重要内容，强调对幼儿生命的尊重、对幼儿体验和感受的重视、强调教师的榜样作用和教育的实践性特征。[3]

四、幼儿园儿童哲学课程目标的构建

依据国内外对儿童哲学目标的论述，结合幼儿园课程的特点，笔者认为，要构建幼儿园儿童哲学课程目标体系，首先要建立儿童哲学课程目标与幼儿园五大领域教学目标的关系。

（一）幼儿园五大领域教学目标与儿童哲学课程目标

儿童哲学课程与幼儿园课程五大领域的结合，首先，要发掘出五大领域值得探究的哲学问题。在五大领域教学中，蕴含着许多值得探究的哲学话题，如数学中的演绎与归纳，数概念，空间和无穷等；艺术中关于美的主题；健康领域中的道德伦理，关于人的本性等议题；语言领域关于真理与意义的主题，语言的结构等；科学领域中关于科学的方法，理论的角色等。

其次，要建立五大领域中的核心目标与儿童哲学的培养目标之间的联系。

---

[1] 高振宇．中国儿童哲学研究三十年：回顾与展望［J］．教育发展研究，2019，39（Z2）：75.

[2] 高振宇．中国儿童哲学研究三十年：回顾与展望［J］．教育发展研究，2019，39（Z2）：75.
高振宇，周傅盛．“关心型”儿童哲学探究共同体模式的建设：诺丁斯对话思想的启示［J］．河北师范大学学报（教育科学版），2022，24（6）：44—55.
Lam，C. M.（Ed.）Philosophy for Children in Confucian Societies：In Theory and Practice［M］. New York：Routledge，2020：1.

[3] 侯晶晶，朱小蔓．诺丁斯以关怀为核心的道德教育理论及其启示［J］．教育研究，2004（3）：36—43.

事实上，幼儿园围绕健康、语言、社会、科学（数学）和艺术五大领域的课程目标与儿童哲学培养批判性思维、创造性思维、关怀性思维、合作性思维有较多相似的地方，如批判性思维对应科学领域，创造性思维对应艺术领域，关怀性思维和合作性思维对应健康和社会领域，倾听与表达能力对应语言领域等，如表 6-2 所示。

表 6-2　幼儿园五大领域教学目标与儿童哲学课程目标关系表

五大领域	教学目标	儿童哲学课程目标
健康	身心状况	关怀性思维
	动作发展	关怀性思维
	生活习惯与生活能力	关怀性思维、合作性思维
语言	倾听与表达能力	关怀性思维、合作性思维
	阅读与书写准备	批判性思维、创造性思维
社会	人际交往	关怀性思维、合作性思维
	社会适应	关怀性思维、合作性思维
科学	科学探索	批判性思维、创造性思维、合作性思维
	数学认知	批判性思维
艺术	感受与欣赏	关怀性思维、批判性思维
	表现与创造	创造性思维、批判性思维

（二）幼儿园儿童哲学课程目标体系构建

依据国内外对儿童哲学课程目标的论述可以发现，儿童哲学课程中增进对概念的理解属于认识论层面的目标，即对某些概念有更深的理解，或提出了解决方案等。然而，儿童哲学活动的主题虽然可以由教师提前预设，但更为强调在活动过程中生成，因此，这一目标的实现，必须立足具体的儿童哲学活动。除了对概念的理解这一目标层次外，本章围绕思维技能和情意态度这两个层面，初步构建了幼儿园儿童哲学课程目标体系，如表 6-3 所示。

表 6-3 幼儿园儿童哲学课程目标体系

<table>
<tr><th>目标类型</th><th>二级维度</th><th>行 为 特 征</th></tr>
<tr><td rowspan="3">批判性思维</td><td>探究行为</td><td>• 围绕刺激物或主题提出相关问题
• 避免一概而论
• 要求用证据来支持主张
• 使用“如果……那么……”的句式
• 认识到背景的不同
• 愿意以他人的观点为基础</td></tr>
<tr><td>思想开放行为</td><td>• 接受合理的批评
• 愿意听取另一方的观点
• 尊重他人及他人的权利</td></tr>
<tr><td>推理行为</td><td>• 利用过去的经验来帮助理解新的和正在出现的东西
• 寻求澄清定义不清的概念
• 发现事情如何相同，如何不同
• 用令人信服的理由支持观点
• 提供例子和反例
• 寻求揭示潜在的假设
• 做出适当的推论，如演绎和归纳
• 做出客观的判断</td></tr>
<tr><td rowspan="3">创造性思维</td><td>流畅性</td><td>在活动中产生了一系列不同的观点或问题</td></tr>
<tr><td>原创性</td><td>提出了独一无二的观点或问题</td></tr>
<tr><td>想象性</td><td>设想图画故事书的可能结局或想象中的细节，并提出替代方案，如在对话中扮演一个新的角色，使用假装或假设</td></tr>
<tr><td rowspan="5">关怀性思维</td><td>欣赏性思维</td><td>重视自然、艺术或物品的价值和美感，而不仅仅是其实用功能。重视并欣赏同伴身上抽象的事实，如态度、行为或个人特征等。同时，幼儿表现出对他人的接纳和对他人价值的认可</td></tr>
<tr><td>情感思维</td><td>儿童对什么是正确的、什么是错误的有清晰的认识或强烈的正义感，反对犯错</td></tr>
<tr><td>主动思维</td><td>基于某种动机，儿童对所重视或关心的事物或人热情地采取某种行动的状态</td></tr>
<tr><td>规范性思维</td><td>避免以自我为中心的思考，如认真倾听，思考别人说的话，轮流发言，不要打断别人说话</td></tr>
<tr><td>移情思维</td><td>能意识到他人的感受、思考或行动，就像自己经历了其他人所经历的事件、情况或挑战一样</td></tr>
<tr><td>合作性思维</td><td colspan="2">• 同意或不同意其他孩子的观点，并给出理由
• 提出评论或评价意见
• 直接对其他儿童讲话
• 回忆别人的观点，并说出他们的名字
• 将注意力集中在说话者身上
• 避免打断说话者
• 互相鼓励，在小组中发言
• 尝试在别人的想法基础上发展自己的想法
• 听取与自己不同的想法
• 想改变他人的想法
• 使用身体语言</td></tr>
</table>

续表

目标类型	二级维度	行为特征
交流沟通	倾听与表达	• 说话时直接面向他人 • 尝试着回答问题 • 参考彼此的想法 • 清楚、简洁地解释自己的想法 • 每个想发言的人都有机会 • 认真地听 • 有回应 • 表现出尊重
其他	如文化认同等	

在构建该目标体系时，对批判性思维二级维度和行为特征的划分，借鉴了 IAPC 于 1990 年设计的认知行为检核表（Cogniteive Behabiour Checklist，CBC），CBC 最初被设计的目的是评估教师对学生认知潜能态度的可能变化。香港学者林志明认为，CBC 描述的行为特征也是批判性思维的呈现，因此也可以将 CBC 用来测评儿童的批判性思维。[1] 对创造性思维描述标准的确定借鉴了 1981 年托兰斯（Torrance）等学者开发的适合 3—8 岁幼儿创造性思维评价的“动作和行动中的创造性思维”（Thinking Creatively in Action and Movement，TCAM），TCAM 强调通过动作和行动来测评幼儿的创造性思维。[2] 对关怀性思维描述标准的确定主要依据李普曼在其著作 *Thinking in Education* 中对关怀性思维的界定，包括欣赏性、情感性、行动性、规范性及移情性五个方面。[3]

由于儿童哲学课程不同层面的目标是交叉重复的，因此在构建幼儿园儿童哲学课程目标体系的二级指标和行为特征时，也会有部分内容重复。如批判性思维中二级指标和行为特征与合作性思维的行为特征有部分重合；关怀性思维和合作性思维既有思维技能层面的含义，也有情意态度的含义。

[1] Lam, C. M. Childhood, Philosophy and Open Society: Implications for Education in Confucian Heritage Cultures [M]. Vol. 22. Springer Science & Business Media, 2013: 80.

[2] Torrance, E. P. Empirical Validation of Criterion-referenced Indicators of Creative Ability Through a Longitudinal Study [J]. Creative Child & Adult Quarterly, 1981.

[3] Lipman, M. Thinking in education [M]. New York: Cambridge University Press, 2003.

事实上，该目标体系只是一个参考，在一次儿童哲学活动中，幼儿可能只出现几个典型行为，并不能在一次活动中实现所有目标。在应用时，幼儿园教师可依据该目标体系，依据幼儿的年龄特点和探究主题，选取部分的目标类型和二级指标进行设计。同时要注意儿童哲学课程活动目标的预设，不是为了限制活动，而是为教师的引导提供依据和借鉴。重要的是，在活动过程中倾听与回应幼儿，在活动结束后，通过视频回顾、教学研讨与过程反思去发现幼儿真正获得了哪些发展。

有关教师反思与儿童哲学课程活动的评价工具，将在本书第十章进行更详尽的陈述。

第七章

幼儿园儿童哲学课程中使用的绘本刺激物

在幼儿园实施儿童哲学，IAPC曾开发了专门适合幼儿园的哲学小说——《娃娃医院》[1]，可惜暂无中译本。除此之外，还可以有多种刺激物，如游戏、图片、视频、传统寓言故事等。依据笔者近年来在幼儿园推广儿童哲学课程活动的经验，发现绘本是最适合的一种刺激物，这种适合不仅表现在绘本这一刺激物的易得和丰富性方面，更为重要的是，听绘本故事是许多幼儿喜欢儿童哲学活动的一大原因。因此，本章从儿童哲学应用绘本的历程、儿童哲学界对应用绘本的争论、绘本适合作为幼儿园开展儿童哲学课程活动刺激物的依据、应用绘本开展幼儿园儿童哲学课程活动的策略、应用绘本开展幼儿园儿童哲学课程活动可能存在的问题与展望五个方面全面展开论述，以期为幼儿园应用绘本开展儿童哲学课程活动提供理论依据和实践策略。

一、儿童哲学课程应用绘本的历程

自20世纪60年代末马修·李普曼创立儿童哲学课程以来，儿童哲学课程对使用绘本开展哲学探究一直存有质疑。这种质疑对儿童哲学课程实践者在应用绘本时避免陷入对绘本的盲目推崇有一定的意义，但也制约着绘本在儿童哲学课程中的深入应用，尤其限制着儿童哲学课程向幼儿教育阶段的推广，从长远来看，也不利于儿童哲学自身理论的发展。因此，理清儿童哲学界对应用绘本的争议，对把握儿童哲学与绘本的关系，重塑绘本在儿童哲学中的地位具有重要意义。因此，本节在简要介绍儿童哲学课程应用绘本历程的基础上，梳理了儿童哲学界反对及支持应用绘本的观点及理由，进而对我国当前儿童哲学课程中应用绘本给出启示。

李普曼创立儿童哲学之后，对绘本能否应用在儿童哲学课程中的看法很

[1] 高振宇.儿童哲学论[M].济南：山东教育出版社，2011：228.

复杂，其一生都在不断演变。早期，李普曼、夏普和奥斯卡扬（Oscanyan）认为，儿童书中的图画和插图会剥夺儿童的认知选择，同时，图像也取代了儿童伴随阅读产生的意象。[1]然而，另一位美国哲学家加雷斯·马修斯自 1973 年就开始探索儿童文学，包括绘本在儿童哲学课程中的应用。继马修斯开创了将儿童文学应用于儿童哲学课程的先河之后，乔安娜·海恩斯、卡林·默里斯、大卫·肯尼迪、菲利普·卡姆、托马斯·沃顿伯格、杨茂秀、萨拉·利普泰、罗伯特·费舍尔、玛丽·罗奇（Mary Roche）、卡莱尔·赖利（Carlisle Reily）、卡维尔·斯坦利（Cavell Stanley）、约翰森·维克多（Johansson Viktor）、肯尼思·基德（Kenneth Kidd）、萨拉·戈林（Sara Goering）、亚娜·隆娜（Jana Lone）、彼得·谢伊（Peter Shea）等学者为推动儿童文学，尤其是绘本在儿童哲学课程中的应用做了巨大贡献。[2]

在学者们倡导儿童哲学课程应该积极使用绘本的同时，围绕“绘本是否适合于儿童进行哲学探究”这一问题，争论一直存在。倡导应用绘本开展儿童哲学课程的学者们认为，IAPC 的儿童哲学教材在实践中遇到越来越多的问题，如这些哲学小说及配套的教师手册根植于美国文化，与其他国家的文化存在较大差异；教材中蕴含的系统的哲学主题难以全面实施；这些哲学小说以文字为主，不适合无法独立阅读的低龄儿童；忽视了情感和想象在哲学探究中的作用；哲学小说中预设的儿童形象为超常儿童，脱离了现实儿童；这些教材的内容建立在成人本位的教育观念上，弱化了儿童的生成和声音；教材内容较少涉及敏感、复杂的社会议题，如死亡、种族、战争等。[3]而儿童文学，尤其是绘本不仅可以弥补 IAPC 哲学小说的不足，而且在哲学探究中还可以发挥出独特的价值。从儿童哲学课程应用绘本的历程来看，侯赛因贾

［1］ Lipman，M.，Sharp，A. M.，& Oscanyan，F. S. Philosophy in the Classroom［M］. Philadelphia：Temple University Press，1980：35.

［2］ Chetty，D.，Gregory，M. R.，& Laverty，M. J. Philosophizing with Children's Literature：A Response to Turgeon and Wartenberg［J］. Analytic Teaching and Philosophical Praxis，2022，42（1）：59—85.

［3］ Haynes，J.，& Murris，K. Picturebooks，Pedagogy and Philosophy［M］. London：Routledge，2012：55—69.

德（Khosronejad）和肖克罗拉扎德（Shokrollahzadeh）提出，绘本在儿童哲学课程中的应用经历了从开始时只关注绘本的文学元素或图画元素，到逐渐重视绘本中的文图关系，再到强调图画中的材料、风格等元素及与读者的交互作用。[1] 在反对儿童哲学课程应用绘本方面，以李普曼为起点，侯赛因贾德、达伦·切迪（Darren Chetty）等人也对应用绘本提出了质疑，这些质疑具体表现在四个方面：第一，绘本是否会限制儿童的想象力；第二，对绘本工具性的应用是否会忽视绘本的文学功能和审美价值；第三，绘本中是否缺乏哲学主题与内容；第四，绘本是否适合讨论复杂而敏感的问题。

二、儿童哲学界对应用绘本的争论

（一）绘本在儿童哲学中的应用是否会限制儿童的想象力

李普曼、夏普和奥斯卡扬认为，绘本中的图画剥夺了儿童的认知选择，限制了儿童的想象力，绘本中的图片往往代表着作者和绘者的意图，会取代孩子的想象和思考。甚至有些插图还会导致儿童形成认知偏见，如一些绘本中关于公主白皮肤、蓝眼睛的刻画限制了非白人儿童对书中角色的想象和认同，李普曼担心应用这样的绘本会导致儿童哲学活动只能吸引很少的一部分儿童参与。[2] 因此，李普曼在自己创作的儿童哲学小说中未加入插图，同时，在哲学小说的角色刻画方面，也尽量中性，淡化种族、国别、性别等差异，以吸引更多的儿童将自己想象成故事中的角色，提升儿童参与的积极性。[3] 虽然有学者批判李普曼哲学小说中图画的缺失会令儿童失去兴趣，但也有研究证明，世界各地的儿童对哲学小说缺乏图画的包容性很强，这些儿童可以依托自己的种族和文化与小说建立连接。[4]

---

［1］ Khosronejad，M.，& Shokrollahzadeh，S. From Silencing Children's Literature to Attempting to Learn from it：Changing Views Towards Picturebooks in P4C Movement［J］. Childhood & Philosophy，2020，16（5）：1—30.

［2］ Lipman，M.，Sharp，A. M.，& Oscanyan，F. S. Philosophy in the Classroom［M］. Philadelphia：Temple University Press，1980：36.

［3］ Lipman，M.，Sharp，A. M.，& Oscanyan，F. S. Philosophy in the Classroom［M］. Philadelphia：Temple University Press，1980：36.

［4］ Turgeon，W.，& Wartenberg，T. Teaching Philosophy with Picture Books［J］. Analytic Teaching and Philosophical Praxis，2021，41（1）：96—108.

李普曼对应用绘本的质疑，源于他对儿童构建意义的三种解释的划分。李普曼认为，哲学和文学在本质上是不同的，因此，他提出了儿童建构意义的三种水平：科学、象征和哲学，并且认为这三者是相互独立的。[1] 然而，海恩斯和默里斯认为，正是由于李普曼对儿童意义构建三层次（科学、象征和哲学）的静态划分，导致了李普曼将代表“象征意义”的儿童文学（绘本）排除在儿童哲学之外。[2] 事实上，通过推理、概括、发现矛盾、探寻基本假定、强调思想连贯的必要性等，是可以促进科学探究和文学探究向哲学探究转换的。因此，海恩斯和默里斯提出，李普曼假设象征与推理不相容是有待讨论的，以此前提来排斥绘本在儿童哲学中的应用也是不妥的。[3]

李普曼对绘本蕴含偏见、限制儿童想象的批判，也源自绘本自身发展的限制。20 世纪晚期，西方绘本的创作确实存在白人至上、种族歧视、性别偏见、动物刻板印象等问题，但随着绘本自身的发展，越来越多的绘本开始呈现包容性的角色和主题，如马特·德拉培尼亚（Matt De La Pena）和克里斯蒂安·鲁滨孙（Christian Robinson）的《市场街最后一站》，林珮思和赵伟轩的《小星星的大月饼》，丕宝和裴施的《爸爸的池塘》，乔恩·谢斯卡（Jon Scieszka）和莱恩·史密斯（Lane Smith）的《三只小猪的真实故事》，贝琪·布鲁姆（Becky Bloom）的《一只有教养的狼》，诺尼·霍格罗金（Nonny Hogrogian）的《晴朗的一天》，汤米·狄波拉（Tomie DePaola）的《奥利弗是个娘娘腔》，芭贝·柯尔（Babette Cole）的《纸袋公主》《顽皮公主不出嫁》和《灰王子》等，这些绘本或以非裔和亚裔为角色，通过描述其身份认同或文化风俗来呈现多元性；或颠覆传统认知中对动物形象的刻板印象，呈现了狼不一定是坏的、狐狸不一定是狡猾的等动物形象。而且，近年来绘本领域权威的凯迪克大奖在评奖方面也逐步倾向于具有多元文化风格、特殊

---

[1] Lipman, M., Sharp, A. M., & Oscanyan, F. S. Philosophy in the Classroom [M]. Philadelphia: Temple University Press, 1980: 145.

[2] Haynes, J., & Murris, K. Picturebooks, Pedagogy and Philosophy [M]. London: Routledge, 2012: 62—69.

[3] Haynes, J., & Murris, K. Picturebooks, Pedagogy and Philosophy [M]. London: Routledge, 2012: 62—69.

创意、寓教于乐的作品。因此，李普曼等学者对绘本的这一批评，随着绘本自身的发展已逐步得到消解。

依据埃蒙德·布鲁特（Edmund Burke）对想象力的界定，想象力是指对感觉、梦幻和思想等对立因素以新的方式依据不同的秩序把这些形象结合起来的能力，想象力是一种建构力，也是一种创造力。[1] 而绘本不仅表现了儿童对现实生活的想象，也表现了儿童对超现实世界的想象，如英国绘本作家安东尼·布朗（Anthony Brown）和约翰·伯宁罕（John Burningham）的作品。另外，绘本中的文字与绘画两种媒介并不是相互说明的关系，而是相互补充、相互生成的关系。[2] 甚至有些绘本中的图画与文字各自独立叙事，在图文交织中呈现出独特效果，如乔恩·克拉森（Jon Klassen）的《这不是我的帽子》，该绘本故意将图画与文字描述设计得不一致，读者需要在文图交互之间想象故事情节的发展。因此，从这方面来看，绘本中的图画不仅不会限制儿童的想象力，反而会激发儿童更多的想象。

不过，学者乔丽·泰勒（Marjorie Taylor）研究发现，沉浸在他人的想象世界中的孩子似乎很少会自己创造假想世界，看电视和看书较多的孩子也是一样。[3] 但前提是较多地沉浸在图画和视频中。事实上，绘本在儿童哲学中多作为刺激物存在，其作用在于引发探究与对话，并不存在孩子长期而深入地沉浸在某些画面的问题。而国内教育实践中开展的绘本教学活动，反而常常将活动禁锢在绘本本身，如过多地要求儿童猜测图画的内涵、猜测下一步发生了什么等，这反而会破坏儿童对绘本的体验。正如童书作家阿甲提到，孩子读着那些富有想象力的绘本，就可以获得真实而超凡的体验，只要不去限制他们的自由，他们就会展现出奇迹般的想象力。而最美妙的想象，往往是人内心达到最自由状态的自然结果。[4] 从这个意义上来看，儿童哲学探究

[1] R. L. 布鲁特. 论幻想和想象［M］. 李今，译. 北京：昆仑出版社，1992：30.

[2] 苏菲·范德林登，伦纳德·S. 马库斯. 画里话外 01：儿童的想象［M］. 陈晖，译. 南京：南京大学出版社，2019：7.

[3] 艾莉森·高普尼克. 孩子如何思考［M］. 杨彦捷，译. 杭州：浙江人民出版社，2019：51.

[4] 苏菲·范德林登，伦纳德·S. 马库斯. 画里话外 01：儿童的想象［M］. 陈晖，译. 南京：南京大学出版社，2019：39.

团体营造的自由而充满关怀的氛围，无疑是儿童想象萌发的温床。

（二）应用绘本的工具取向是否会忽视绘本的文学功能和审美价值

沃顿伯格提出，早期的李普曼及其追随者认为，将绘本作为儿童哲学探究的工具，会破坏绘本本身的文学功能和审美价值。[1]类似地，伊朗学者侯赛因贾德也提出，绘本被当作哲学探究工具时，会忽视绘本作为文学作品的独立声音和价值。[2]事实上，在儿童哲学课程中应用绘本时，确实是将绘本作为工具使用，甚至还鼓励将其作为工具使用。如沃顿伯格提出，阅读绘本只能发挥绘本自身比较微弱的价值，更重要的是利用绘本达到一些更强的教育目的，如带领儿童一起思考。[3]矛盾的是，李普曼虽然反对应用绘本的工具取向，却倡导应用哲学小说的工具取向。如李普曼提出，其创造哲学小说，并非为了创作不朽的儿童文学作品，而是为了实现教儿童思考的目的[4]，但不能否认这些哲学小说作为文学作品的存在。从这点来看，李普曼对绘本工具取向的批判，与他视哲学小说为工具这一观点相互矛盾。

从绘本的文学功能和审美价值来看，绘本中确实蕴含有作者想表达的主题或寓意，但这些作品中的文学或审美价值往往是作者中心或作品中心的，如果为了实现这些作者中心或作品中心的文学和审美价值，而让儿童去揣测或识记绘本的主题、段落大意及蕴含的道理，容易把教学变成知识灌输和道德说教，这也是国内外绘本教学一直存在的问题之一。事实上，随着不同学者对儿童哲学的研究和推广，儿童哲学的内涵也发生了扩展，从李普曼提出的“为儿童设计哲学课程”（Philosophy for Children，P4C）发展到了“和儿童一起做哲学”（Philosophy with Children，PwC）。[5]其中，李普曼的儿童哲

[1] Turgeon，W.，& Wartenberg，T. Teaching Philosophy with Picture Books [J]. Analytic Teaching and Philosophical Praxis，2021，41（1）：96—108.

[2] Khosronejad，M. Speculation on the Dialogue of Children’s Literature and Philosophy in P4C [J]. Quarterly Journal of Educational Innovation，2007，（20）：109—124.

[3] 托马斯·E. 沃特伯格. 绘本、哲学与儿童 [J]. 冷璐，译. 新儿童研究，2022（3）：82—90.

[4] Lipman，M.，Sharp，A. M.，& Oscanyan，F. S. Philosophy in the Classroom [M]. Philadelphia：Temple University Press，1980：36.

[5] Vansieleghem，N.，& Kennedy，D. What is Philosophy for Children，What is Philosophy with Children—After Matthew Lipman? [J]. Journal of Philosophy of Education，2011，45（2）：171—182.

学课程（P4C）强调哲学存在于成人的哲学假设与愿望中，但和儿童一起做哲学（PwC）强调哲学存在于文本、儿童与成人交互作用的空间中。[1]这意味着，在 PwC 中，儿童哲学课程关注的重点并不是绘本这一刺激物的文学功能或审美价值，而是它能在多大程度上激发儿童的经验、引发儿童讨论某一问题的欲望，进而促进师生对话、生生对话。从这一层面来看，儿童哲学课程不仅有助于避免绘本教学步入"填鸭式"教育的误区，还有助于读者与作者、读者与读者围绕绘本共同建构意义。

当然，在儿童哲学课程应用绘本时，如果能在充分了解绘本文图内容的基础上再进行哲学探究，不仅可以缓解部分学者对儿童哲学应用绘本工具化的批判，也有助于儿童对绘本主题的深入挖掘。需要注意的是，儿童哲学课程中对绘本文学功能和审美价值的了解不是目的，而是哲学探究的起点。

（三）绘本是否缺乏哲学主题与内容

李普曼认为，绘本缺乏哲学主题和思想，其逻辑性和系统性也不强，既没有描写儿童经验的复杂性和问题性，也没有描写儿童探究、推理和做出判断以改善其处境的能力，而专门为儿童编写的哲学小说比绘本更适合开展哲学探究，通过哲学小说才能更好地实现教儿童学会思考的目的。[2]针对李普曼对绘本中哲学主题系统性及逻辑性不强这一质疑，默里斯和海恩斯提到，李普曼哲学小说中的内容虽然富有逻辑性，但是属于学术哲学中形式和非形式逻辑的一部分。在这样的探究中，即使是儿童的道德回应，也应该受到严谨的逻辑制约。事实上，道德判断不仅受到逻辑的制约，也会受到感性的影响。[3]侯赛因贾德和肖克罗拉扎德也认为，李普曼的立场将哲学内容限制在逻辑及理性的论述中，忽略了情感和想象力在创造意义中所扮演的丰富而深

---

［1］ Haynes, J., & Murris, K. Readings and readers of texts in Philosophy for Children［C］. The Routledge International Handbook of Philosophy for Children. New York: Routledge, 2017: 171—179.

［2］ Matthew Lipman. Philosophy Goes to School［M］. Philadelphia: Temple University Press, 1988: 182—185.

［3］ Haynes, J., & Murris, K. Picturebooks, Pedagogy and Philosophy［M］. London: Routledge, 2012: 63.

刻的角色。[1] 因此，李普曼强调的逻辑性和系统性并非哲学探究的全部，用这一点来质疑对绘本的应用也是不妥的。

默里斯还提到，李普曼儿童哲学小说中的儿童是一种理想状态的、逻辑性强且会思考的“不正常”儿童，这种符合“李普曼标准”的儿童展现了在哲学上成熟的孩子应该如何做，但这并不是生活中普通的儿童形象。[2] 如李普曼的哲学小说《聪聪的发现》中，各种角色旨在始终如一地展示好奇（角色 Harry Stottlemeier），以形式逻辑模式思考（角色 Tony Melillo），有直觉或预感式思维（角色 Lisa Terry），寻求和享受解释（角色 Fran Wood），对他人的感受敏感（角色 Anne Torgerson）等。[3] 这种李普曼式的理想儿童，由于承载着李普曼所赋予的行为和思想，容易导致哲学探究过程中成人权威向儿童的压制和灌输。这意味着在应用李普曼的哲学小说开展探究活动时，未能将儿童看作一个独立而富有个性的人来对待，难以尊重儿童对自己真实经历的反思，反而用发展心理学或教育理论中的一些发展模型来替代真实的、个体的儿童。从这个意义来看，哲学小说中富有哲学意味的角色也是一把双刃剑。虽然部分绘本中也存在模型儿童或不正常的儿童形象，但更多的绘本中描述的是正常的个体儿童及其经验。因此，即便有些绘本缺乏哲学主题和内容，角色塑造也不适于进行哲学探究，但并不能因此否定所有的绘本都缺乏哲学主题和内容。

事实上，早在 1994 年马修斯就提出，一些儿童文学本质上是具有哲学性的，这些儿童文学作品直率、纯朴而又幽默地提出了哲学问题，如威廉·史塔克（William Steig）的《黄木偶和粉木偶》。[4] 作为一种文学形式存在的绘

---

［1］ Khosronejad，M.，& Shokrollahzadeh，S. The Quest for Meaning and the Basis of Dialogue in P4C：An Attempt to Develop a Theory of Dialogic Teaching and Learning［J］. Studies in Learning & Instruction，2018，10（1）：56—93.

［2］ Karin Murris. The Philosophy for Children Curriculum：Resisting “Teacher Proof” Texts and the Formation of the Ideal Philosopher Child［J］. Studies in the Philosophy of Education，2016，35：63—78.

［3］ Chetty，D.，Gregory，M. R.，& Laverty，M. J. Philosophizing with Children's Literature：A Response to Turgeon and Wartenberg［J］. Analytic Teaching and Philosophical Praxis，2022，42（1）：59—85.

［4］ 加雷斯·B. 马修斯. 童年哲学［M］. 刘晓东，译. 北京：生活·读书·新知三联书店，2015：152.

本，蕴含系统的哲学主题不是其创作目的。即便如此，一些绘本本身就被描述成了哲学探究的过程，如艾诺·洛贝尔（Arnold Lobel）《青蛙和蟾蜍》中“龙与巨人”的故事，就描述了青蛙和蟾蜍通过阅读童话故事、提出质疑、验证观点、反思修正的探究过程。还有一些绘本则蕴含丰富的哲学主题，如李欧·李奥尼（Leo Lionni）、安东尼·布朗的作品。近年来，国内外还涌现了一批专门围绕哲学主题创作的绘本，如法国碧姬·拉贝（Brigitte Labbe）的《哲学鸟飞罗》系列、奥斯卡·柏尼菲的《儿童哲学智慧书》系列，丹麦作家索伦·林德（Søren Linder）和汉娜·巴特林（Hanna Bartling）的《哲学三部曲》等。因此，单就某一本绘本来看，确实是缺乏系统的哲学内容和主题，但作为一种文学艺术形式，在众多的绘本中并不缺乏对哲学主题的探讨。因此，或许未来应该将研究与实践的重点放在如何选取蕴含哲学主题的绘本，并进行文本开发，使之适用于儿童哲学探究活动。

（四）绘本是否适合讨论复杂而敏感的问题

前面争论主要聚焦在对李普曼反对应用绘本这一观点的澄清与修正上。而随着绘本在儿童哲学课程中的深入应用，又引发了新的争论。其中，达伦·切迪、卡林·默里斯、乔安娜·海恩斯、史蒂夫·威廉姆（Steve William）、温迪·特金等学者围绕绘本到底适不适合讨论复杂而敏感的议题进行了深入的对话。

切迪于 2014 年对儿童哲学课程应用绘本提出了两点批判：第一，他认为有些绘本会传递一些错误的认知；第二，虽然使用绘本为儿童提供了远离情感不适的舒适区，但也将种族主义等复杂的社会议题从时间和空间现实中分离出来，这限制而不是增强了儿童对其进行哲学思考的机会。[1] 切迪以大卫·麦基（David McKee）的绘本《黑象和白象》为例，指出这本绘本的结尾描述了黑象和白象陷入了种族冲突的循环，如果用这本绘本与儿童进行哲学探究，儿童可能会认为种族主义是人类固有的特征，导致孩子形成错误的

[1] Chetty，D. The Elephant in The Room：Picturebooks，Philosophy for Children and Racism [J]. Childhood & Philosophy，2014，10（19）：11—31.

认知。[1]因此，绘本并不适合用来探究这些复杂的社会问题。针对切迪的第一批判，弗洛里安·菲格雷多（Florian Figueiredo）于2020年提出切迪的批评有些误导：首先，绘本也可以用于对其他主题的讨论，而不只是对复杂的种族主义进行探究；其次，如何使用刺激物，并不取决于刺激物的内容，而是取决于教学方法。[2]事实上，在儿童哲学课程活动中，是可以将绘本作为靶子进行批判的，如玛格丽特·怀兹·布朗（Margaret Wise Brown）和雷欧纳德·威斯伽德（Leonard Weisgard）的绘本《重要书》中就列举了许多物品最重要的属性，但这些最重要的属性是容易引起争议的，如书中提到对苹果来说最重要的是它圆圆的，但儿童会提出不同意见，如对苹果来说最重要的是它甜甜的。因此，在应用绘本开展儿童哲学时，重要的不是识记书中的内容，而是激发儿童的批判性思维和创造性思维。

针对切迪的批评，默里斯则回应，切迪以成人的认知优势，试图将自己认为正确的知识观念强加给儿童，这样不能给予孩子足够的自主性表达自己的立场，而这正是儿童哲学课程所要达到的目标之一。[3]默里斯和海恩斯进一步指出，绘本的这种抽象性和脱离情境性，更有利于儿童的哲学探究，如《黑象和白象》这本书虽然将种族主义冲突隐喻在黑象和白象身上，但其中蕴含的冲突这一概念与儿童的生活是相关的，儿童常常处在同伴冲突中，通过询问儿童对绘本中冲突这一概念的回应，不仅可以帮助儿童从具体的同伴冲突中抽离出来，通过绘本为儿童营造相对安全的情境，还有助于成人听到儿童在自由舒适状态下对这些概念的真实理解，进而挑战以成人为中心的本体论和认识论。[4]因此，默里斯坚持认为绘本是和儿童一起做哲学的理想方式。

[1] Chetty，D. The Elephant in The Room：Picturebooks，Philosophy for Children and Racism [J]. Childhood & Philosophy，2014，10（19）：11—31.

[2] Academia.（2020）. Florian Franken Figueiredo. Picture Books and Paradoxes：How to Use P4C Teaching Material from a Wittgensteinian Point of View. Retrieved Apr 5，2023 from the World Wide Web/https://www.academia.edu/44288572/Picture_books_and_paradoxes_How_to_use_P4C_teaching _material_from a Wittgensteinian_point_of_view.

[3] Murris，K. Posthumanism，Philosophy for Children，and Anthony Browne's "Little Beauty" [J]. Bookbird：A Journal of International Children's Literature，2015，53（2）：59—65.

[4] Murris，K. Posthumanism，Philosophy for Children，and Anthony Browne's "Little Beauty" [J]. Bookbird：A Journal of International Children's Literature，2015，53（2）：59—65.

史蒂夫·威廉姆于2020年试图调和切迪和默里斯的争论，他在赞同切迪提出的关于绘本简化了复杂的社会现象或将其去历史化的担忧的基础上，并不拒绝在哲学探究中使用绘本。威廉姆还列举了杰奎琳·伍德森（Jacqueline Woodson）的《另一边》这本绘本，指出该书是一个在非常具体的社会背景下讨论复杂社会问题的例子。[1]描述具体社会背景下复杂社会问题的绘本还有很多，如安东尼·布朗《公园里的声音》，尼古拉·戴维斯（Nicola Davies）和丽贝卡·科布（Rebecca Cobb）的《战争来的那一天》等。基于切迪和默里斯的争论，威廉姆提出，在争论的背后，我们更应该思考在哲学探究中成人是否应该把他们认为敏感、复杂但重要的问题带到儿童面前。威廉姆认为，如果我们把自认为重要的问题通过绘本带到儿童面前，就要鼓励儿童质疑绘本中隐含和嵌入的概念。[2]意大利学者卢卡·萨内蒂（Luca Zanetti）也提出，虽然有关死亡、冲突等敏感议题是人类痛苦的根源，但是回避这些问题可能会造成更大的伤害。因此，在与儿童讨论这类话题时，要兼顾儿童哲学探究的目标与儿童情感安全之间的平衡。[3]

三、绘本适合作为幼儿园开展儿童哲学课程活动刺激物的依据

（一）绘本的概念

绘本，英文叫作“Picture Book”，“绘本”一词源于日本，是日文对“Picture Book”的翻译。绘本的定义是文字与图画相辅相成的图画故事书。它是表达特定情感和主题的读本。它也是通过绘画和文字两种媒介，在不同维度上交织、互动来说故事的一门艺术。绘本的一个重要特征就是以图像或由图像搭配文字，通过连贯的页面来表现内容。或者说绘本中的“图画”是整本书的一部分，而且“图画”在整本书中必须扮演着鲜明、活泼的角色。换句话说，“图画”与“文字”一样重要，或是“图画”比“文字”更重要的

---

[1] Williams, S. Philosophical Dialogue with Children about Complex Social Issues: A Debate about Texts and Practices [J]. Childhood & Philosophy, 2020, 16 (7): 1—28.

[2] Williams, S. Philosophical Dialogue with Children about Complex Social Issues: A Debate about Texts and Practices [J]. Childhood & Philosophy, 2020, 16 (7): 1—28.

[3] Zanetti, L. Why Am I Here? The Challenges of Exploring Children's Existential Questions in the Community of Inquiry [J]. Childhood & Philosophy, 2020, 16 (3): 1—26.

"绘本"都可以叫作绘本。[1] 由于绘本易于获取，成本并不昂贵，幼儿园和小学一般都配有绘本阅读室或阅读角。因此，以绘本作为刺激物在基础教育阶段实施儿童哲学活动有着现实条件和可能性。

（二）绘本是纸面舞台

故事是要用语言来表达的，语言有书面的语言、口头的语言、肢体的语言、音乐的语言和图像的语言。从表面上看，绘本是以书面的语言作为道路，引领读者走进图画的天地；然而，当阅读或说演绘本的时候，口头语言就来了，肢体语言也来了，在此过程中，音乐的效应发生了，所以说绘本是纸面的舞台。虽然绘本中的语言多是书面语言，然而配上图，孩子只要一看一听，他就会慢慢认字，然后跟你一起"玩绘本"，玩的时候身体就会伴随而动，这是肢体语言。所以绘本汇合了多种语言（口头语言、书面语言、图像语言、肢体语言），绘本就是纸面舞台。而每个绘本都有一个或多个故事，故事如果涉及人情世故或思维方式，当我们一起阅读它、说演它、分析它、讨论它，就会激起新的意象，引发更多元的声音，就产生了哲学。

（三）绘本是"做儿童哲学"的媒介

儿童哲学是思考的教育，思考的教育最重要的是去"做"。"做哲学"往往从对话开始，而绘本中的文学要素（情节、角色、时空背景、主题、写作观点）和图画要素，以及围绕绘本的阅读活动，是提供对话、引发对话极好的媒介。尤其是绘本中的故事，可以利用阅读绘本中的故事作为引发孩子分享生活经验、进一步促使成人与孩子一起讨论多元观点和行为判断的媒介，通过这样说故事、思考与对话讨论的过程，帮助孩子在语言（倾听、表达）、认知（观察、想象）和思考上获得更多的发展。[2] 以这种形式进行的教育是一种有意义的教育，从学习者的角度去思考更多的可能性，让参与者在自由、平等、开放的学习氛围中对话、追问，鼓励他们结合自身经验自发地探索自我、体谅他人和关怀万物，而不是单方面的观念灌输。

---

[1] 郝广才. 好绘本如何好［M］. 南昌：21 世纪出版社，2009：12.

[2] Turgeon，W.，& Wartenberg，T. Teaching Philosophy with Picture Books［J］. Analytic Teaching and Philosophical Praxis，2021，41（1）：96—108.

（四）绘本是儿童哲学主题的重要来源

儿童哲学虽然强调儿童的生成性，但教师同样需要做好教学设计和活动准备。首要准备便是对儿童哲学刺激物中的哲学价值进行挖掘，而绘本中蕴含丰富的哲学主题。美国学者沃顿伯格立足于加雷斯·马修斯关于图画书中智慧的研究，于 2009 年在其著作《小孩童大观念：基于绘本的儿童哲学课程》一书中，围绕勇敢、社群、自我认同、意识、生态、推理、知识、语言和艺术九个主题，深度解析了九本绘本，包括《恶龙与巨人》《田鼠阿佛》《重要书》《绿野仙踪》《爱心树》《麋鹿莫里斯》《公主的月亮》《古纳什小兔》《艾米丽的艺术》，并提供了开展儿童哲学活动的流程和建议。[1] 之后，沃顿伯格于 2013 年在其著作 *A Sneetch is A Sneetch and Other Philosophical Discoveries*：*Finding Wisdom in Children's Literature* 中，又列举了十六本绘本，并做了文本开发和儿童哲学活动指导，与 2009 年相比，新增了九本绘本，包括《哈罗德和紫色蜡笔》《史莱克》《让我们什么都不做》《黄木偶和粉木偶》《尼尔森老师不见了》《饼干》《史尼奇及其他故事》《纸袋公主》《橘色奇迹》；并对之前著作中的《田鼠阿佛》《重要书》《爱心树》《麋鹿莫里斯》《公主的月亮》《古纳什小兔》及《艾米丽的艺术》七本绘本进行了补充完善。[2] 为进一步论证应用绘本开展儿童哲学的依据和必要性，沃顿伯格于 2022 年出版了 *Thinking Through Stories*：*Children*，*Philosophy*，*and Picture Books*。在该书中，沃顿伯格从为什么要与儿童一起做哲学及惊奇在童年中的作用切入，从哲学小说的限制、绘本的优点、绘本的哲学价值三方面论证了为什么要用绘本做儿童哲学，最后，沃顿伯格指出了儿童哲学应用绘本可能存在的限制，并提供了建议。[3] 另外，沃顿伯格还与世界上部分儿童哲学团体联合创建了一个利用

[1] 托马斯·E. 沃顿伯格 . 小孩童大观念：基于绘本的儿童哲学课程［M］. 柯婷，韦彩云，译 . 桂林：广西师范大学出版社，2022：1.

[2] Wartenberg，T. E. A Sneetch is A Sneetch and Other Philosophical Discoveries：Finding Wisdom in Children's Literature. John Wiley & Sons，2013.

[3] Wartenberg，T. E. Thinking Through Stories：Children，Philosophy，and Picture Books.［M］. New York：Routledge，2022.

绘本进行儿童哲学教学的资源网站（https://www. prindleinstitute.org），该网站包含了对 100 多本绘本的分析和实施儿童哲学活动的建议，而且内容还在不断更新中。除了从经典绘本作品中挖掘哲学主题，还有一部分绘本在创作之初就与哲学结合，如法国碧姬·拉贝的《哲学鸟飞罗》系列和奥斯卡·柏尼菲的《儿童哲学智慧书》系列等。

四、应用绘本开展幼儿园儿童哲学课程活动的策略

早期的儿童哲学课程推广者在面对误解时能相互支持，而随着儿童哲学领域的逐渐发展成熟，支持者之间不可避免地产生了分歧，这种分歧不仅表现在“什么刺激物最适合哲学探究”，还表现在对哲学、儿童及教育目的不同的认知，理解和维持这些辩论对保持儿童哲学课程运动的活力至关重要。国内当前幼教领域正处于推广儿童哲学课程的起步阶段，理解国际儿童哲学界围绕儿童哲学课程与绘本的争论，不仅有助于保护国内儿童哲学研究者免受分裂的削弱，也对解决我国当前及未来儿童哲学课程面临的问题具有重要启示。基于儿童哲学应用绘本的历程、儿童哲学界对应用绘本的争论、绘本适合作为幼儿园儿童哲学课程活动刺激物的理由，以下提出应用绘本开展幼儿园儿童哲学课程活动的五个策略：

（一）选取适合开展儿童哲学课程的绘本

能够满足儿童哲学的绘本既要有“儿童性”，符合幼儿的年龄特征，能吸引幼儿；还要有“哲学性”，能引起哲学探究和对话。因此，适合幼儿园儿童哲学课程的绘本首先是优秀的绘本，其次是富有哲学味的绘本。然而，优秀绘本的特征与优秀儿童哲学绘本的特征并不完全一样。优秀的绘本并不一定是优秀的儿童哲学绘本，但优秀的儿童哲学绘本一定要是优秀的绘本。依据加拿大学者佩里·诺德曼（Perry Nordman）的研究，优秀的绘本有着以下九个特征：插画内容正确并且与故事内容互相呼应；插画能补充故事内容中对时空背景、情节和气氛叙述的不足；插画能增加读者对角色的认识；插画与文字内容摆脱刻板印象，不含对性别或种族的歧视；绘本一开始的情节内容能吸引儿童；绘本的主题值得被传达；绘本的创作目的明确；作者写作的风格、使用的语言适合儿童的年龄；整本绘本的内容、插画、格式、印刷

协调一致。[1]

然而，由于绘本种类和数量的庞大，即便只是各类获奖的优秀绘本也是极其丰富，本书不可能穷尽所有适合做儿童哲学的优秀绘本，而且不同的人对“适合”有着不同理解。台湾学者杨茂秀在《重要书在这里》中提出，世界上从不缺少适合做儿童哲学的绘本，缺少的是发现哲学的眼睛。[2]因此，如何将有“哲学味”的绘本挖掘出来显得极为重要。学者卡林·默里斯和乔安娜·海恩斯（2012）提出了优秀的具有“哲学味”绘本的八个特征：①绘本的主题或内容要蕴含不确定性因素，如菲利普·胡斯（Phillip Hoose）和汉娜·胡斯（Hannah Hoose）的绘本《喂，小蚂蚁》将故事的结尾交给读者来决定，俄罗斯作家安德烈·乌斯塔科夫的《没头没尾的故事》在故事结尾又重新陷入了疑问的循环，乔恩·克拉森（Jon Klassen）的《这不是我的帽子》中没有明确说明小鱼是否被大鱼吃掉等；②能让熟悉的事物变得陌生，如绘本《重要书》中列举了许多日常事物的最重要特征，激发读者去批判和反思；③绘本的内容和情节要有趣；④绘本中提出的问题很难通过查阅百科全书或求助专家获得解决，如《没头没尾的故事》中海的尽头是什么？陆地的尽头又是什么？《喂，小蚂蚁》中小男孩最后会不会踩死小蚂蚁？等等；⑤激发读者的情感和想象；⑥绘本能质疑成人和儿童之间的权力关系，如莫里斯·桑达克（Maurice Sendak）的绘本《野兽国》中打破儿童与成人之间的权力关系，通过虚实结合的想象将儿童的力量放大；⑦模糊亲社会行为与反社会行为的界限，提供二元对立的概念，为读者提供沉浸其中的机会，如《这不是我的帽子》中的螃蟹该不该说谎？大鱼该不该吃掉小鱼？等等；⑧绘本中的情节或人物能激发批判性的思考，如徐萃和姬炤华的绘本《天啊！错啦！》中，兔子等动物们围绕到底是内裤还是帽子展开了不断的争论。[3]

---

［1］ 佩里·诺德曼．说说图画：儿童图画书的叙事艺术［M］．陈中美，译．贵阳：贵州人民出版社，2018：9.

［2］ 杨茂秀．重要书在这里［M］．北京：首都师范大学出版社，2011：13.

［3］ Haynes，J.，& Murris，K. The Realm of Meaning：Imagination，Narrative and Playfulness in Philosophical Exploration with Young Children［J］. Early Child Development and Care，2013，183（8）：1084—1100.

事实上，李普曼等学者对儿童哲学课程使用绘本的批评是有道理的。并非所有的绘本都适合开展儿童哲学课程，毕竟许多绘本是为市场塑造的，而市场经济的利益往往与艺术和文学的关注相冲突，甚至一些被认为高质量的经典的绘本中也充满了种族、性别和阶级偏见。[1] 在围绕这些蕴含偏见或错误“道理”的绘本开展儿童哲学活动时，如果缺乏批判性阅读，确实易于加深儿童的偏见与错误认知。因此，在选取适宜绘本的基础上，更重要的是对选取的绘本进行批判性阅读。在应用绘本开展儿童哲学课程活动时，要注意鉴别并质疑具有偏见、刻板印象，甚至道德说教的绘本，在保证儿童情感安全的基础上，与儿童进行探究，鼓励儿童进行质疑。如李欧·李奥尼的绘本《蒂科与金翅膀》中分享一定是好的吗?《黑象和白象》中种族仇恨是根深蒂固的吗？等等。

（二）系统开发绘本蕴含的哲学主题及配套的教师指导手册

与 IAPC 所开发的哲学小说相比，绘本蕴含的哲学主题较为分散，同时也缺乏系统的教师操作手册。这也提醒国内研究者，亟须儿童教育研究者和哲学研究者建立系统而长效的合作关系，共同整理并发掘绘本中蕴含的哲学价值，协力进行儿童哲学内容或议题的系统化工作。在这方面，国际上多位学者的研究可供借鉴。首先，加雷斯·马修斯对应用绘本开展儿童哲学课程的研究是起点。马修斯于 1979 年在儿童哲学研究的主阵地——《思考：儿童哲学杂志》(*Thinking*：*The Journal of Philosophy for Children*）上开设了“故事中思考”(Thinking in Stories）专栏，一直持续到 2005 年，之后由彼得·谢伊接替，直至该杂志于 2014 年停刊。该专栏是早期国际上儿童哲学课程应用绘本的宝库，共分析了 100 多本绘本及其他儿童文学作品中蕴含的哲学主题及开展儿童哲学课程活动的建议。80 年代末 90 年代初，马修斯还出版了第一本系统通过儿童文学作品开展儿童哲学课程的书——《智慧的猫头鹰：关于儿童文学的谈话和思考》(*Wise Owl*：*Talking and Thinking about*

---

［1］ Chetty，D.，Gregory，M. R.，& Laverty，M. J. Philosophizing with Children's Literature：A Response to Turgeon and Wartenberg［J］. Analytic Teaching and Philosophical Praxis，2022，42（1）：59—85.

Children's Literature），并配套了教师操作手册。[1]

另外，澳大利亚的卡姆在应用绘本与哲学小说之间找到了平衡点，他在借鉴 IAPC 哲学小说教师操作手册的基础上，收集一些短篇故事和绘本并汇集成册，仿照李普曼哲学小说的教师手册编写相应的绘本操作手册。这不仅克服了 IAPC 哲学小说的文化差异性和缺乏吸引力的弊端，又在一定程度上保证了哲学主题的系统性。[2]

国内方面，汪琼于 2022 年出版的《绘本中的儿童哲学课》一书是应用绘本在小学阶段开展儿童哲学课程活动的有益尝试。该书围绕精神养育、思维培养、心灵疗愈、自我认知、关系建构、人生意义、生命教育、万物互联八个主题，通过儿童哲学故事、共读设计、课堂花絮等模块呈现了利用绘本与小学生开展儿童哲学活动的过程。[3]除了从绘本作品中挖掘哲学主题，还有一部分绘本在创作之初就与哲学结合，如由中国儿童哲学研究中心主编，浙江教育出版社于 2020 年及 2023 年出版的《思考拉儿童哲学绘本》系列是近年来的代表之作，该绘本系列不仅配备有教师操作手册，还有一些可操作的游戏材料，利用该系列绘本，较为适合在幼儿园和小学阶段开展儿童哲学课程活动。[4]

对绘本中所蕴含的哲学主题的开发，目的在于帮助儿童哲学促进者加深对绘本内容的了解，为引导儿童进行哲学探究打好基础。在对绘本进行哲学主题开发时，要注意将绘本中蕴含的哲学主题与儿童的生活经验相结合，如笔者曾提出，教师可将绘本刺激物中蕴含的哲学主题与活动过程中儿童生成的问题相结合来确定儿童哲学探究活动的主题，具体包括五个步骤：第一，通过集体备课，围绕儿童哲学刺激物开发其中蕴含的哲学主题；第二，呈现刺激物，请幼儿提问；第三，将幼儿的问题分类，聚焦于哲学探究类问题上；第四，将问题

[1] Gregory, M. R., & Laverty, M. J. (Eds.) Gareth B. Matthews, the Child's Philosopher [M]. New York: Routledge, 2022: 1—6.

[2] Burgh, G., & Thornton, S. (Eds.) Philosophical Inquiry with Children: The Development of an Inquiring Society in Australia [M]. New York: Routledge, 2019: 121—130.

[3] 汪琼. 绘本中的儿童哲学课 [M]. 南京：江苏凤凰科学技术出版社，2022.

[4] 儿童哲学研究中心. 思考拉儿童哲学绘本全 8 册（第 1 辑）[M]. 杭州：浙江教育出版社，2020. 儿童哲学研究中心. 思考拉儿童哲学绘本全 8 册（第 2 辑）[M]. 杭州：浙江教育出版社，2023.

与教师预设的哲学主题建立联结；第五，在儿童哲学探究活动过程中生成新的主题。[1]需要注意的是，在实践过程中，更应该强调的是实施过程中对儿童的回应和教师的深度追问，而不是照着文本开发的内容完成预设的计划。

（三）选取绘本呈现形式，激发幼儿参与兴趣

绘本在儿童哲学活动中首先起着媒介的作用，即引出对话和讨论。在具体运用绘本时，有三种呈现的方式：第一种方式是先文后图，即由引领者先将绘本的故事文本讲出来，然后再看绘本中的图画。这种方式可以培养儿童的倾听能力和专注能力，但这种图文分离的方式往往过于强调绘本的文本作用，而忽视其图画价值，如果这样，绘本则与其他哲学文本就没有区别了。第二种方式是先图后文，即先呈现图画，如呈现出封面或者书中的某一页，请儿童通过观察图画猜一猜这本绘本讲了什么，也可以鼓励儿童围绕图画创编故事。这种方式可以较大限度地唤醒儿童的经验，提高儿童在活动中的参与度，也可以培养儿童的观察能力、想象能力以及逻辑推理能力。在应用先图后文呈现绘本时，如果儿童围绕某一幅图画已经生成问题，并且同伴间已经开始讨论的时候，教师可以不必呈现绘本的其他情节。第三种方式是图文结合，即儿童边看绘本，边听绘本讲演者讲演绘本故事。这种方法可以最大限度地发挥绘本在儿童哲学中的价值，绘本讲演者在讲演绘本时，将绘本中的书面语言转化为口头语言和肢体语言，绘本此时就成了"纸面舞台"，绘本故事中的角色、讲演者和儿童在上面共同舞动着。当儿童边看图画边听故事时，他的听觉和视觉都保持着专注状态，同时也不会有他自己阅读或当众讲述时的紧张和顾虑，因此儿童可以保持身心放松的状态，在这种专注而放松的状态下，儿童很容易被图画、文本或其他儿童的回应激发出新的想法，在这种状态下儿童也乐意表达自己的看法，因此这种方式往往成为绘本运用于儿童哲学活动最常用的方式。教师在展示绘本时，也可以采用两种方式，第一种是忠于原文，即教师语气平缓地将绘本中所有的文字忠实地读出来，这样可以保持文本的一致性和完整性，但是这种方式有时难以吸引幼儿的注意力；另一种则是教师在文本中加入自己的解释

[1] 倪凯歌．幼儿园儿童哲学探究活动主题选择策略——以绘本《小蓝和小黄》为例［J］．福建教育，2021，1354（51）：24—27.

和情感后，再以夸张或个性化的方式呈现给孩子，这种方式虽然可以吸引幼儿的注意力，但是却容易将教师的理解和观点提前灌输给幼儿，而且还会破坏文本原有的结构。具体使用哪种呈现方式，要与绘本的风格和蕴含的主题相结合。如果是比较严肃的死亡或生命主题绘本，就不适合过度“添油加醋”式的演说，另外，教师过度的解说还容易导致将自己的观点渗透在绘本中，从而改变甚至曲解绘本自身的叙事或主题。

（四）构建绘本戏剧情境，深化儿童探究体验

刘晓东曾指出：“目前的儿童哲学课还仅囿于通常的‘言说’的层面，尚未提升到儿童的‘一百种语言’展开儿童世界的境界。对年幼儿童来说，局限于‘言说’的儿童哲学探究是片面的。”[1] 而作为“纸面舞台”的绘本，汇集了多种语言，通过绘本创设戏剧情境，不仅可以吸引幼儿持续参与，还可以帮助儿童突破单一口头语言的限制，从而实现以多种方式表达自我。如笔者以绘本《不是我的错》开展儿童哲学活动时，就将绘本中的情境以戏剧的方式呈现出来，请参与者轮流表演绘本中的被霸凌者的角色。在戏剧表演的情境中，虽然角色和情节是虚构的，但是唤起的感受和情绪却是真实的。因此，通过在儿童哲学活动过程中口头语言和肢体语言的参与，以及表演后参与者的反思和讨论，不仅深化了儿童对“霸凌”这一主题的理解，更增进了儿童的情感体验，从而在提升儿童批判性思维的同时，增强了儿童的关怀性思维。（详细内容见本书第十二章）

（五）提升教师的哲学敏感力

劳伦斯·斯普利特（Laurance J. Splitter）和安·玛格丽特·夏普早在 1995 年就提出，尽管有人认为通过绘本比哲学小说更容易开展哲学探究，但我们怀疑这会更难。在今天的大多数国家，教师没有接受过哲学探究方面的培训，同时考虑到一部好的绘本作品的复杂性，要探索绘本的哲学层面，并教儿童做同样的事情，需要一定的不能被视为理所当然的专业知识。[2] 在当

---

[1] 刘晓东．论儿童哲学课的哲学基础［J］. 教育发展研究，2018，38（Z2）：57—64.

[2] Splitter，L. J.，& Sharp，A. M. Teaching for Better Thinking：The Classroom Community of Inquiry［M］. Melbourne AU：The Australian Council for Educational Research，1995：185.

前我国的职前和职后教师培育中，很少有将哲学学科纳入师资培训内容中的，绝大多数中小学及幼儿园教师并没有接受过哲学探究方面的系统训练，因此，劳伦斯和夏普的担忧同样适合当下的中国。李普曼也提到，虽然所有的儿童都是好奇的，所有的儿童都能进行哲学思考，然而并不是营造一个氛围，或呈现一个刺激物，儿童就能自主进行探究，完成高阶思维的发展，因此儿童哲学课程是需要教师系统的指导和引领的。[1]即便是大力倡导应用绘本做儿童哲学的温迪·特金和托马斯·沃顿伯格也承认使用绘本有一定的限制，他们指出，大多数教师本身并不精通哲学、哲学的概念和分析工具，如果没有大量的支持，使用儿童文学进行哲学探究可能是困难的。[2]

那么，在选取合适绘本及做好哲学文本开发的基础上，如何使用绘本开展儿童哲学课程呢？劳伦斯和夏普所提到的“不能被视为理所当然的专业知识”又是什么？本书在第二章提到的理论思维、哲学敏感力是那种不被视为理所当然的专业知识之一。洛内在《哲思的幼童：如何与儿童讨论哲学问题》一书中，提出了哲学敏感力的概念。[3]丹尼尔·格罗尔在洛内哲学敏感力的基础上，又细分出了两种敏感力：哲学探究敏感力（IPS）和哲学教学敏感力（PPS）。[4]受过哲学专业训练的教师，IPS 可能会强一些；而经过系统师资培养的教师，PPS 可能会强一些。由此可见，对于哲学背景很少或没有哲学背景但希望将哲学融入课堂的教师来说，是需要学习一些哲学学科知识来提升哲学探究敏感力的。事实上，IAPC 的哲学小说和教师手册蕴含系统的哲学主题和具体的指导步骤，对于缺乏哲学知识、刚接触儿童哲学课程的教师，是非常值得借鉴的。[5]除了对哲学学科知识的学习外，国际上已有多项研究证

---

[1] Lipman. Thinking in Education [M]. New York: Cambridge University Press, 1991: 218—219.

[2] Turgeon, W., & Wartenberg, T. Teaching Philosophy with Picture Books [J]. Analytic Teaching and Philosophical Praxis, 2021, 41 (1): 96—108.

[3] 加纳·莫尔·洛内.哲思的幼童：如何与儿童讨论哲学问题[M].孙颖，等译.于伟审校.北京：北京师范大学出版社，2021: 35.

[4] Groll, D. The Promise and Challenge of Training College Students as Facilitators [C]. Philosophy in Classrooms and Beyond: New Approaches to Picture-Book Philosophy. London: Rowman & Littlefield, 2019: 89.

[5] Wartenberg, T. E. Thinking Through Stories: Children, Philosophy, and Picture Books [M]. New York: Routledge, 2022: 44—45.

明，教师哲学素养的提升是个动态过程，在开展儿童哲学课程的过程中会得到逐步提升。[1] 因此，教师提升哲学敏感力的有效方式之一就是亲自去实施儿童哲学活动。

另外，特金和沃顿伯格（2021）提出，通过阅读小说或绘本中角色之间的对话不一定是最适合儿童参与哲学探究的方法，更重要的探究发生在儿童与儿童之间的对话中。[2] 因此，在实施儿童哲学课程的过程中，教师要注意，绘本或其他文本只是开展儿童哲学课程活动的载体或起点，重要的是要依托这些刺激物激发儿童的兴趣和经验，在认真倾听儿童的基础上，积极利用各种思维工具鼓励儿童与儿童之间进行对话、鼓励儿童进行自我反思、对儿童进行追问，只有这样才能在儿童哲学课程活动中提升儿童的高阶思维及自己的哲学探究和哲学教学敏感力。

五、应用绘本开展幼儿园儿童哲学课程活动可能存在的问题与展望

绘本在儿童哲学中的运用为儿童哲学在低龄儿童中的推广做出了重大的贡献。然而，运用绘本做儿童哲学时也会存在一些问题，如针对有争议的绘本如何处理？绘本所含议题丰富而难以聚焦怎么办？当儿童哲学活动过于拘泥于绘本本身怎么办？等等。

（一）谨慎使用有争议的绘本

首先，不同人群对某些所谓“危险绘本”该不该呈现给儿童存在较大争议。深究起来，这并不是绘本本身的问题，而是绘本所涉及的议题的问题。从本质上说，这个问题其实是儿童哲学内容的问题，即某些“危险议题”该不该呈现给儿童。比较典型的作品是美国作家桑达克的代表作《野兽国》(1963)，以及他的另外两个作品《午夜厨房》(1970)、《在那遥远的地方》(1981)。关于《野兽国》的争议之一是绘本中呈现了一个孩子的闹腾却没有任何教化，这令很多成人不能接受，他们不能接受一本没有“道理”的绘

[1] Haynes, J., & Murris, K. The Provocation of An Epistemological Shift in Teacher Education Through Philosophy with Children [J]. Journal of Philosophy of Education, 2011, 45 (2): 285—303.

[2] Turgeon, W., & Wartenberg, T. Teaching Philosophy with Picture Books [J]. Analytic Teaching and Philosophical Praxis, 2021, 41 (1): 96—108.

本；其二是《野兽国》中呈现了大量野兽的画面，很多大人怕这样的画面会吓坏孩子。然而，《野兽国》的销售量已经达到数百万册，成为无数孩子喜爱的读物，甚至有个八岁的小男孩写信问桑达克要花多少钱才能够到达野兽国，假如不是太贵的话，他和妹妹想到那里过暑假。而围绕另外两本书的争议则是《午夜厨房》中有一个裸体的小男孩，《在那遥远的地方》一书中有妖精。如此这般的争议还有很多，究其根源，往往在于成人对于什么是“适合”儿童的存在不同理解，这背后便是儿童如何发展和学习的既定想法。有些成人往往想要带领儿童走向“正确”的道德立场，因此很难接受绘本中包含的抢劫、儿童被带离他们的家园、儿童与“陌生人”的互动，或是某些妖精、巫婆、怪兽之类的角色。还有一些绘本可能会引发一些敏感的问题，如性与生殖、生与死等；还有一些绘本则违背了科学真理，有些则过早地揭示了科学真理。一些教师对这些绘本的焦虑或许来自不自信，害怕儿童在听到有关身体的讨论而表现出嘲笑导致场面失控；或许是来自父母的抱怨，来自对即兴式和开放式讨论的预备不足等。其实，某些“危险绘本”可以呈现，但要谨慎驾驭，要在顺其自然的状态下呈现，不必刻意突出。比如，在讨论身体构造时自然引申到男女的性别差异，而不是大声疾呼：“来，孩子们，今天我们讲一讲性！”

如笔者在观摩一位教师以《喂，小蚂蚁》作为刺激物开展儿童哲学课程活动时，大班幼儿提出了“蚂蚁死后去了什么地方”“人死后去哪里”“灵魂是什么”“有没有天堂和地狱”“什么样的人去天堂，什么样的人去地狱”“为什么要纪念死去的人”等问题。在围绕“蚂蚁死后去了什么地方”进行讨论时，大班幼儿提出，因为人死了之后会去天堂，所以蚂蚁死后灵魂也会去天堂、会变成星星。但有的幼儿提出，蚂蚁没有灵魂。另外，还有的幼儿提到，蚂蚁死后会被清理到垃圾场、会被踢到花丛里、会去土里、会消失、会被吃掉、会去棺材里等。在教师没有干预的情况下，随后孩子们心平气和地聊到了恐怖视频片段，聊到了电视和电影中的杀人画面，聊到刀、火……

在现场观摩的老师们都震惊了，主讲的教师也被孩子聊的问题吓到了，不知道该怎么回应。幼儿之间的对话涉及死亡、葬礼、凶杀、冲突、灵魂等敏感的问题，对这些问题的回应不仅需要教师在当下慎重考虑，更需要教师在活动后通过与家长合作，去了解幼儿是否因接触了这些敏感的话题而造成了心理阴影，进而帮助幼儿解决。

正如在前文提到，虽然有关死亡、冲突等敏感议题是人类痛苦的根源，但是回避这些问题可能会造成更大的伤害。孩子们会自己寻找渠道，不管是无意还是有意，通过这些非正式的渠道，孩子们构建了对这些敏感议题最初的认知。而在这最初的认知中，往往存在着危险和隐患，需要教师和家长及早发现和疏导。通过儿童哲学探究团体，至少能给孩子们一个讨论这些敏感议题的安全氛围，能帮助教师和家庭深入了解孩子们关于这些话题的经验和认知。

另外，这个案例也提醒我们，在信息化时代，在各种小视频软件泛滥的当下，到底要不要为孩子营造一个信息安全屋？如果要的话，又该如何呵护孩子免遭敏感议题的侵蚀？同样，作为信息原住民的孩子们，又该如何提升对信息的判断能力？又该如何构建自身的意义？

（二）跳出哲学主题，回归生活

绘本在儿童哲学中的作用在于媒介，在于引出对话和讨论，这也是绘本被称为“刺激物”的原因。在应用绘本开展儿童哲学时，有的时候幼儿会围绕绘本提出许多问题，涉及诸多哲学主题。如笔者在利用绘本《小蓝和小黄》在幼儿园大班开展儿童哲学时，幼儿围绕绘本提出了十多个问题，如为什么小蓝最好的朋友是小黄？小蓝和小黄为什么要追小橙？小蓝和小黄为什么要穿过隧道？小蓝和小黄为什么要抱在一起？他们在教室里为什么要坐得整整齐齐？小蓝的爸爸妈妈为什么不认识小蓝？为什么小绿哭了，可以把自己变成黄眼泪和蓝眼泪？当小蓝和小黄变成小绿后，他们在哪儿？小绿和小蓝是什么关系？等等。这些问题涉及友谊、认识论、物质构成、整体与部分、自我认同、家庭等哲学主题，在一次活动中对如此多的问题和主题进行探究对话是不现实的。哲学源于生活，做哲学是为了更好地生活；绘本同样源于生活，阅读绘本，运用绘本进行儿童哲学，同样是为了更好地生活。因此，在面临绘本生成的诸多哲学主题时，教师要跳出这些主题，回归幼儿的生活。具体而言，首先要唤醒儿童的生活经验，利用绘本或哲学议题引出儿童的生活经验，在儿童生活经验的基础上讨论、总结和升华；其次要利用绘本或哲学议题反思生活，引导儿童对自己的生活经验进行反思；最后要利用绘本或哲学议题改进儿童的生活，比如帮助儿童面对或解决成长过程中的烦恼和困惑，在儿童心中埋下爱和善良的种子，提高儿童的思维品质和思考技巧等。因此，笔者在《小蓝和小黄》活动过程中，依据幼儿的意愿，将问题与幼儿的生活经验相结合，将部分问题转化为“你的好朋友是什么样的”“如果你回家后，你的爸爸妈妈不认识你了，你该怎么办”等，以实现回归生活、反思生活、改进生活的目的。

（三）抛开绘本，倾听儿童

笔者在指导一线教师开展儿童哲学时，发现许多教师将儿童哲学活动上成了传统的绘本课。如一位教师利用安东尼·布朗的作品《朱家故事》在幼儿园大班开展儿童哲学活动，在这位教师刚刚呈现这本绘本的封面时，就有幼儿提出：“为什么妈妈背着爸爸和两个儿子？”这个问题立即引起了同伴的好奇，大家开始热烈地谈论起来。有的幼儿说：“妈妈看起来很不开心。”有的幼儿说：“他们在和妈妈做游戏。”等等。然而，这位教师毫不迟疑地将幼儿的讨论打断，继续图文并茂地讲了近十分钟的绘本。当故事讲完，教师请幼儿提出问题时，幼儿已经兴味索然。活动后，听这位教师说：“我就想着要把绘本讲完，要把流程走完。”然而，儿童哲学与传统绘本教学的一个不同之处就在于，儿童哲学强调随时随地地倾听儿童，当儿童已经围绕某一主题展开讨论的时候，教师可以放下预设的方案，依据幼儿生成的问题来澄清幼儿的提问和回答，通过营造安全、轻松的氛围，请幼儿发表自己的问题、观点，并阐明理由，进而在与同伴对话和教师追问中促进幼儿批判性思维、创造性思维、关怀性思维和合作性思维的发展。正如杨茂秀在《好老师是自己找的》中所言：“当老师的不要依赖教人家很多东西，来满足自己的虚荣心，唤醒人家的好奇，就足以启发人的心灵。不要给人家太多东西，使人负担太重，只要一点点火花，如果有易燃的东西在旁边，就会烧起来。”[1]

[1] 杨茂秀. 好老师是自己找的[M]. 北京：首都师范大学出版社，2011：4.

第八章

幼儿园儿童哲学课程活动主题

一、幼儿园儿童哲学课程活动的主题来源

幼儿的学习是以直接经验为基础，在游戏和日常生活中进行的，幼儿园课程也应以幼儿的生活为基础，强调幼儿的亲身体验，以游戏为基本活动。因此，幼儿园儿童哲学课程活动的主题应以幼儿的直接经验为基础，最好来源于幼儿的游戏或日常生活。然而，儿童哲学课程活动的一个特征是哲学性。儿童哲学的“哲学性”主要表现在氛围的安全性、目标的思维促进性、主题的哲学性、过程的对话性和结果的不确定性等特征上。围绕“哲学议题”进行探究，是儿童哲学活动的特点之一。当前，由于大部分幼儿教师缺乏系统的哲学学科训练，因此难以确定哪些问题适合用来进行儿童哲学探究。这就需要从东西方哲学体系和国际上已有的相关研究中获取借鉴。

幼儿园儿童哲学活动的主题如果要从哲学体系中挖掘，高振宇的著作《儿童哲学论》可以提供系统的参考，高振宇按照西方哲学的传统分法，提出了哲学分支的七大主题和数十个子主题，如形而上学主题、知识论主题、道德哲学主题、(社会)政治哲学主题、心灵哲学主题、宗教哲学主题和美学主题。[1]另外，德国卡塔琳娜·布拉洛-蔡特勒的《思考世界的小哲学家——幼儿园儿童哲学活动设计与案例》一书，不仅列举了适合幼儿园儿童哲学探究的七个主题：自我、幸福、时间、死亡、友谊、勇敢和梦，每个主题还附有延伸问题的思维导图及具体的活动方案。[2]瑞士伊娃·佐勒·莫尔夫（Eva Zoller Morf）的《小哲学家的大问题——和孩子一起做哲学》中呈现了伦理

---

[1] 高振宇.儿童哲学论[M].济南：山东教育出版社，2011.

[2] 卡塔琳娜·布拉洛-蔡特勒.思考世界的小哲学家——幼儿园儿童哲学活动设计与案例[M].杨妍璐，译.北京：中国轻工业出版社，2021.

问题，包括愿望和价值、情感、道德教育、正义、存在问题、宗教与死亡八个主题。[1]美国沃顿伯格等学者创建的应用绘本进行儿童哲学教学的资源网站上对绘本的主题分类，也可以作为幼儿园儿童哲学探究的主题，如自由意志、伦理、语言、艺术和美、公平、生与死、思想、认识与知识、现实、真实等。英国学者贝里斯·高特在其著作《学哲学的孩子更聪明：儿童哲学实践指南》中，呈现了适合 3 岁以上儿童的八个主题，并提供了具体的操作建议，包括政治哲学：公平和规则；环境哲学：绿地、垃圾和回收利用；社会哲学：友谊和关系；伦理学：善与恶；美学：美、图画和故事；心灵哲学：情绪、信念和人；认识论：梦境和错觉；形而上学：何为真。[2]

英国罗伯特·费舍尔的《教儿童学会思考》一书中，列举了适合 5—7 岁儿童的部分词语概念，如听—说，交谈—讨论，思考—思想—观点，大脑—思考，知道—详细，想象—想象力，问题—答案，原因—解释，规则——套规则，同意—不同意，论证—争吵，例子—决定，观点—意见，问题—解决方案，对—错，公平—不公平，真实—不真实（真实—谎言），现实—不现实，相似的—不同的，谜题—哲学等。[3]

另外，法国伊莎贝尔·米隆和奥斯卡·柏尼菲的《111 个儿童哲学思考练习》中，罗列了 111 个适合儿童哲学的主题，并划分了初阶练习、进阶练习和高阶练习，其中初阶练习比较适合幼儿。[4]

表 8-1　儿童哲学思考初阶练习

1	人类与动物	概念：相似—不同—人类—动物
2	谁来决定	概念：自愿—非自愿—有意—无意
3	发明与发现	概念：发明—发现

[1] 伊娃·佐勒·莫尔夫．小哲学家的大问题——和孩子一起做哲学［M］．杨妍璐，译．北京：中国轻工业出版社，2019.

[2] 贝里斯·高特/莫拉格·高特．学哲学的孩子更聪明：儿童哲学实践指南［M］．刘笑非，译．北京：人民邮电出版社，2019.

[3] 罗伯特·费舍尔．教儿童学会思考［M］．蒋立珠，译．北京：北京师范大学出版社，2007.

[4] 伊莎贝尔·米隆，奥斯卡·柏尼菲．111 个儿童哲学思考练习［M］．杨落娃，译．桂林：广西师范大学出版社，2020.

续表

4	好与坏	概念：好—坏
5	相似与区别	概念：相似—区别
6	类比	概念：象征—比喻—拟人—形象
7	人类	概念：相同—区别—人类—功能
8	独立与依赖	概念：自由—独立—依赖
9	偷窃	概念：抢劫—权力—所有权—禁止
10	自我表达	概念：自我—身份—表达
11	服从	概念：服从—义务—选择—判断
12	概念化	概念：统一—多样—概念
13	争吵	概念：原因—讲理—不讲理
14	动物象征	概念：象征—类比—比喻
15	生命的意义	概念：存在—价值—选择
16	行动的原因	概念：理由—行动的原因—动机
17	上学	概念：科目—学习—义务—兴趣—实用—能力
18	通过举例表达感受	概念：情感—感受
19	社会义务	概念：社会—义务—规则—道德
20	世界观	概念：哲学—存在—世界
21	分析问题	概念：问题—答案—目的
22	相信	概念：相信—不疑—证明—接受—可信度
23	生活的原则	概念：选择—价值—存在—目的—排序
24	成长	概念：成长—烦恼—不同解读
25	追求与动机	概念：例子—想法—追求—动机—目的
26	情感的表达	概念：情感—表达—感觉—解释
27	错误	概念：错误—原因
	……	

除了国际上这些学者在其著作中列举的主题，国内幼儿园近年来开展的儿童哲学主题活动同样可以为其他幼儿园提供借鉴。如福建师范大学实验幼儿园于 2021 年发布的十一期儿童哲学专题：（1）大声说话与小声说话；（2）勇于尝试、乐于分享、和而不同——我的幼儿园我做主；（3）认识我自

己——《一片叶子落下来》——我的好朋友到底是谁；（4）妈妈的手——《游子吟》；（5）认识我自己——《重要书》——孩子创作重要诗；（6）寻找飞跃丛林小组赛的“秘诀”——游戏与团体构建；（7）下雨了——水：水从哪里来？为什么需要水？（8）从问题盒子到探究现场——水真的有那么重要吗？（9）人与动物——家园共育；（10）人与动物——家长视角；（11）家庭里的儿童哲学。

二、幼儿园儿童哲学探究活动主题选择策略

在幼儿园开展儿童哲学的探究活动，要结合幼儿的年龄特征和幼儿园的实际状况来确定主题。古秀蓉[1]认为，儿童哲学探究活动主题的选择和确定，最重要的是必须源于儿童感兴趣的话题，并且是由儿童紧密结合自己的生活事件来论证和推进的主题。

（一）围绕儿童哲学刺激物开发其中蕴含的哲学主题

儿童哲学虽然强调儿童的主动性，但教师同样需要做好教学设计和活动准备。首要准备就是对儿童哲学刺激物的哲学价值进行挖掘。教师要想做好这一步，就需要对哲学学科知识有一定的了解。高振宇认为，儿童哲学教师需要具备一定的哲学学科的内容知识，只有掌握了这类知识，教师才能识别儿童思想世界中哲学的部分。然而，幼儿教师要掌握哲学学科内容知识不是一蹴而就的。不过，沃顿伯格在《小孩童大观念：基于绘本的儿童哲学课程》一书中宣称，即使没有哲学知识，也可以与幼儿一起做哲学。沃顿伯格在书中阐述了通过儿童文学作品与儿童开展哲学探究的过程，并附有详尽案例；同时，沃顿伯格带领团队围绕数百本图画书，开发了其中蕴含的哲学主题。以李欧·李奥尼的绘本《小蓝和小黄》为例，可以围绕友谊、知识论、物质构成及自我同一性四个主题进行团体探究。[2]

在友谊方面，围绕绘本内容“小蓝有许多朋友，但他最好的朋友是小黄”，教师可以和幼儿一起讨论：“朋友必须是一样的吗？朋友之间相同好还

---

[1] 古秀蓉，冷璐．儿童哲学探究活动的教育评价研究［J］. 上海教育科研，2018，No. 368（1）：28—32.

[2] 托马斯·E. 沃顿伯格．小孩童大观念：基于绘本的儿童哲学课程［M］. 柯婷，韦彩云，译．桂林：广西师范大学出版社，2022.

是不同好？拥有朋友对你的幸福来说重要吗？”

在知识论方面，围绕绘本内容“当小蓝找到小黄的时候，他们开心地抱在了一起”，教师可以和幼儿一起讨论：“他们抱在一起以后发生了什么？”“为什么蓝爸爸和蓝妈妈没有认出小蓝？”“当蓝爸爸和蓝妈妈认为小绿不是小蓝的时候，他们是否正确？”教师也可围绕绘本内容“当蓝爸爸和蓝妈妈拥抱了小黄，他们发现变绿了，然后他们意识到发生了什么事”，与幼儿一起讨论：“蓝爸爸和蓝妈妈是如何意识到发生了什么的？”“你能想象一个事物不是它们看起来那样的场景吗？”“你同意‘眼见为实’吗？”“你有过曾经很确定的一件事，因为了解了更多信息而改变了自己的观点的经历吗？”

在物质构成方面，围绕绘本内容“小蓝和小黄好伤心。他们哭了，流出了大滴的蓝眼泪和黄眼泪”，教师可以和幼儿一起讨论：“当你把蓝颜料和黄颜料混合成为绿颜料的时候，你还能把黄颜料分离出来吗？”“当黄颜料和黄颜料混合时，他们各自会发生什么？”“当小蓝和小黄变成小绿后，他们还存在吗？”“小绿是新事物吗，还是只是小蓝和小黄的一个变体？”

在自我同一性方面，教师可以和幼儿一起讨论：“如果我把一张白纸画成黄色，这是一样的纸吗？”“如果我把这张纸烧了，变成的灰烬还是一样的纸吗？”“你认为自己在成长过程中会发生哪些变化？不会变的是什么？”“当你发生变化后，你还是不是你自己呢？”“当小蓝变成小绿后，小蓝有什么不一样吗？”……

（二）在呈现刺激物后，请幼儿提出自己的问题

虽然相关研究提供了大量可供幼儿园开展儿童哲学的主题和活动，但是如果这些哲学主题没能与当下幼儿的生活发生联结，就会影响儿童哲学探究活动的效果，还会影响幼儿对意义的获得。因此，在呈现刺激物后，可以请幼儿独自思考 1 分钟，也可以在思考之后，请幼儿将自己的问题画下来。对于初次接触儿童哲学的幼儿来说，可能有些无从下手，当开展过多次儿童哲学活动后，许多幼儿就能快速而有效地将自己的问题画出来。皮亚杰认为幼儿的思维以形象思维为主，因此以绘画为辅助有助于幼儿思考的形象化，也有助于幼儿清楚地表达自己的观点，绘画作品后续还可以作为支持幼儿思维发展的质性材料。另外，如果班级人数过多，在幼儿提出自己的问题之前，可以先分组，请幼儿先在组内分享，以保证每个幼儿的观点都能表达出来。在小组分享之后，教师可以请每组推荐代表汇报他们讨论的 1—2 个问题。

（三）利用问题象限思考工具，聚焦探究性问题

问题象限思考工具是澳大利亚学者菲利普·卡姆在其著作《20 个儿童思考工具》一书中提出的概念。卡姆认为，适合幼儿园和小学低年级的思考工具有 10 个，分别为问题象限、建议、理由、赞同与反对、举例、做出区分、临界案例、目标靶、思想实验和拇指法。其中，问题象限可以作为确定讨论问题的一个思考工具。[1] 卡姆提出，围绕儿童哲学刺激物提出的问题，可以依据问题的四个象限进行分类，四个象限分别为阅读理解类问题、事实性问题、文学猜测类问题和探究性问题。其中阅读理解类问题和事实性问题属于封闭性问题，而文学猜测和探究性问题属于开放性问题。阅读理解类问题立足于文本，在文本中就可以找到答案。事实性问题虽然文本中没有直接给出答案，但是通过查阅资料或请教知道答案的人就可以获得解答，如这本书的作者是否结婚。而文学猜测类问题主要通过使用想象力，提出一些开放性的问题，如为什么小蓝要找小黄玩。这类问题涉及对故事中人物动机的揣测、其他可能性的预设等，往往没有固定答案。卡姆认为，这类问题往往会占用大量讨论时间却收效甚微。最后的探究性问题则是需要仔细思考的多元论问题，如朋友的含义是什么？你喜欢与你相同点多的人做朋友还是不同点多的人做朋友？拥有朋友对你的幸福重要吗？……依据问题象限思考工具，笔者将幼儿围绕《小蓝和小黄》提出的问题分为四个类别，如图 8-1 所示。

在讨论过程中，当幼儿提出阅读理解类问题和事实性问题时，其他幼儿或教师有必要先进行解答，再进行探究。另外，在文学猜测类问题上不要花费太多讨论时间，要把重点放在探究性问题上。

依据艾瑞克·凯尼恩（Erik Kenyon）等人的研究，也可以将幼儿生成的

---

[1] 菲利普·卡姆. 20 个儿童思考工具［M］. 冷璐，译. 北京：中国轻工业出版社，2021.

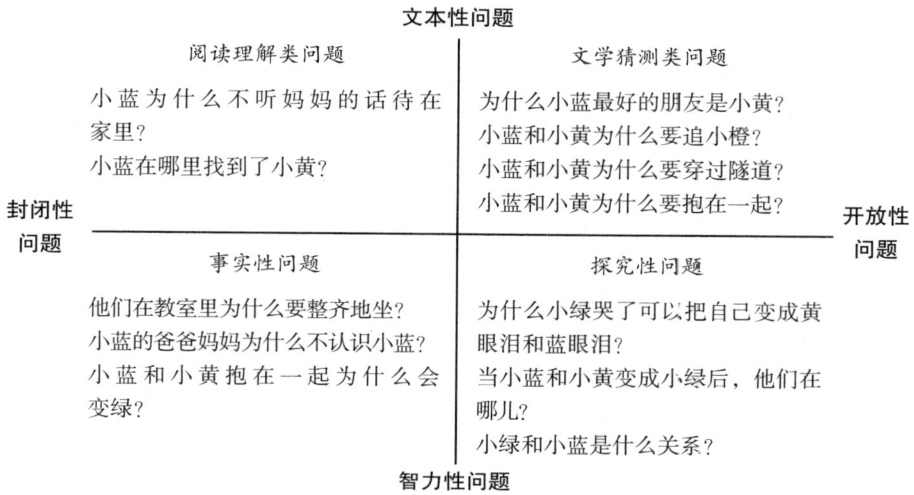

文本性问题

	封闭性问题	开放性问题
文本性问题	阅读理解类问题 小蓝为什么不听妈妈的话待在家里？ 小蓝在哪里找到了小黄？	文学猜测类问题 为什么小蓝最好的朋友是小黄？ 小蓝和小黄为什么要追小橙？ 小蓝和小黄为什么要穿过隧道？ 小蓝和小黄为什么要抱在一起？
智力性问题	事实性问题 他们在教室里为什么要整齐地坐？ 小蓝的爸爸妈妈为什么不认识小蓝？ 小蓝和小黄抱在一起为什么会变绿？	探究性问题 为什么小绿哭了可以把自己变成黄眼泪和蓝眼泪？ 当小蓝和小黄变成小绿后，他们在哪儿？ 小绿和小蓝是什么关系？

智力性问题

图 8-1 《小蓝和小黄》中讨论问题的分类

问题划分为绝对主义论问题、相对主义论问题和多元论问题。绝对主义论问题是指有一个单一的、清晰的、广泛认同的答案。如："在中国的道路上人们靠哪边行走？"绝对主义论问题有现成的正确答案，哲学家往往对这类问题不感兴趣。相对主义论问题则往往因人的不同而有不同的答案。如："你喜欢小蓝还是小黄？""为什么小蓝喜欢把小黄当作朋友？"这类问题反映的只是看待事物的一个视角。对这类问题的讨论可以为幼儿提供认识事物的不同视角，也会令幼儿表达他们的看法时更自信，但是这类问题往往局限于仅仅展示出观点而已，如"交朋友时，你喜欢性格像你一样的，还是不一样的"，这类问题依据不同的理由，答案往往相差甚远。多元论问题与绝对主义论问题不同，它没有一个清晰且大家都认同的答案。这类问题是哲学的食粮，往往充满了"不确定性"。围绕这类问题，杨妍璐认为，"参与者通过互相参与，可以澄清争论，形成可行性的选择，也正是在容纳这种不确定性的教育氛围中，思考才是有可能的，提问才是受欢迎的，教育的成功才是可以期待的"。[1] 因此，在幼儿园开展儿童哲学时，要避免选择那些只有一个标准答案的绝对主义论

[1] 杨妍璐．儿童哲学：为不确定性辩护的教育［J］．苏州大学学报（教育科学版），2019，7（03）：67—74.

问题，这类问题往往与阅读理解类问题和事实性问题相关。

另外，可以将相对主义论问题作为练习幼儿表达不一样观点的热身活动，但不宜作为讨论的主体内容，应该选取那些多元论问题作为探究讨论的主要内容。具体而言，教师可以围绕探究材料，提前设计出值得讨论的多元论问题，同时，在实施过程中，教师还要判断幼儿生成的问题类型，引导幼儿聚焦于多元论问题上，在幼儿生成的问题与教师预设的主题之间建立联系。

（四）将幼儿生成的问题与教师预设的主题建立联系

在设计儿童哲学活动时，提前预设问题可以帮助教师组织活动，但是当幼儿在活动过程中已经生成了丰富的问题时，就需要将幼儿生成的问题与教师预设的主题或问题联结，依据幼儿的兴趣和经验，最终确定儿童哲学探究活动的主题。这个环节往往成为幼儿园实施儿童哲学的瓶颈，许多儿童哲学实践者在幼儿生成问题后，不能有效地引导幼儿进行推理、做出概括、发现矛盾、探寻基本假定、强调思想连贯的必要性等，导致儿童哲学活动看起来像幼儿讨论的流水账。它看起来很热闹，实际上没有深入，这直接影响着儿童对形而上学、逻辑、价值、伦理等意义的寻求。

如针对绘本《小蓝和小黄》，幼儿提出了 12 个问题，在活动过程中，笔者带领幼儿将他们提出的问题进行分类，这个过程也是帮助幼儿提升元认知的过程，帮助幼儿梳理自己提出的问题。在这 12 个问题中，许多问题不适合进行团体讨论，如“小蓝在哪里找到了小黄”，这个问题书中已经给出了答案。另外，“小蓝和小黄抱在一起为什么会变绿”这个问题涉及三原色的原理，也不适合讨论。还有“小蓝和小黄为什么要抱在一起”这类猜测动机的问题也不适合讨论。

关于刺激物《小蓝和小黄》，笔者预设了友谊、物质构成、认识论和自我同一性四个哲学主题。从幼儿生成的问题来看，幼儿提出的许多问题都涉及这些主题，如“为什么小蓝的好朋友是小黄”涉及友谊，“为什么蓝爸爸和蓝妈妈没有认出小蓝”涉及认识论，“为什么小绿哭了可以把自己变成蓝眼泪和黄眼泪”涉及物质构成中的整体与部分，“小绿和小蓝是什么关系”涉及自我同一性。然而，如果直接问幼儿这些问题，幼儿很难理解和回答，需要结合预设的哲学主题，将幼儿提出的问题转化为幼儿可以理解的，且与幼儿的生活经验相关的问题。如围绕小蓝、小黄和小绿的关系这个问题，结合自我同一性的哲学主题，可以将问题转化为“在你的成长过程中，什么会变，什么不会变呢”。由于这个主题最初是幼儿提出的，并与幼儿的生活经验密切相关，幼儿就有了较高的参与感。在活动过程中，围绕这个问题，幼儿提出了自己的善良不会变（某一品质），自己的鼻子不会变（身体某一部分），妈妈和姐姐对自己的爱不会变（某种亲密关系）等。其中一位小男孩提到自己的可爱会变（外部的评价），因为小的时候他的姐姐总是说他很可爱，但是现在总是说他很讨厌。正是通过将幼儿生成的问题结合预设的哲学主题，转化为幼儿可理解及生活化的问题，才激发了幼儿丰富的讨论，而围绕这类问题的讨论，往往是儿童哲学活动最精彩的部分。

（五）在儿童哲学探究活动过程中生成新的主题

确定了探究主题，在开展探究活动的过程中往往还会生成许多新的主题，这些主题是幼儿与文本之间、幼儿与幼儿之间、幼儿与教师之间互动的产物。另外，这些主题可能是幼儿生活经验的反映，也可能是与幼儿之前学习经验的联结。如，当讨论到“小蓝和小黄变成小绿后他们在哪儿”的时候，有一个幼儿说，小蓝和小黄藏在了小绿里面，因为小绿里面是空的。这个回答受到之前我们讨论绘本《驴小弟变石头》的影响，之前我们在讨论“驴小弟变成石头后，驴小弟去哪儿了”这个问题时，有幼儿提出：“驴小弟藏在石头里，因为石头中间可能是空的。”

在讨论过程中生成的问题，会像滚雪球一样越滚越多，但是需要教师做好遴选和引导。教师可以结合幼儿园当前的课程、目标、节庆活动等选取最适宜的主题或方向，也可以将生成的探究主题融入其他领域教学、游戏和一日生活中。教师可以在班级设计“哲学问题框”，及时记录和收集幼儿在活动过程中提出的困惑，或设置哲学问题墙，请幼儿将自己的困惑或问题画下来贴在墙上。另外，还可以将生成的探究主题延伸到亲子活动中，请幼儿回家后和父母进行探究。

第九章

幼儿园儿童哲学课程活动的步骤

一、SAPERE 的儿童哲学活动步骤

关于儿童哲学活动的实施步骤，奥伊勒提出了李普曼—夏普儿童哲学探究方法，该方法共包含五个步骤：呈现刺激物、生成问题、探究对话、元认知反思、将探究转化为行动。[1] 近年来，英国的 SAPERE（The Society for the Advancement of Philosophical Enquiry and Reflection in Education）结合低龄儿童的年龄特点，提出了儿童哲学探究共同体构建与实施的十个步骤，分别为：（1）预热准备；（2）呈现刺激物；（3）思考时间；（4）问题生成；（5）问题分享；（6）问题选择；（7）起始发言；（8）探究对话；（9）最后发言；（10）反思与计划。[2] 英国的 SAPERE 十步骤与李普曼—夏普的四步骤都采用了实用主义的理论基础，在活动过程中强调由儿童通过投票来决定探究的问题，进而探索儿童对该问题的反应。其中，探究团体的民主性质是最重要的。SAPERE 十步骤方法与麦考尔的哲学探究团体法不同，麦考尔的哲学探究团体法强调对讨论进行控制，其理论基础是现实主义，其目标设定为消除错误和虚假的认识。因此，在麦考尔的哲学探究团体法中，儿童哲学讨论的主题需要主持人来选择，虽然也鼓励儿童发表他们自己的观点，但主持人需要提供儿童没有提及的观点，以便激发儿童进行批判性反思，并且主持人会根据什么能最有效地推进对话及促进观点分歧来选择发言者。[3]

---

[1] Oyler. Philosophy with Children: The Lipman-Sharp Approach to Philosophy for Children [C]. In: Peters M.（eds.）Encyclopedia of Educational Philosophy and Theory. Springer，Singapore. 2016: 1—7.

[2] Gorard，S.，Siddiqui，N.，& See，B. H. Philosophy for Children: Evaluation Report and Executive Summary [M]. EEF: London，UK. 2015: 10.

[3] Anderson, A. Categories of Goals in Philosophy for Children [J]. Studies in Philosophy and Education, 2020，39（6）: 607—623.
McCall, C. Transforming Thinking: Philosophical Inquiry in the Primary and Secondary Classroom [M]. London: Routledge，2009.

笔者认为，幼儿园阶段的儿童，其语言能力、自控能力、有意注意能力等尚处于发展中，这就需要教师在开展儿童哲学课程活动时进行一步步具体的引导，而李普曼—夏普的方法对幼儿园阶段的儿童来说显得不够具体明确。因此，本章采用 SAPERE 的十步骤作为幼儿园开展儿童哲学课程活动的步骤（见表 9-1）。

表 9-1 SAPERE 的儿童哲学课程活动步骤

步 骤	内 容
预热准备（Preparation）	环境准备，座位方式是否围成一个圈 规则准备，是否共同建立了规则 如何导入活动？是否开展了热身活动？如游戏、哲学之歌等
呈现刺激物（Presentation of Stimulus）	教师是否介绍了刺激物？是以什么方式呈现的？刺激物是否吸引儿童？是否对团体有意义？是否包含大问题或概念
思考时间（Thinking Time）	是否给儿童留了思考时间？留了多久 是否用绘画的方式
问题生成（Question-Making）	教师是否引导儿童提出问题？以何种方式引导儿童 教师是否很好地组织儿童提出问题，如使两人 / 一组对话，教师何时和如何发表问题给予明确的指导
问题分享（Question-Airing）	是否及如何对问题进行分类、澄清、对比和称赞等
问题选择（Question-Choosing）	是否对一个问题达成一致，作为探究的重点？是否采用投票？如何利用投票进行选择
起始发言（First Words）	如何开启发言的？是否询问提出这个问题的原因
探究对话（Building Dialogue）	教师如何促进探究和对话
最后发言（Last Words）	是否给学生一个机会，让他们对已经讨论过的内容说最后的话
反思与计划（Review and Reflect）	是否为儿童提供一个评价过程的机会 是否鼓励儿童反思如何在下一次活动中改进他们的思维、说话和行动

注意：这十个步骤可以分成两次活动，以留出足够时间对选择的问题进行反思。其中，每个阶段需要的时间是灵活的，针对不同年龄的儿童，也可以跳过某个阶段。另外，越早将探究过程变成螺旋上升越好。

（一）准备预热

准备阶段的主要目的是帮助幼儿进入探究状态、建立团体意识，以及培养思考和探究技能等。在准备阶段需要注意以下几个方面：

（1）物质环境：确保幼儿围坐在一个圈内，或者保证每位成员都可以看到彼此的脸，并进行目光接触，同时保证听到对方说话的清晰度，并感到舒适。教师在团体中不应特殊地坐在外围，而应确保所有参与者被视为对探究成功同等重要的成员。

（2）社会和情感：确保尊重、关爱和合作的规则是由小组讨论和共识确定的，并且每学期至少要重新审视和完善一次或两次。（本书第十二章详尽列举了运用教育戏剧与幼儿构建规则的策略）

（3）智力：衡量探究团体成功与否的最佳标准是是否能够让每个人都进行思考。尽可能将准备活动与特定的思考或探究技能联系起来，以加强这一信息的传达。此外，进行脑力训练或类似的练习可能有助于消除疲劳的思维能力。

（二）呈现刺激物

刺激物应该是能够吸引幼儿的，同时也要对团体有意义。另外，刺激物也应该包括一些大问题或概念。笔者认为，对幼儿园阶段的儿童来说，绘本是最好的刺激物，对绘本的选择与呈现方式，本书第七章做了详尽的描述。

（三）思考时间

思考时间的目的是为参与者提出问题做准备，鼓励他们通过发展主题，确定主要问题、概念以及与自身经验建立联系来构建意义。在思考时间中，个人可以独自思考，也可以与同伴一起思考，可以通过说出来或写下来的方式进行表达。参与者应该有机会反思共同的刺激物，并有责任去做。幼儿可以找出令他们感兴趣或高兴的事情，或者令他们困惑或不解的事情，他们可能愿意谈论的事情，引起他们内心反应的事情，或思考他们对刺激物的感受。在早期的课程中，思考时间不需要很长，最好不超过 60 秒，后续可以逐渐延长思考时间。另外，也可以建议参与者用绘画、漫画或气泡图的形式记录他们的问题和反思，或者通过列出刺激物中的一些“大想法”来表达。在思考时间结束时，可以邀请参与者向整个团体分享他们的第一个想法，为问题生成做准备。

（四）问题生成

在提出问题的过程中，有时会先要求幼儿提出自己的问题，然后由小组讨论并选择出一个问题（通常每组 3—5 个孩子，全班总共提出 6—10 个问题）。在小组讨论中，个人会分享他们对刺激物的反应或回应，然后讨论他们感兴趣的概念和问题。接下来，小组一起生成一个哲学问题，并在整个班级中提出。这些问题可以由主持人写下，并展示在白板上或小纸片上。另外，在展示问题时，要将问题与提出者的名字放在一起，以展现教师对幼儿提出问题的认可和鼓励。

幼儿掌握提问技巧需要时间，因此教师需要在问题生成之初，提供示例和活动来培养幼儿的这种技能。一种策略是在思考时间之后立即进行全体讨论，征求个人对刺激物的反应，并邀请小组其他成员对这些反应做出回应。这样可以形成一些共同的兴趣点。然后邀请小组成员将这些兴趣点转化为问题，并在转化过程中不断提醒他们以开放和可讨论的问题为目标，最终形成一些具有吸引力的开放问题。另外，教师也可以提供一些自己设计的问题，然后请幼儿投票选出一个。也可以邀请幼儿个人或分组提出问题，然后教师从中选择一个。当教师选择一个认为最适合进行哲学探究的问题时，最重要的是解释为什么认为它是合适的，通常是因为它具有可讨论性和争议性，以及是共同感兴趣的且重要的。

（五）问题分享

在选择要进行探究的问题之前，应该对这些问题进行思考。一种常见的方法是“澄清”和“深入思考”，让每个小组成员解释或澄清他们的问题。另一种方法是“赞扬”，让每个问题轮流被表扬。例如：“我喜欢 ×× 的问题，因为……。”第三种方法是“连接”或“联系”，让整个小组寻找问题之间可能的联系或关联。教师最好不要只说“这些问题是有联系的，因为它们都是关于 ×× 的”这样的话，因为发现一个出现在多个问题中的词或概念是很容易的。如果教师能问“这两个问题是否问的是同一件事”，或“这两个问题是否在问一个问题”，以及“我们是否能找出这两个问题之间的任何区别”，会更合适。如果这两个问题之间没有实质性的区别，我们可以将它们放在一起，以避免投票时过于分散。也可以尝试“合并”问题。在对幼儿提出的问题进行分类时，卡姆提出的问题四象限可以为教师提供帮助，教师在对幼儿提出的问题进行分类后，要重点围绕探究类问题进行探究[1]，如图 9-1 所示。

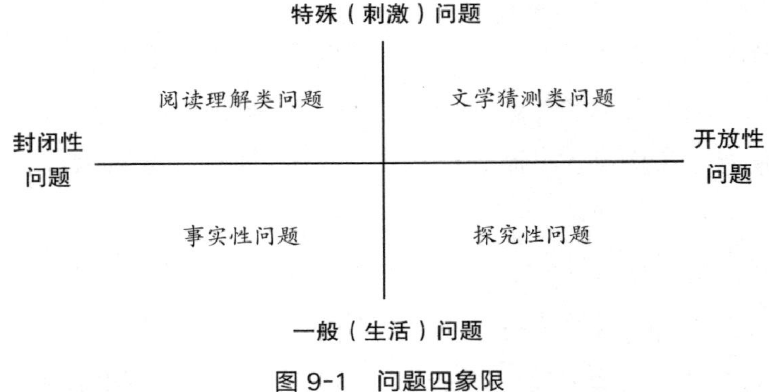

图 9-1　问题四象限

（六）问题选择

问题的选择可以由幼儿投票或教师与幼儿协商产生。

首先，小组通常会投票决定他们希望在探究中讨论的问题。这样做可以让团体成员感到他们有主导权，并确保所有意见都被公平考虑。投票方式有多种选择，包括一人一票、一人多票（喜欢多少问题就投多少票）和多元投票（通常在 2 票至 6 票之间），可以随意分配或进行排名。另外，使用脚进行投票（站在自己最喜欢的问题旁边）也是一种常见的投票方式，不过需要注意，有些幼儿在投票时存在从众现象，如好朋友投什么自己就投什么。有时也可采用可转移投票（Transferable Voting），将投给少数问题的票数转移到其他问题上，直到某个问题获得明显的多数票。需要注意的是，投票过程要确保公开。

另外，投票是需要有判断力的。有时虽然多数幼儿投了某个问题，但是也可能导致少数幼儿的立场和问题被忽视，而有时这些被忽视的问题或立场却是探究过程中不可错过的“精彩观念”。因此，要确保对多样化的包

[1] Cam，P. 20 Thinking Tools：Collaborative Inquiry for the Classroom［M］. Camberwell：ACER Press，2006.

容，使各种不同的观点都能得到倾听。此外，教师自己提出探究问题有时也是合适的。教师可以在与幼儿对话过程中自然而然地引导（例如，询问 X 概念与 Y 概念的关系，或 Z 概念是否与探究有关等）。在探究结束时的回顾过程中，教师也可以提议一些尚未提及但仍值得探索的问题。这些问题可以作为下一次讨论的主题，无须经过之前的步骤，这被称为与幼儿“协商”出的问题。

（七）起始发言

开启探究和对话的一个方法是询问参与者选择这个问题的原因。由提出所选问题的人分享问题背后的原因，以及他们对该问题的初步思考、想法和意见。另外，也可以采用“思考—分享”或“谈话伙伴”，让每个幼儿都有机会思考发言。或者，如果至少有三个人提出同样的问题，教师也可以直接“建议或提议”围绕该问题进行探究。较难的是在探究过程中该如何发现潜在的哲学概念或问题，进而推动探究的深入发展。

（八）探究对话

开始对话后，如何“构建对话”成为重点。这里的要点是，在探究的过程中，时常需要暂停一下以进行总结，并开辟重新探究的可能性。其中一个方法是问这样的问题：我们对这个问题的回答如何？到目前为止，我们的探究进展到什么程度了？可以在全体讨论前以小组为单位讨论。之后，请大家思考：我们已经达成了什么共识？有哪些地方存在分歧？探究是否偏离了轨道，或者是否失去了动力？探究的过程可能会转向不同方向，这时应该思考：我们应该回到原来的问题吗？如何才能回到？你认为我们下一步应该讨论什么？是否可以选取票数次高的问题？另外，也可以构建一个公开的大思想 A-Z 图表，以确定哪些“大”的哲学概念已经在探究中出现。这不仅有助于提高幼儿对已经触及的重要观点的认识，也可以使幼儿关注哪些思想或领域值得继续研究。反思还有一个重要的角度，就是关注过程而不仅仅是内容。例如，如果在课程开始时设定了一个技能目标，可以问幼儿在这方面是否有一些进展。或者可以聚焦在 4C 中的一个，并询问探究的过程是否体现了关怀、合作、批判或创造。也可以问幼儿对整个探究过程的感觉如何，开心？

失望？一般？等等。

构建对话过程中，重要的是教师要及时地引导对话。然而，当前在国内部分幼儿园，幼儿很少有机会参与小团体讨论，许多幼儿园依然是通过大团体进行集体教学。如井明发现幼儿园图画书教学中教师的有效提问仅占25.7%[1]；贾晋通过观察20个幼儿园大班语言集体教学活动，发现在2224个提问中，封闭式问题占60%[2]；康丹通过观察240个集体活动，发现教师提问的封闭性问题占到了所提问题的90%[3]；殷新通过研究新手教师的提问，发现封闭式问题占到了65%，在共计1556次的提问中，教师的提问占到了98%，幼儿仅占2%。[4]

因此，幼儿园教师如何提问，如何促进幼儿与幼儿之间进行对话，是构建对话过程中的重点和难点。本章借鉴托平、特里基及克莱格霍恩的研究[5]，围绕澄清问题，探究假设，探究理由、原因和证据，质疑观点和视角，支持学习过程，探究含义和后果及评估，列举了教师可以应用的提问类型，如表9-2所示。

表 9-2　教师可应用的提问类型

类　型	教师提问策略
澄清问题	• 这具体是什么意思 • 你为什么这样说 • 这与我们一直谈论的有什么关系 • ……的本质是什么 • 我们已经对此有了哪些了解 • 你能给我举一个例子吗 • 你是在说……还是…… • 请你详细解释一下好吗 • 你为何对此如此确定

［1］井明．幼儿园图画书教学中教师的有效提问研究［D］．山东师范大学，2014.

［2］贾晋．幼儿园大班语言集体教学活动中教师提问的研究［D］．广西师范大学，2015.

［3］康丹．幼儿园集体教学活动中教师提问的研究［D］．湖南师范大学，2008.

［4］殷新．幼儿园集体教学活动中新手教师提问的研究［D］．鞍山师范学院，2017.

［5］Topping，K. J.，Trickey，S.，& Cleghorn，P. A Teacher's Guide to Philosophy for Children［M］. New York：Routledge，2019：40.

续表

类　型	教师提问策略
探究假设	• 你似乎在假设…… • 你为什么这样认为 • 我们还能做出哪些假设 • 你是如何选择这些假设的 • 请解释为什么 / 如何…… • 你如何验证或证伪这个假设 • 如果……会发生什么 • 你同意还是不同意……
探究理由、原因和证据	• 为什么会发生这种情况 • 你是如何知道这个的 • 那是什么原因导致的 • 你能给我一个例子吗 • 你认为是什么原因导致…… • 这个问题的本质是什么 • 这些理由足够好吗 • 它可能如何被驳斥 • 我如何确信你所说的 • 为什么会发生…… • 为什么？为什么？为什么 • 有什么证据支持你所说的吗
质疑观点和视角	• 这个问题的另一种看法是什么 • 这个问题还有哪些替代的看法 • 你能以另一种方式表达吗 • 为什么……是必要的 • ……和……之间有什么区别 • 为什么它比……更好 • 你和他 / 她是否相互矛盾 • ……的优点和缺点是什么 • ……和……有哪些相似之处 • 你的观点和……之间有什么区别 • 如果你比较……和……会怎样 • 你如何从另一个角度看待这个问题
支持学习过程	• 你对……有什么看法 • ……的原因是什么 • 如果……，那你对……有什么看法 • 你说过……，但……呢
探究含义和后果	• 那接下来会发生什么 • 那个假设的后果是什么 • 如何利用……来…… • ……的含义是什么 • ……如何影响…… • ……如何与我们之前学到的内容相吻合 • 为什么……很重要

续表

类　型	教师提问策略
评估	• 谁可以总结一下我们的主要观点 • 有人能说说我们的思考带领我们去哪里了吗 • 我们发展出了哪些新的想法 • 如果……，为什么……

（九）最后发言

在最后的发言环节，可以鼓励整个过程中发言较少的幼儿发表他们的观点。幼儿们在这个环节，可以按照自己的意愿确定最后的观点或贡献。一些幼儿可能希望回到最初的问题，并提供他们对该问题的最新答案；另一些幼儿可能会谈一谈他们的观点在探究期间是如何改变的；还有一些幼儿可能想就某一特定的观点做出回应，或对其进行阐述。

教师可以根据自己的判断来决定幼儿如何进行最后的发言。但重要的是让幼儿们自由发言。通常情况下，一些沉默寡言的幼儿会抓住“最后发言”的机会，发表真正有见地的评论，这是大家都没有想到的。要避免出现探究过程看起来很热闹，却没有实际意义，在最后发言的环节，可以鼓励幼儿说说今天的活动会如何改变他们未来的行为方式，或者如何将形成的观念落实到行动中。另外，要注意最后发言不是强制性的，幼儿也可以不发言。

（十）反思与计划

在回顾与反思环节，以下是一些可以采取的记录和反思方法：

内容跟踪。可以通过记录幼儿发言内容和发言时长的方法，了解他们的参与程度。通过记录这些信息，教师可以在之后采取相应的行动，例如鼓励不太发言的幼儿更频繁地参与，提醒喜欢发言的幼儿更加简明扼要地表达观点，或者鼓励他们多听取其他幼儿的发言。这种记录可以帮助教师更好地管理和引导讨论，促进每个幼儿参与和学习。

思维地图或大观点检索表。记录讨论中出现的重要思想和哲学观念，并注明提出这些观念的人的姓名。

问题收集。尽可能详细地记录在探究过程中提出的问题。最好在当时公开写下这些问题，以便在下一次探究活动中重新讨论。

关键词计数器。统计关键的思考词语，如但是、因为、例子、所以、如果、同意、不同意、补充、疑问等。在统计之前，应先和幼儿讨论这些词语的含义和价值，在一次活动中不宜统计太多。同时，要持续记录幼儿对这些语言的使用和他们对这些词语的改进，这是 P4C 作为思维技能课程的可靠证据。

询问跟踪。按顺序记录发言者的姓名，并记录他们在发言中的关键词（主要观点，而不仅仅是“思考词语”）。然后，一天或一周后，再次询问幼儿对当初发言的看法。

另外，儿童哲学课程活动的计划也应该成为评估的一部分。随着探究团体的成熟，教师应该提前规划下一次探究的内容。例如，提出后续问题或活动建议。总之，以上这些方法有助于记录和评估探究过程，并提供进一步改进的机会。

二、儿童哲学活动案例

下文将以幼儿园社会领域为例，呈现幼儿园儿童哲学课程活动的步骤。

幼儿园社会领域的两个子领域分别是人际交往和社会适应。其中，人际交往领域的目标为“愿意与人交往，能与同伴友好相处，具有自尊、自信、自主的表现，关心尊重他人”；社会适应的目标为“喜欢并适应群体生活，遵守基本的行为规范，具有初步的归属感”。这些目标与儿童哲学的关怀性思维关系最为密切，但如果仅强调儿童哲学的关怀性思维，则难以凸显儿童哲学的独特性和价值，因此在活动设计中，需要将儿童哲学最初倡导的批判性思维加入其中。开展儿童哲学活动，理想的参与人数是 8—12 人，然而现实中幼儿班级人数往往会在 30 名左右。因此，笔者以包含 35 位幼儿的大班作为参与对象，探索儿童哲学融入五大领域教学的模式和策略。

（一）活动主题选择

在活动主题选择上，结合当前大班幼儿的兴趣与生活经验，选取“上学”这一话题，在刺激物选择上，以绘本《小魔怪要上学》作为刺激物。

小魔怪是食人魔的孩子。他与爱吃人的父母不同，他不吃人。爸爸妈妈从不陪他玩，也不给他做好吃的，他不喜欢。他羡慕人类的小孩子有那么多玩耍的快乐。一天，他捡到了一本书，他要去上学，去了解书里的秘密。上学和阅读让他改变了很多，也影响了爸爸妈妈。爸爸妈妈给他做饭了，跟他一起玩了，还跟小魔怪的同学成了好朋友。

（二）活动设计

在活动设计环节，围绕绘本《小魔怪要上学》，提前准备了如下问题：（1）什么是上学？（2）去哪里上学？（3）只有在学校才叫上学吗？（4）上学要做哪些准备？（5）上学有什么用？（6）为什么要上学？（7）你喜欢上学吗？（8）不喜欢上学的话，可以不去上学吗？（9）只有人才上学吗？小魔怪需要上学吗？（10）如果不用上学（一天、一周、一个月、一年），你会去做什么呢？等等。在活动过程中，这些问题不一定能全部涉及，然而提前预设问题有助于减少活动过程中教师的焦虑和茫然，而且当幼儿偏离了讨论主题时，教师可以利用预设的问题将讨论引回主题，引向更深的层次。

（三）活动实施过程

由于幼儿进入探究状态需要一定的时间，因此在活动实施前，需要先观察幼儿的状态，如果状态较好，可以直接开始呈现刺激物；如果幼儿较为兴奋或注意力尚未集中，则需要加入“热身准备”，以稳定幼儿的情绪，帮助幼儿做好身心准备。热身准备可以是呼吸练习、身体律动或歌唱自编的儿童哲学之歌。在正式开始活动之前，还要加入对规则的强调。需要注意，引入规则是为了更好地促进探究，而不是为了掌控幼儿。在幼儿园阶段，受限于幼儿的年龄和发展水平，不宜设置太复杂的规则，因此笔者借鉴了艾瑞克·凯尼恩提出的三个规则：我们听，我们思考，我们回答。[1]

1. 呈现刺激物

本书在第七章提到好的绘本作为儿童哲学刺激物需要满足以下八个特征：①绘本的主题或内容要蕴含不确定性因素；②能让熟悉的事物变得陌生；③

---

[1] Kenyon，E.，Terorde-Doyle，D.，& Carnahan，S. Ethics for the Very Young：A Philosophy Curriculum for Early Childhood Education［M］. London：Rowman & Littlefield，2019.

绘本的内容和情节要有趣；④绘本中提出的问题很难通过查阅百科全书或求助专家获得解决；⑤激发读者的情感和想象；⑥绘本能质疑成人和儿童之间的权力关系；⑦模糊亲社会行为与反社会行为的界限，提供二元对立的概念，为读者提供沉浸其中的机会；⑧绘本中的情节或人物能激发批判性的思考。绘本《小魔怪去上学》能较好地满足以上特征，但是文本内容较长，笔者呈现刺激物用了 10 分钟。

2. 思考时间：通过绘画进行独立思考

在呈现绘本后，请幼儿利用绘画将自己想要提出的问题或困惑画下来。该环节可以进行 5—10 分钟，利用绘画可以协助幼儿将自己的抽象思考具体化，从而更有利于幼儿呈现和表达自己的问题。

3. 同伴分享：小组合作，互相分享

由于本次参与的幼儿共有 35 位，受限于时间，无法请每位幼儿依次全部发言，为保证每位幼儿都有发表自己观点的机会，笔者引入了“小组分享”这一形式，请 4—6 个幼儿一组，互相分享自己提出的问题。这个过程也可以请助教到各个小组记录下幼儿提出的问题，教师在这个环节的记录非常重要，因为幼儿可能会在后续的活动中受同伴或教师的影响而改变自己的观点，记录下孩子最初的提问有助于发现幼儿想法变化的过程。

4. 问题提出与分类：利用问题象限将幼儿提出的问题分类

依据澳大利亚学者卡姆的“问题分类”儿童哲学工具，可以将儿童提出的问题划分为四个类别：第一，阅读理解类问题，这类问题可以直接从绘本中获得；第二，想象类问题，这类问题书中往往没有直接提到，也没有标准的答案，需要读者依靠自己的想象来回答；第三，求助专家类问题，这类问题往往涉及科学事实，有一些标准或正确的解答，但书中没有提供答案，需要查阅资料或求助专家、教师；第四，探究类问题，这类问题有着不确定的答案，但是不能仅靠想象力来解读，而要依靠推理和思考来探究。在活动过程中，孩子们共提出了 16 个不同的问题，为阅读方便，本书依据卡姆的问题四象限，将这 16 个问题做了区分，其中阅读理解类问题有：（1）为什么小魔怪会读书了？（2）小魔怪为什么能认识字？（3）为什么小魔怪的爸爸妈妈没有上过学、没有学过字，还能照着书做好吃的呢?（4）为什么小魔怪要邀请其他小朋友来他们家里玩?（5）如果小魔怪邀请了其他小朋友来他们家，为什么小魔怪的爸爸妈妈就不会再吃他们了呢? 想象类问题有:（1）为什么小魔怪要偷偷躲在树丛后面看其他小朋友做游戏?（2）为什么小魔怪的爸爸对老师大喊大叫?（3）为什么小魔怪上学不穿鞋?（4）为什么小魔怪的爸爸妈妈吃人，但是小魔怪却不吃人?（5）为什么小魔怪要给爸爸妈妈讲故事?（6）为什么小魔怪的爸爸会陪小朋友们玩?（7）为什么小魔怪的爸爸妈妈看不懂书? 求助专家类问题有:（1）为什么小魔怪要背着书包上学?（2）为什么小魔怪的妈妈没有上过学，还能听懂小魔怪讲故事?（3）如果小魔怪邀请了地球上全部的小朋友，他们家会不会被挤破? 探索类问题有：为什么小魔怪要上学?

从幼儿提出的问题来看，其中最多的是文学想象类问题，其次是阅读理解类问题，求助专家和探索类问题较少。阅读理解类问题和求助专家类问题往往都有一个固定的答案，不适合做儿童哲学探究的主题；想象类问题虽然没有固定答案，但是对这类问题的回答往往依赖于个体的想象力，缺乏统一的标准，如果在儿童哲学活动中过多地关注此类问题，往往会制约探究走向更深入。李普曼提到儿童有三种对世界的解释，分别为科学解释、象征性解释和哲学解释。科学解释主要涉及阅读理解类问题和求助专家类问题；象征性解释主要涉及想象类问题；哲学解释与探究类问题最为相关，它能满足幼儿对形而上学、逻辑、价值、伦理和意义等的寻求，因此在这次儿童哲学活动中，笔者将讨论问题聚焦于“为什么要上学”这个探究类问题。

5. 讨论与观点建构：明晰自己的观点，并举例证明

围绕“为什么要上学”这个探究类问题，邀请幼儿依次发表自己的看法。在幼儿发表观点的过程中，有部分幼儿表达了不想上学的观点，因此笔者围绕“想上学还是不想上学”请幼儿先明确自己的立场，之后再阐述理由。具体见表 9-3。

表 9-3　大班幼儿关于想上学和不想上学的理由

想上学（幼儿园）的理由	不想上学（幼儿园）的理由
1. 能学到知识 2. 能交到好朋友 3. 在家很无聊 4. 科学实验很有意思 5. 家里的弟弟、妹妹或哥哥、姐姐很烦人 6. 幼儿园排练很有意思 7. 幼儿园的饭好吃 8. 每次我都考得很好，有一墙的奖状 9. 上学可以动脑筋，思考很多问题 10. 上学会让我自己改变 11. 改变人生 12. 我考了双百，妈妈会给我买玩具	1. 觉得自己是懒人，只想看电视 2. 上学把大家变得都一样，都在一个班上 3. 幼儿园总是排练，累死了，把膝盖都磨破了 4. 不想考试，因为爸爸妈妈告诉我小学要考试 5. 幼儿园的玩具都玩腻了 6. 不上学就可以吃喝玩一条龙 7. 可以在家一直睡懒觉 8. 不想在幼儿园睡午觉，但是必须让睡，不让说话 9. 有些活动太难了 10. 烧脑、记不住、失望、愤怒

6. 结束：制作概念图

在结束总结环节，邀请幼儿围绕“上学”，回顾本次活动讨论的内容，将提出的问题和理由总结为一个词。幼儿提出了如下关键词，见图 9-2。

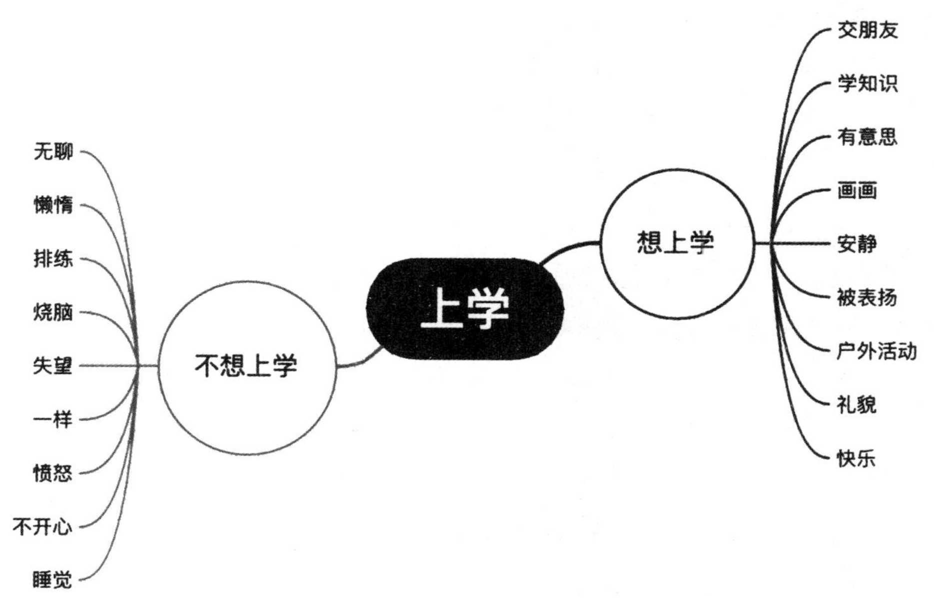

图 9-2　关于上学的概念图

7. 评估：反思探究过程中的状态及观点发展过程

在儿童哲学活动中，评估可以促进幼儿反思活动过程中自己的状态和观点，对提高幼儿的反省性思维、批判性思维和元认知能力都有很大的价值。如采用拇指法，如果你感到开心，就把拇指竖起来；如果你感觉一般，就把拇指放平；如果你感觉不开心，就把拇指朝下。

8. 活动延伸：将信念转化为行动

围绕上幼儿园和上小学，首先，可以请幼儿通过对话、绘画等方式描述、设计自己心中理想幼儿园的形象，进而将设计付诸行动，与教师一同改造自己的班级和幼儿园，以增强对上幼儿园的渴望。其次，可以请教师带领幼儿到小学参观，回来后再次分享自己对上学的观点，邀请父母和幼儿一起准备上学所需的文具，一同绘制上学的期望清单。同时，针对不想上学的孩子，制订个性化的辅导方案，引导其发现上学的乐趣。另外，那些想要上学的部分幼儿，所持有的动机建立在外在奖励上，这也需要家长和教师及时将幼儿的上学动机引向内在动机，如学习科学实验的乐趣、与人交往的快乐、对事物探索的兴趣等。

（四）活动反思

本次活动由于幼儿参与的人数较多，活动共进行了 90 分钟，值得一提的是，在这 90 分钟中，幼儿始终积极主动地参与活动，在最后征得幼儿同意的前提下，结束了探究活动。

本次活动在以下几个方面有待改进：第一，活动时间过长，有些环节可以简化、压缩，面临幼儿参与人数较多时可分两次活动进行，一次讨论刺激物，一次围绕选择的问题进行讨论；第二，在提出问题和分类问题环节占用了过多时间，后续活动可以将这两个环节结合，边分享边把问题分类；第三，教师适当减少提问，而把提问的权利交给幼儿，引导、鼓励他们提出问题；第四，教师对“上学”的概念未做明确区分，幼儿把幼儿园和小学都看作“上学”，因而出现了概念混淆的问题；第五，以后如果有可能，将班级人数减少到十几个，探究效果会更好。

在本次儿童哲学探究活动中，幼儿关于上学提出的观点和理由也暴露了当前幼教领域存在的一些问题。如部分想上学幼儿的理由建立在父母和教师提供的外在奖励上；有一位幼儿提到自己上学是为了“改变人生”，听到一位不到 6 岁的孩子说要为了改变人生而上学，不知应该是喜还是忧；而不想上学幼儿提出的理由更值得我们幼教工作者反思，如“总是排练，太累了”“幼儿园的玩具都玩腻了”，这促使幼儿园管理者减少为展演而机械重复的排练，提醒幼儿园教师要及时更新玩教具；还有部分幼儿提出不想上学是为了能一直睡觉，为了一直看电视，为了“吃喝玩一条龙”，这令我们反思，孩子是否一直缺乏睡眠和娱乐？还是不到 6 岁的孩子已经深陷享乐主义的深渊？最令人心痛的就是，有几位孩子用这样几个词来描述上学——“烧脑”“费脑”“失望”“愤怒”等，如果我们的教育在幼儿园大班阶段已经让幼儿产生了厌学，那未来该怎么办？还有一位幼儿提到不想上学是因为“上学把大家变得都一样。”幼儿能提出这样的理由，说明了其内心对独特性和自主性的渴望，也反映了集体教学与个性发展的冲突。另外，这位幼儿提出的“一样”也是一个非常好的哲学概念，教师可以组织幼儿围绕“一样”进行后续的探究。

如果一个孩子带着好奇心、想象力和创造力来到了学校，经过学校系统的教育，孩子还能保留着，甚至增强了这些品质，我们就可以说，这就是成功的教育。回到儿童哲学在幼儿园应用的初衷，将儿童哲学引入幼儿教育，就是为了保护甚至增强孩子的批判性思维、好奇心、创造力、关怀品质和合作能力。虽然在本次儿童哲学探究活动中，许多幼儿表达了自己不愿意上学的倾向，并说明了理由，但这个过程却体现了以幼儿为中心，充分尊重幼儿的主动性和积极性，而在探究团体中，幼儿也无所顾忌地表达了自己的真正声音，表现了对不同观点的倾听和尊重，这个过程蕴含着批判性思维、创造性思维、关怀性思维和合作性思维的培养。通过儿童哲学探究活动，呈现了幼儿当前一些亟待解决的问题，但是仅仅呈现出这些问题还不够，当幼儿厌学时，该如何解决？当幼儿为自己的厌学辩护时，作为教师和家长又该如何引导？这些都是一次儿童哲学探究活动解决不了的，后续更需要家长和教师的通力合作和系统干预。

第十章

幼儿园儿童哲学课程评价

一、儿童哲学课程评价

对儿童哲学的评价可以根据评价对象的不同进行细分，包括儿童哲学课程、儿童哲学课程项目、儿童哲学课程主题、儿童哲学教学活动、儿童哲学中的儿童以及儿童哲学中的教师等。这些评价对象之间存在一定的重合性。其中，儿童哲学课程评价是较广义的概念，涵盖了整个儿童哲学课程领域的评价活动，包括对教育目标、教学方法、教学资源、教学成果等方面的评价。因此，在本章中所选用的概念为儿童哲学课程评价。儿童哲学课程评价不仅包括对儿童哲学活动的目标、方法、内容和效果等方面的评价，还涉及对教师、教学资源、项目成本以及可行性等方面的评价。通过对儿童哲学课程评价的研究，可以全面了解儿童哲学课程的实施情况、效果和挑战，为进一步改进和发展儿童哲学课程提供有价值的参考。

二、儿童哲学课程评价现状

国际上自 1969 年李普曼开展第一项儿童哲学课程评价研究以来[1]，已积累了丰富的研究成果。经梳理发现，国际上对儿童哲学课程的评价主要从三个方面展开。首先，研究最为丰富的是儿童哲学课程对学生认知领域与非认知领域的影响。这方面的研究关注儿童哲学课程对儿童思维能力、逻辑推理、批判性思维、创造力和解决问题的能力等方面的影响。其次，对儿童哲学课程对教师的影响以及教师在实施儿童哲学课程时遇到的困难、对儿童哲学课程的态度和意见的研究相对较少。这方面的评价涉及教师在儿童哲学课程中

---

[1] Lipman，M.，& Bierman，J. Experimental Research in Philosophy for Children [C]. Lipman，Sharp and Oscanyan. In Philosophy in the Classroom. Temple University Press: Philadelphia，PA，USA，1980.

的角色、教学方法和资源的运用、教师的专业发展等方面。在评价学生个体影响时，研究多采用标准化测评工具和观察法，以评估学生在认知领域和非认知领域的变化。这些评价方法可帮助确定儿童哲学课程对学生思维、情感、社交和道德发展的影响程度。而对教师实施儿童哲学课程时遇到的困难、对课程的态度和意见多采用调查法和访谈法。通过与教师的沟通和反馈，研究者可以了解教师在实施儿童哲学课程时遇到的挑战，以及对课程的看法和建议。综上所述，对儿童哲学课程的评价研究主要集中在学生的认知领域和非认知领域影响、教师的角色和反馈以及教学实施的困难和建议等方面。不同的评价方法和研究手段被用于衡量和了解儿童哲学课程的效果和挑战。

当前，国内关于儿童哲学课程评价的研究尚处于探索阶段，国内仅有的两篇专门论述儿童哲学课程评价的文献，主要围绕儿童哲学课程评价的可能性、特点及工具进行介绍。如古秀蓉和冷璐提出：在儿童哲学课程评价的量化评价上，表现为多维度发展性评价和探究活动整体评价；在质性评价上，体现为反思的丰富性与教育自觉探索。[1]然而，该研究主要聚焦中小学儿童哲学课程评价，并没有围绕幼儿园阶段展开论述；同时，该研究仅译介了国外现有的部分儿童哲学课程评价工具，缺乏对这些评价工具的本土化改造及应用。其他相关研究多将评价作为儿童哲学课程实施中的一部分加以考量[2]，同样较少涉及评价工具的系统开发与系统的运用过程。白倩指出，这导致儿童哲学的推广建立在"相似心理吸引"，而非基于实证的理性认同。已有的相关评价也多采用非量化工具，如教师的反思日记、摘录学生的对话记录等，评价的随意性强，且存在过多推论的现象[3]，这不仅制约着教育决策者对儿童哲学课程的认可，也限制着国内儿童哲学课程研究与实践的进一步发展。

---

[1] 古秀蓉，冷璐．儿童哲学探究活动的教育评价研究［J］. 上海教育科研，2018，368（1）：28—32.

[2] 白倩，于伟．马修斯儿童哲学的要旨与用境——对儿童哲学"二具主义"的反思［J］. 全球教育展望，2017，46（12）：3—11.

[3] 白倩，于伟．马修斯儿童哲学的要旨与用境——对儿童哲学"二具主义"的反思［J］. 全球教育展望，2017，46（12）：3—11.

三、儿童哲学课程评价工具

对国内外相关研究梳理发现，国内外关于儿童哲学课程对儿童及教师发展影响的实证研究中，蕴含大量评价工具，依据评价工具的性质，可以将这些评价工具分为观察工具、调查工具和文档作品。其中，观察工具主要有课堂观察记录表、认知行为检核表、课堂对话评估单、哲学探究评估单、批判性思维矩阵、关怀性思维评估单等[1]；调查工具主要包括访谈、问卷调查和标准化测评等；文档作品主要包括教师的日志、儿童的案例或故事、儿童的思考日记或问题书、儿童的探究报告、儿童的大观念书、儿童对问题的讨论和回应、儿童的绘画作品等。

（一）观察工具

1. 儿童哲学课堂观察记录表

对儿童哲学课程活动的观察，主要是为了评价教师如何实施儿童哲学活动，观察者可由同事或儿童哲学研究者担任。笔者依据李普曼—夏普探究团体五步骤[2]，结合默里斯和海恩斯的探究团体九步骤[3]及英国 SAPERE 的探究团体十步骤[4]，构建了适合幼儿园的儿童哲学课堂观察记录表，如表 10-1 所示。

表 10-1 幼儿园儿童哲学课堂观察记录表

第一部分：基本信息	
教师	
姓名	
专业	
教龄	

[1] Topping, K. J., Trickey, S., & Cleghorn, P. A Teacher's Guide to Philosophy for Children [M]. New York: Routledge, 2019: 133—149.

[2] Oyler. Philosophy with Children: The Lipman-Sharp Approach to Philosophy for Children [C]. In: Peters M. (eds.) Encyclopedia of Educational Philosophy and Theory. Springer, Singapore. 2016: 1—7.

[3] Murris, K., & Haynes, J. Storywise: Thinking Through Stories: Issues [M]. Pembs: DialogueWorks, 2000.

[4] Sapere. Sapere Handbook to Accompany the Level 1 P4C Foundation Course [OL]. www.sapere.org.uk, 2019.

续表

儿童	
年龄段	
数量	
P4C 活动	
绘本名称	
主题	
日期	
持续时长	

第二部分：幼儿园教师实施儿童哲学活动观察记录表

观察维度		描述标准	描述性笔记	反思性笔记
1. 计划与准备		是否有任何证据表明这个 P4C 活动是有计划的 是否提前围绕刺激物发掘了一系列主题和问题		
2. 实施策略	（1）刺激物	教师是否介绍了刺激物？是以什么方式呈现的 教师是否组织了思考时间？如何组织的		
	（2）问题生成	教师是否引导儿童提出问题？是以何种方式引导儿童的 教师是否很好地组织儿童提出问题，如使两人或一组进行对话？是否对何时和如何发表问题给予明确的指导		
	（3）探究对话	（1）问题展示。在显眼的位置展示问题，对问题进行称赞、分析和比较 （2）问题的选择。对一个问题达成一致，作为探究的重点 （3）第一句话。让探究开始 （4）建立对话或中间词。在彼此想法的基础上，争取更好地理解所产生的概念或问题 （5）最后的话或结束。给儿童一个机会，让他们对已经讨论过的内容说最后的话		
	（4）反思	（1）为儿童提供一个评价过程的机会 （2）鼓励儿童反思如何在下一次活动中改进他们的思维、说话和行动 （3）鼓励儿童将 P4C 活动中的想法与他们生活或学习的其他方面联系起来 （4）检查是否有任何问题可以在班级或班级外进一步研究或思考		
	（5）延伸活动	教师是否组织延伸活动？如果有，是什么样的活动		

续表

观察维度	描述标准	描述性笔记	反思性笔记
3. 提问技巧	教师问的是低级问题还是高级问题？是封闭式问题还是开放式问题？是发人深省的问题还是简单的回忆式问题		
4. 建立连接或生成意义	能够简化和清晰地解释概念，并将概念或问题与儿童的生活和兴趣联系起来		
5. 学习环境	• 是否营造了创造性的氛围 • 是否营造了心理安全和心理自由 • 是否适应学习者关于环境的需求 • 是否营造一种相互支持关心的氛围		
6. 班级管理技巧	• 安排座位以容纳每个儿童 • 控制课堂上的破坏性行为 • 让儿童遵守课堂规则 • 安抚捣乱或吵闹的儿童 • 针对每组儿童建立班级管理制度 • 避免几个儿童扰乱整个课堂 • 有效地处理不服管教的儿童 • 采取足够的必要措施保持活动运行 • 让儿童清楚地了解教师对儿童行为的期望		
7. 意外情况	如外部的噪声、儿童需要上厕所、儿童发生争执等		

备注：描述性笔记强调对客观事实的记录，反思性笔记强调观察者自己的评价。在具体应用时，描述性笔记和反思性笔记也可以结合在一起。

2. 儿童认知行为检核表

国际儿童哲学促进中心（IAPC）于 1990 年专门设计了认知行为检核表（CBC），CBC 最初被设计的目的是评估教师对学生认知潜能态度的可能变化。[1] 林志明认为，CBC 描述的行为特征也是批判性思维的呈现，因此也可以将 CBC 用来测评儿童的批判性思维。[2] 教师依据 CBC 提供的 17 项行为标准，通过对儿童哲学活动的现场观察和视频分析，发现并记录出现的相应行为。总体来说，CBC 有较广泛的适用性，但是在应用该工具对低龄儿童进行

[1] Lipman，M. Thinking in Education [M]. New York：Cambridge University Press，2003：223.

[2] Lam，C. M. Childhood，Philosophy and Open Society：Implications for Education in Confucian Heritage Cultures [M]. Vol. 22，Springer Science & Business Media，2013：80.

评价时，一些项目的表述较为抽象，需要对表述方式进行调整或进一步解释，如表 10-2 所示。

表 10-2　儿童认知行为检核表

观察维度	描述标准	描述性笔记与反思性笔记
探究行为	提出相关问题 避免笼统概括 用证据支持观点 提出解释性假设 认识到上下文的差异 随时建立在他人的想法之上	
思想开放行为	接受合理的批评 愿意听取另一方的观点 尊重他人及他人的权利	
推理行为	提供适当的类比 寻求澄清定义不明确的概念 做出相关的区分和联系 以令人信服的理由支持观点 提供示例和反例 尝试揭示潜在的假设 得出适当的推论 做出平衡的评价性判断	

3. 课堂对话评估单

托平、特里基和克莱格霍恩为识别出良好的对话及进展，设计了课堂对话评估单，该评估单分为儿童方面和教师方面。其中儿童方面包括五个类目，分别为：出现提问行为，出现为自己的观点提供理由的行为，出现同意或不同意某人的观点并提供理由的行为，出现反思和评价的行为，出现一名儿童称呼另一名儿童的行为。教师方面包括两个类目：出现教师要求用一个词或事实性回答的行为，出现教师问开放性问题及追问行为。[1] 在具体实施时，当课堂对话中出现了相关行为，观察者就标记下来，最后计算不同行为出现的总数。需要注意的是，运用时尽量由熟悉儿童哲学活动的其他人（同事、研究者等）开展，如表 10-3 所示。

[1] Topping，K. J.，Trickey，S.，& Cleghorn，P. A Teacher's Guidetc Philosophy for Children [M]. New York：Routledge，2019：137.

表 10-3 儿童哲学课堂对话评估单

观察对象	描述标准	描述性笔记与反思性笔记
儿童	出现提问行为 出现为自己的观点提供理由的行为 出现同意或不同意某人的观点并提供理由的行为 出现反思和评价的行为 出现一名儿童称呼另一名儿童的行为	
教师	出现教师要求用一个词或事实性回答的行为 出现教师问开放性问题及追问行为	

4. 哲学探究评估单

罗杰·萨克利夫与克莱格霍恩所开发的哲学探究评估单（Assessing Philosophical Inquiry，API）主要是针对儿童哲学活动进行群体评价，该评价表可以由教师自己反思时使用，也可用于观察同事的儿童哲学活动。[1] 哲学探究评估单包含两个维度，分别是社会情感技能和共同思考，每个维度各包含十个问题，每个问题从 0 到 3 进行赋分，0 表示几乎没有，1 表示偶尔出现，2 表示较多出现，3 表示一直出现，如表 10-4 所示。

表 10-4 哲学探究评估单

观察维度	描述标准	赋分			
		0	1	2	3
社会情感技能	儿童被问问题时有回应吗				
	儿童是否将注意力集中在发言者身上				
	儿童是否避免打断发言者				
	小组成员是否鼓励彼此发言				
	儿童对上一位演讲者有回应吗				
	儿童的发言是否简明扼要				
	儿童能回忆起别人的想法并说出同伴的名字吗				
	儿童是否试图以他人的想法为基础				
	儿童是否听取了与自己不同的观点				
	儿童是否愿意改变他们的想法				

[1] Topping，K. J.，Trickey，S.，& Cleghorn，P. A Teacher's Guide to Philosophy for Children.［M］. New York：Routledge，2019：138.

续表

观察维度	描述标准	赋　分			
		0	1	2	3
共同思考	儿童是否提出了开放和有吸引力的问题				
	有儿童要求澄清吗				
	儿童是否质疑假设				
	有儿童要求举例或提供证据吗				
	儿童是否询问原因或标准				
	有儿童举正例或反例吗				
	有儿童给出理由或辩护吗				
	儿童是否提出或探索了不同的观点				
	儿童做了比较还是类比				
	儿童做了区分吗				

5. 批判性思维矩阵

托平、特里基和克莱格霍恩设计了一个批判性思维矩阵，并详细介绍了批判性思维不同维度的不熟悉、合格及熟悉的行为标准，详见表 10-5。[1] 这个工具可以对批判性思维以及何种行为构成良好的批判性思维进行详细了解。它可以以多种方式使用。第一种用途是对一个探究团体或班级的批判性思维质量进行广泛评估。当教师在应用该观察工具时，要熟悉批判性思维各个类目的描述，在倾听和观察儿童哲学活动时，找到这些标准呈现的依据。第二种更复杂的用途可以提供更准确的思维质量图景，并与形成性评估相关联。首先，教师可以复制空白矩阵。然后，当听到符合该矩阵中某个标准的例子时，在相应的方框中打上一个记号。最后在课程结束时，通过给予每个出现在第三列“熟悉”部分的行为记 5 分，第二列“合格”部分的行为记 3 分，第一列“不熟悉”部分的行为记 1 分，然后得出总分。进而可以同团体讨论得分主要分布在哪个部分，并就具体标准的意义展开讨论。另外，也可以详细解释和讨论矩阵，让儿童了解何为良好的批判性思维。同时，请儿童举例

[1] Topping, K. J., Trickey, S., & Cleghorn, P. A Teacher’s Guide to Philosophy for Children.[M]. New York: Routledge, 2019: 141.

说明。通过这种方式，儿童将在下一次对话中努力改进，进而有意识地运用更好的思维方式。

表 10-5 批判性思维矩阵

	不熟悉	合格	熟悉
思路清晰	没有澄清问题 争论不清楚 混乱的想法 没有定义观点或论据	寻求澄清 表达时尽量清楚 有时能遵循某条线索进行论证	问一些澄清问题 清晰地表达想法 遵循线索进行论证 清晰地定义事物 大声地澄清意思
连贯性	没有连贯的想法 有不同的想法 判断的依据是突发奇想，而不是基于信息 不能总结小组的对话	能将两三个观点或信息片段进行整合 开始能够对小组对话进行总结	将一系列观点整合在一起统一起来 决定建立在对一系列信息的整合上 能很好地进行总结 能系统地展示论证的结构
精确性	没有上下文意识 无法识别不相关性 证据和论证是不清晰和不确切的	努力去定义 意识到不相关，并且有意识地忽略它 努力做到精确	给出适合上下文的定义 可以识别并忽视不相关内容 尽量给出准确的信息和说明
公平	偏见 习惯性观点 对别人的观点不感兴趣 忽视或没有意识到别人的感受 没有意识到更广泛的问题	意识到思想开放的概念 试着心胸开阔地审视问题 试着考虑别人的观点和感受	思想开放 审视所有的问题 对不同的观点持开放态度 考虑别人的观点 呈现出高情商（考虑别人的感受和理解）
独创性	没有表现出独创性 不愿尝试新想法或新方法 不寻求替代解决方案	有时会有意地寻找替代方案 有时表现出独到的想法 开始接受新的想法或解决方案	寻求替代的解决方案或结论 提供原创的想法和论点 愿意尝试新方法
策略	没有显示出组织策略 没有表现出解决问题的策略 无法开始规划组织	展示一些组织策略 开始利用数据绘制序列 解决问题的策略经过讨论和测试	使用各种策略来组织信息 遵循解决问题的步骤 分析信息时呈现出逻辑模式 能进行抽象的工作
批判性质疑（态度）	接受第一个答案和解释 接受假设 眼光狭隘 不探究深度	意识到重要的原因和证据 开始质疑意见和假设 展现出更多有意识的可替代观点	寻求证据 探索解释 质疑假设 寻求不同的观点 展现进一步探究的渴望

6. 关怀性思维评估单

对关怀性思维的评估主要依据李普曼对关怀性思维界定的五方面展开，包括赏识性、情感性、主动性、规范性、同感性。[1] 其中，赏识性包括表扬（prizing）、评价（valuing）、庆祝（celebrating）、珍视（cherishing）、倾慕（admiring）、尊重（respecting）、保存（preserving）、赞扬（praising）等。情感性包括喜欢（liking）、喜爱（loving）、培养（fostering）、尊敬（honoring）、协调（reconciling）、友好（friendly）、鼓励（encouraging）等。主动性包括组织（organizing）、参与（participating）、管理（managing）、执行（executing）、构建（building）、贡献（contributing）、展现（perfoming）、保存（saving）等。规范性包括要求（requiring）、义务（obliging）、强迫（compelling）、适当（appropriate）、实施（enforcing）、诉求（demanding）和期待（expectant）等。同感性（移情）包括考虑（considerate）、同情（compassionate）、监护（curatorial）、抚育（nurturant）、怜悯（sympathetic）、热心（solictous）、警觉（mindful）、认真（serious）和想象（imaginative）等。如表 10-6 所示。

表 10-6　关怀性思维评估单

观察维度	描述标准	描述性笔记和反思性笔记
赏识性	重视自然、艺术或物品的价值和美感，而不仅仅是其实用功能。重视并欣赏同伴身上抽象的事实，如态度、行为或个人特征等。同时，幼儿表现出对他人的接纳和对他人价值的认可	
情感性	儿童对什么是正确的、什么是错误的有清晰的认识或强烈的正义感，反对犯错	
主动性	基于某种动机，儿童对所重视或关心的事物或人，热情地采取某种行动的状态	
规范性	避免以自我为中心的思考，如认真倾听，思考别人说的话，轮流发言，不要打断别人说话	
同感性（移情）	能意识到他人的感受、思考或行动，就像自己经历了其他人所经历的事件、情况或挑战一样	

[1] Lipman, M. Thinking in Education [M]. New York: Cambridge University Press, 2003: 264.

综上所述，对儿童、教师及团体探究活动进行观察评价的工具共包括六种：课堂观察记录表、认知行为检核表、课堂对话评估单、哲学探究评估单、批判性思维矩阵及关怀性思维评估单。对这些观察工具的应用，既可以由研究者或儿童哲学教师对其他教师开展的儿童哲学活动进行评价，也可以用来对自己组织的儿童哲学活动进行回顾性评价。不管是对他人，还是对自己组织的儿童哲学活动进行评价，录制视频都是一种有力的支持手段。[1]通过对视频的转录和反复观看，可以弥补现场观察的不足。托平、特里基和克莱格霍恩提出，在使用视频进行观察时，共有六种方式，包括：追踪所有孩子的全部讨论；追踪一个认知活动或话语特征；追踪一个学生或一个小组的讨论过程；追踪所有参与者的发言（区分性别）；分析学生和教师之间对话的比率和长度；专注于特定的情节，如一个好的或糟糕的片段。

（二）调查工具

调查工具主要用于了解被调查对象的意见、看法、态度、行为等信息。访谈、问卷调查和标准化测评工具都是调查工具的具体形式。访谈是通过直接与被调查者交流的方式获取信息，在访谈中，研究者可以根据需要提出问题，并与被调查者进行深入的对话和探讨。访谈通常用于获取详细、质性的数据，有助于揭示被调查者的观点、经历和态度。问卷调查则是通过提供结构化问卷让被调查者以选择或填写答案的方式来收集信息。问卷调查通常用于收集大量、定量的数据，可进行统计和分析，用于了解被调查者的看法、态度、行为等方面的信息。标准化测评工具是用于客观评估特定领域、特定目标或特定能力的工具，经过严格的设计和标准化过程，以确保评估结果的准确性和可靠性。

1. 对教师的访谈与调查工具

对教师的调查主要集中在三个方面：一是了解教师是如何实施儿童哲学的，如遇到的困难与对策；二是通过教师的视角来探索儿童哲学课程对儿童产生了哪些影响；三是了解教师实施儿童哲学后对自身产生的影响和改变。

---

［1］ Fisher，R. Teaching Thinking：Philosophical Enquiry in the Classroom［M］. Fourth Edition. London：Bloomsbury Academic，2013：241.

调查的方式通常采用问卷、访谈和自评报告的形式。其中，访谈提纲也可以作为教师进行自评时参考的反思框架。

首先，由 SAPERE 开发的儿童哲学促进者访谈提纲 / 反思表是近年来较为实用的调查工具。该工具共包含三部分：组织与引导探究、实施探究、组织评估，如表 10-7 所示。

表 10-7　儿童哲学促进者访谈提纲 / 反思表

组织与引导探究
• 是否为课程选择一天 / 一周中的最佳时间 • 是否选择了一个好的热身开始课程 • 是否将探究连接到上一次活动（或者是否明确它与即将到来的活动的联系） • 是否选择了一个好的刺激物进行探究（或者是否帮助参与者做出正确的选择） • 是否为可能产生的一系列重大想法做好准备 • 是否提供充足的时间思考 • 是否组织好提问，例如通过两人 / 小组进行对话，以及就何时和如何发布问题提供明确指导 • 是否所有问题都能被表达和欣赏 • 是否组织好问题选择，使每个人都对问题选择过程感到满意
实施探究
• 是否帮助幼儿从一开始就关注所选问题 • 是否鼓励不同的、有创意的观点 • 是否鼓励幼儿在彼此想法的基础上进行合作 • 是否确保所有人都参与探究并对探究感兴趣 • 是否鼓励幼儿更仔细地倾听他人的意见 • 是否确保幼儿在表达自己的想法时，顾及彼此的感受 • 是否鼓励幼儿对彼此的想法产生质疑，鼓励幼儿要求他们的同伴为自己的观点提供证据或理由 • 是否确保探究过程有助于加深对所选问题的理解 • 是否确保探究过程中产生的问题得到部分解决，或要保存下来供以后探究 • 是否鼓励在探究过程中使用思考词汇或短语，如“同意 / 不同意 '“但是”“如此”“假如”等 • 是否在探究期间或结束时帮助幼儿认识和反思关键概念，例如制作概念图 • 是否实现积极正向的引领
组织评估
• 是否为幼儿提供一个好的机会对流程进行评估 • 是否鼓励他们思考如何在下一次探究中改进他们的思维、说话和行动 • 是否鼓励他们将探究中的想法与生活或学习联系起来 • 是否检查有没有任何问题需要进一步研究或反思，无论是在课堂上还是课堂外

其次，近年来，洛德（Lord）及迪里（Dirie）等学者提出，对参加儿童哲学项目教师的调查问卷可以从两方面来调查教师感知到的影响。具体来说，第一部分为调查教师是否同意儿童哲学活动对儿童产生了积极的影响；第二部分为调查教师实施儿童哲学活动后是否产生了积极影响。[1] 每个问题从同意到不同意可分为五个等级，即非常同意、同意、中立、不同意、非常不同意，如表 10-8 所示。

表 10-8　教师感知到的儿童哲学活动对儿童和自身影响的调查表

教师认为儿童哲学活动是否对儿童产生积极影响	提问和推理的能力 清晰表达观点的能力 倾听技能 尊重其他同伴的观点 自尊 复原力 自信 与教师的关系 与同伴的合作关系 行为（如有能力解决冲突）
教师认为儿童哲学活动是否对自身产生积极影响	精准地发展全部学生的能力 为弱能力儿童提供额外支持的能力 为高能力儿童提供额外支持的能力 与学生的关系 有信心尝试新的教学方法 全能的课堂实践 专业发展 作为教师的自尊 作为一名教师的整体效率

另外，查迪·尤瑟夫（Chadi Youssef）在其博士论文中列举了实施儿童哲学探究团体的调查表（Philosophical COI Fidelity Checklists，PCFC），该调查表共包含九个部分，分别为准备阶段、刺激物呈现阶段、问题生成阶段、主题与连接阶段、讨论阶段、结束阶段、促进探究、探究过程中不当行为、探究团体的流程。该调查表的优点在于详细地列举了儿童哲学活动每

[1] Lord，P.，Dirie，A.，Kettlewell，K.，& Styles，B. Evaluation of Philosophy for Children: An Effectiveness Trial [M]. EEF: London，UK，2021.

个步骤教师和学生应有的表现，但也存在部分不足：首先，这个调查表最初是为六年级的小学生设计的，部分问题不适用于幼儿园阶段；其次，部分内容存在重复情况，如第六部分、第七部分及第九部分；最后，该检核表是通过调查教师来对儿童哲学活动进行整体评价，仅用“是”或“不是”来判断，无法评估某些行为出现的次数或表现程度。因此，在幼儿园使用时，不必完全按照该调查表的所有步骤，仅作为参考即可。因第九部分与之前重复，本章将第九部分删除，第一部分至第八部分如表 10-9 至表 10-16 所示。[1]

表 10-9　准备阶段调查表

需要遵循的步骤	是或不是
1. 在哲学探究团体开始之前，是否与班级一起制定了一套规则（例如：互相倾听；思考对方的想法；在对方的想法基础上发展自己的想法；每个人的想法都受到重视等）	
2. 规则是否一直呈现出来	
3. 在准备过程中，儿童是否参与探索不同类型问题的活动（例如开放性问题与封闭性问题）	
4. 教师是否预先确定了他或她希望与班级一起发展的主题和概念	
5. 教师是否注意到已有材料，以便找到一个包含预设主题或概念的故事或书	
6. 教师是否预设了他或她希望儿童获得的探究和推理技能的类型	
7. 教师是否考虑到活动的可能方向	
8. 教师是否准备了讨论计划	
9. 教师是否设计了有深度的真实性问题	
10. 教师是否准备了一个可以发展概念的活动	

[1] Youssef, C. A Multilevel Investigation into the Effects of the Philosophical Community of Inquiry on 6th Grade Students' Reading Comprehension, Interest in Maths, Self-esteem, Pro-social Behaviours and Emotional Well-being [D]. Doctoral Dissertation, Queensland University of Technology, 2014.

表 10-10　刺激物呈现阶段调查表

需要遵循的步骤	是或不是
1. 儿童是否围成一圈，以便他们能够看到彼此（在椅子上或地板上，课桌不应成为圈内的一部分）	
2. 教师也在圈内就座吗	
3. 有教师和儿童朗读故事吗	
4. 在分享故事时儿童在认真听吗	
5. 儿童是否被告知要思考故事中有趣或令人困惑的地方？或者什么让他们感到好奇，什么可能是有趣的	

表 10-11　问题生成阶段调查表

需要遵循的步骤	是或不是
1. 儿童是否提出了“关于生活的大问题”，而不仅仅是基于文本的陈述	
2. 教师是否将问题呈现在黑板或大纸上	
3. 教师是否将提出问题的儿童的名字写在问题旁边	
4. 所有的问题是否以一种便于连接的方式进行排序	
5. 教师是否确定没有讨论过这个问题	
6. 教师从探究团体中提取了大约十个问题吗	

表 10-12　主题与连接阶段调查表

需要遵循的步骤	是或不是
1. 教师是否制作了一个问题清单	
2. 教师是否大声朗读了这些问题，并要求儿童倾听，看看是否有问题在问同一件事	
3. 儿童是否能辨别问题并将问题分组	
4. 教师是否确保了这些联系是重要的，而不是表面的	
5. 教师在问题分组中是否采纳了儿童的建议，以便寻求一致意见或探讨不同意见	
6. 当问题被分组后，教师是否要求儿童说出每组问题所探究的主题（当问题之间有联系时，教师应要求儿童找到一个词或短语来描述之间的联系，然后用这个词或短语来标记这组问题。探究的要点正是对这些主题的识别和应用）	

表 10-13 讨论阶段调查表

需要遵循的步骤	是或不是
1. 讨论是否组织有序	
2. 讨论是否严谨深入	
3. 讨论是否有目的且切题	
4. 讨论是否以对真理和意义（哲学概念）的探索或澄清为主导	
5. 讨论是否表现出对思维过程和结构的关注	
6. 儿童的问题和想法是否在探究团体内通过倾听、回应和建立想法而得到发展	
7. 儿童是否积极地倾听和思考	
8. 儿童是否给出理由或寻找理由	
9. 儿童是否向他人寻求对主题的澄清（如：你说的……是什么意思？你是说……吗？你是如何使用……这个词的？你能给我一个……的例子吗？有人有问题要问……吗？你是说……吗？你说的……是指……吗）	
10. 儿童是否使用了正例或反例	
11. 儿童是否使用了探究假设的问题（如：她假设了什么？你认为这个假设有道理吗？为什么有人会做出这种假设？这个问题中是否有隐藏的假设）	
12. 儿童是否使用了探究原因和证据的问题（如：你能举个例子 / 反例来说明你的观点吗？你这样说的理由是什么？你同意她的理由吗？但这些证据足够好吗？你是根据什么标准来判断的？你认为那个来源权威吗）	
13. 儿童是否提出关于不同视角的问题（例如：另一种说法是什么？在这个问题上是否有其他的观点？是否存在你的观点可能不正确的情况？他们的想法有什么相同 / 不同之处？假设有人不同意你的观点，你认为他们会怎么说？如果有人建议：……你能试着从他们的观点来看待这个问题吗）	
14. 儿童是否使用了探究影响和后果的问题（例如：你说的话会带来什么后果？如果我们说这是不道德的，那又该如何呢？这样的行为可能会有什么后果？你准备接受这些后果吗？你认为在这种情况下，你是否会妄下结论呢）	
15. 儿童是否使用关于问题的提问（例如：你认为这是一个合适的问题吗？这个问题的相关性如何？这个问题假设了什么？你能想到另一个能凸显该问题不同层面的问题吗？这个问题对我们有什么帮助？我们是否更接近于解决这个问题或回答这个问题）	
16. 儿童是否尊敬地表达对别人观点的同意或不同意	
17. 儿童是否一起工作以理解概念	
18. 儿童是否思考和讨论了思考的过程（元认知）	

续表

需要遵循的步骤	是或不是
19. 公开的真实性问题和过程性问题是否主导了讨论（如本表第 10 题至第 15 题）	
20. 在整个讨论过程中，必要时儿童是否被督促着澄清他们的观点和想法	
21. 教师是否扮演了促进者的角色，鼓励儿童与儿童之间进行对话	
22. 教师是否在指导和管理讨论，而不是支配讨论	
23. 教师是否允许儿童发展他们自己的想法	
24. 教师是否与儿童一起分享困惑	
25. 教师是否愿意接受儿童出乎意料的回答	
26. 教师是否乐于观察儿童之间的互动	
27. 教师是否摒弃了作为讲师和答疑者的教师角色	
28. 如果儿童对某个主题感到困惑，教师是否会发起一个概念探究活动	

表 10-14　结束阶段调查表

需要遵循的步骤	是或不是
1. 是否对过程 / 程序进行了总结或反思（例如：我们今天倾听得好不好？我们是否以彼此的想法为基础）	
2. 是否对实质性的对话（主题）进行了总结或反思（例如：我们今天有什么新发现吗？我们是否接近于回答问题）	
3. 在话题的讨论中，儿童是否有机会进行小组反思或个人反思	
4. 教师是否对儿童的探究过程进行反馈	
5. 儿童是否有继续探究下去的兴趣或需要，以便教师计划下次的活动	

表 10-15　促进探究调查表

需要遵循的步骤	是或不是
1. 教师是否投入探究过程并感到兴奋	
2. 教师是否尊重并认真对待所有的观点或贡献	
3. 教师是否对贡献的内容进行验证	
4. 教师是否成功地鼓励了儿童之间的互动	
5. 在探究过程中，儿童是否将老师看作共同探究者	
6. 儿童是否内化了探究团体合作的惯例	

续表

需要遵循的步骤	是或不是
7. 儿童能否控制探究的内容	
8. 儿童是否拥有探究内容的所有权	
9. 教师是否通过适当的程序性问题，鼓励儿童使用探究工具（例如，询问原因、澄清、区别、联系、标准、概括、例子、反例）	
10. 教师是否鼓励进行严密的探究，而不是单纯的谈话	
11. 教师的问题是否恰当，没有问得太多或太少	
12. 教师是否鼓励儿童质疑或检验彼此的观点	
13. 教师是否提出了探究类的问题，以鼓励更深入的思考或开启新的探究途径	
14. 教师是否鼓励儿童考虑各种各样的观点，包括他们还不太熟悉和适应的观点	
15. 教师是否使用练习或讨论计划来深化或减慢讨论	
16. 教师是否实现了开放式探究和小组或练习工作的正确组合	
17. 儿童对他们的探究结果满意吗	
18. 教师是否鼓励对儿童的合作和探究技能进行反思	
19. 教师是否会介绍一些材料来激发儿童对各种哲学主题的讨论	
20. 教师是否要求儿童对自己的引导进行反馈	

表 10-16　探究过程中不当行为调查表

需要遵循的步骤	是或不是
1. 教师是否强迫儿童遵循“主导思想”的顺序，而不是跟随儿童的兴趣	
2. 教师是否对每个哲学概念进行说教，而不是让儿童在自己的对话中产生对概念的理解	
3. 教师是否允许儿童对相对不重要的问题进行冗长的讨论，而忽略了刺激物引发的更实质性的主题	
4. 教师是否通过练习来强化哲学概念	
5. 教师是否鼓励儿童在彼此想法的基础上建构观点	
6. 教师是否让儿童看到他们所说的话的含义	
7. 教师是否让儿童意识到他们的假设	
8. 教师是否让儿童为自己的观点提供理由	
9. 教师是否坚持所有的意见都给他 / 她（如面向教师说话）	

续表

需要遵循的步骤	是或不是
10. 教师是否劝阻儿童之间互相交谈	
11. 教师是否没有倾听儿童的发言，甚至鼓励儿童不要互相倾听	
12. 教师是否没有展示儿童说的话会让自己有所思考	
13. 教师是否认为他 / 她必须主导探究对话	
14. 教师是否坚持让儿童在没找到答案之前一直讨论某个问题	
15. 教师是否坚持自己的观点，而不鼓励儿童独立思考	
16. 教师是否独占了探究对话，一直说个不停	
17. 教师是否对想要寻找刺激物 / 话题 / 概念中潜在意义的儿童变得不耐烦	
18. 教师是否操控了对话，使自己的观点看起来最合理	
19. 教师是否把课堂变成了集体治疗	
20. 教师是否鼓励儿童认为可以通过投票解决哲学问题	
21. 教师是否强调了情感方面而忽略了认知方面	
22. 教师是否强调了认知方面而忽略了情感方面	

2. 对儿童的调查工具

卡林·默里斯和乔安娜·海恩斯在 2000 年出版的儿童哲学教师指导手册中，呈现了一个针对儿童的调查表，该调查表包含三个维度：说与听，团体构建，提问与回应。每个问题从 0 到 3 进行赋分，0 表示没有出现，1 表示只出现了一次，2 表示出现了多次，3 表示经常出现。[1]

表 10-17 探究团体儿童参与度调查表

	说与听	赋分			
		0	1	2	3
1	说话时我们是否直接面向他人				
2	我们是否尝试着回答问题				
3	我们有参考彼此的想法吗				
4	我们清楚简洁地解释了我们的想法吗				
5	每个想发言的人都有机会吗				

[1] Murris, K., & Haynes, J. Storywise: Thinking Through Stories: Issues [M]. Pembs: DialogueWorks, 2000: 58.

续表

	说与听	赋　分			
		0	1	2	3
6	我们是认真的听众吗				
7	我们是有回应的听众吗				
8	我们表现出尊重了吗（如不打断）				
	团体构建				
9	我们一起创造想法了吗				
10	我们彼此相互支持了吗（如鼓励别人）				
11	我们彼此相互包容了吗				
12	我们是轮流的吗				
	提问与回应				
13	我们问了开放性问题吗				
14	我们进一步探究了吗				
15	我们有给出理由或寻求证据吗				
16	我们给出示例或反例了吗				
17	我们是否探究了其他选择				
18	我们要求澄清了吗				
19	我们做了有用的区分和比较吗				
20	我们的论证有效吗				
21	我们是否对自己的想法持批判性态度				
22	我们是否改变了我们的想法				

备注："说与听"下面的问题，主要考察探究团体目前是如何合作的。在右侧的连续线上指出分数，并与以前或未来的活动进行比较。

另外，默里斯和海恩斯提出儿童也可以用 Bolb 树进行自我评价。[1] Bolb 树是英国学校中情绪管理课常用的工具，是一套非语言的图像。Bolb 是树上的小人，通过将儿童哲学活动描述为一棵树，幼儿可以用它们来表达活动后自己当下的感觉或情绪（指出能代表自己感受的那个小人），如开心、伤心、孤独、愤怒、悠闲等，如图 10-17 所示。

[1] Murris, K., & Haynes, J. Storywise: Thinking Through Stories: Issues [M]. Pembs: DialogueWorks, 2000: 66.

图 10-1　Bolb 树

罗杰·萨克利夫围绕儿童哲学的四个目标——合作性思维、关怀性思维、创造性思维和批判性思维——开发了针对儿童的调查表。其中，罗杰·萨克利夫将合作性思维和关怀性思维称为探究团体的精神或气氛，而将创造性思维和批判性思维称为共同探究的实践。[1] 该调查表共有 20 个题目，如表 10-18 所示。

表 10-18　儿童 4C 调查表

A. 探究团体的精神或氛围				
等级：0= 几乎没有，1= 偶尔出现，2= 较多出现，3= 一直出现				
合作性思维				
（说话与回应—沟通与调解）				
1	参与的	在小组任务或活动中扮演自己的角色		
2	鼓励的	发言时互相鼓励，如微笑、轮流等		
3	回应的	互相提及对方的名字或观点		
4	友好的	即使不同意，也以友好的方式回应		
5	同意的	试着相互理解，尽可能达成一致		

[1] Roger Sutcliffe，31st March 2009，Evaluate Against Dispositions. p4c.com. 2023.6.11st June 2023. https://p4c.com/evaluation-form-for-community-of-inquiry.

续表

关怀性思维				
（倾听与重视—专注与欣赏）				
6	专注与反思	专注于故事或刺激物，并进行反思		
7	尊重	尊重每位发言者，如用眼神交流、不打断等		
8	诚实 / 勇敢	诚实勇敢地谈论自己的经历或观点		
9	宽宏大量 / 无偏见	对与自己不一样的经验或信念也展现出兴趣		
10	开放 / 适应性强	准备好改变自己的观点或行为		
B. 共同探究的实践				
创造性思维				
（联系与建议—相关与猜测）				
11	相关的（集中的）	围绕问题或探究的主线保持简短的发言		
12	有条理的（连接的）	清楚自己的想法与其他人的想法是如何连接的		
13	务实的（有根据的）	提供一些与生活相关的例子		
14	独立的（原创的）	提供其他的思考方式		
15	实用的（有目标的）	提供可以得出的结论或经验		
批判性思维				
（提问与回应—质询与评估）				
16	哲学性（寻求智慧）	提出包含“大（观点）”的问题		
17	精确的	问一些具体的问题寻求解释或澄清		
18	怀疑的	检查所说的是否真实，如质疑证据或假设		
19	有辨别力的	注意到差异和区别，或者提供反例		
20	合理的 / 明智的	针对结论和判断，给出质疑的理由或准则		

3. 儿童标准化测评工具

如果没有标准化（指基于全国数百名儿童平均水平的标准）的测评工具，很难证明儿童哲学课程的干预导致了儿童发展的变化。由于儿童哲学课程最初的目标集中在批判性思维、创造性思维等认知领域以及关怀性思维和合作性思维等社会情感领域，对儿童哲学课程的标准化测评也主要关注这些认知领域和非认知领域的目标。在儿童哲学课程诞生初期，评估这些目标时就开始积极引入其他教育领域的单项测评工具，以检验儿童哲学课程的影响。

近年来，标准化测评工具在儿童哲学课程中的应用主要集中在儿童的认知领域，对非认知领域的关注较少。在认知领域，常用的测评工具包括明尼苏达创造性思维测试、新泽西推理能力测试、幼儿语言推理测试、康纳尔批判性思维测试以及认知能力测试。非认知领域的测评工具包括学习者自我评估量表。

（1）创造性思维测试

托兰斯基于吉尔福特的发散性思维测试，创建了明尼苏达创造性思维测试（TTCT）。托兰斯（1962）将明尼苏达创造性思维测试的不同子测试分为三类：使用语言刺激的语言任务、使用非语言刺激的语言任务和非语言任务。创造性思维测验将创造性思维描述为四个方面：流畅性、灵活性、精进性和原创性，这与李普曼对创造性思维的表述相一致。具体来看，该测试分为言语和图形两个方面，言语测试共包含 6 个项目：项目 1 至项目 3 为提问与猜想，要求被试者在看到测试图片后发现问题并提出能够弥补漏洞的问题，进而构建图片事件的因果假设；项目 4 为产品改进，要求被试者将某件物品（如玩具）变得更加有趣、吸引人；项目 5 为不寻常用途，要求被试者发掘某件寻常物件的其他用途；项目 6 为通过给予被试者不可能事件来假设猜想。图形测试主要包括：图形构建，在已有图形的基础上完成构建；图形补画，将不完整的 10 个图形补充完整；封闭图形再创造，在圆圈或线条等封闭图形的基础上完成绘画。1981 年，托兰斯等学者开发了适合 3—8 岁幼儿的“行为与动作中的创造性思维”（Thinking Creatively in Action and Movement，TCAM）。TCAM 强调通过动作和行动来测评幼儿的创造性思维。[1]美国学者沃伊切霍夫斯基和厄恩斯特（2018）采用该工具进行了准实验研究，选择了明尼苏达州四所幼儿园的 86 名 3—6 岁幼儿，在进行了一年的儿童哲学活动后，发现幼儿在思维的流畅性、原创性和想象力方面有较大的改善。[2]

［1］ Torrance，E. P. Administration，Scoring，and Norms Manual：Thinking Creatively in Action and Movement［M］. Bensenville，IL：Scholastic Testing Service，Inc，1981a.

［2］ Wojciehowski，M.，& Ernst，J. Creative by Nature：Investigating the Impact of Nature Preschools on Young Children's Creative Thinking［J］. International Journal of Early Childhood Environmental Education，2018，6（1）：3—20.

（2）新泽西推理能力测试

由于儿童哲学课程活动并没有测评批判性思维的统一工具，而推理能力是批判性思维的重要体现，因此许多儿童哲学研究者从推理能力来测评批判性思维。如新泽西推理能力测试（NJTRS）在儿童哲学实验研究中应用最早，也最为广泛。新泽西推理能力测试是由弗吉尼娅·希普曼（Virginia Shipman）创建的，她在蒙特克莱尔大学的儿童哲学促进中心（IAPC）工作。[1] 该测试包括 50 个项目，评估一般、假设和因果推理、假设、归纳、合论、矛盾、标准化和转换（Morante & Ulesky，1984）。该测试总体上包括 22 个技能领域，适合于五年级到中学和大学的学生，旨在考察语言的推理能力（Fisher & Scriven，1997）。[2] 它是 P4C 评估研究中常用的测试。

（3）幼儿语言推理测试

在儿童哲学活动中针对 5—6 岁幼儿言语推理能力的评价方面，萨雷、卢伊克（Luik）与费舍尔于 2016 年设计了幼儿语言推理测评工具（Young Children Verbal Reasoning Test，YCVRT）。该测评工具包含的言语推理类型为：（1）比较；（2）类比；（3）差异；（4）证明；（5）因果联系；（6）对心理状态的理解；（7）词语"因为"的使用。在具体实施方面，YCVRT 以"勇敢"作为讨论话题，测评共分为三个阶段，分别为介绍阶段、练习阶段和测试阶段。介绍阶段包括鼓励孩子谈论自己的问题，也包括一些根据孩子的反应提出的问题。练习阶段鼓励孩子从个人经验中想象勇敢或不勇敢的情况。测试阶段包括五个场景，每个场景有两个问题情境和一些教师的引导性问题。不同的测试阶段包括开放式问题和封闭式问题，共有 28 个问题，如表 10-19 所示。[3]

---

[1] Shipman, V. C. Evaluation Replication of the Philosophy for Children Program [J]. Thinking: The Journal of Philosophy for Children, 1983, 5 (1): 45—47.

[2] Fisher, A., & Scriven, M. (1997). Critical Thinking. Its definition and evaluation. Edge Press. Forawi, SA (2016). Standard-based science education and critical thinking. Thinking Skills and Creativity, 20, 52—62.

[3] Säre, E., Luik, P., & Tulviste, T. Improving Pre-Schoolers' Reasoning Skills Using the Philosophy for Children Programme [J]. Trames: A Journal of the Humanities and Social Sciences, 2016, 20 (3): 273.

表 10-19 YCVRT 实施阶段的例子

测试阶段 （场景图片）	1. 蒂娜用后轮骑她的自行车，她已经骑了几百次，从来没有摔倒过。蒂娜勇敢吗？为什么 2. 马尔科用后轮骑自行车，他经常摔倒，但又站起来，不断地再试一次。马尔科勇敢吗？为什么 思考：你现在怎么想？谁是勇敢的？蒂娜还是马尔科？他们是同样的勇敢吗？还是一个比另一个更勇敢？你为什么这么想

（4）康纳尔批判性思维测试

对批判性思维的测评，国际上常用康纳尔批判性思维测试（The Cornell Critical Thinking Test，CCTT）。CCTT 最早于 1985 年由罗伯特·恩尼斯（Robert Ennis）和贾森·米尔曼（Jason Millman）开发，其后几经修订，几乎适用于所有年龄组。它有两个不同的级别，其中 X 级适合 5—12 年级的学生，主要评估归纳、演绎、来源的可信度和识别假设；而 Z 级适合 11—12 年级以上的学生，评估归纳、演绎、来源的可信度和识别假设、语义、定义和计划实验的预测。[1] 但这个测评工具的弊端在于，CCTT 是一个多选题评估，学生需要在给定的选项中做出选择，而这些选项与学生的经验没有太大关系，同时，完成这些评估不仅需要大量时间，对评估人来说也较难。[2]

（5）认知能力测试

认知能力测试（Cognitive Abilities Test，CAT）由洛曼（Lohman）、桑代克（Thorndike）和哈根（Hagen）于 1986 年开发，2001 年史密斯（Smith）、费尔南德斯（Fernandes）和斯特兰德（Strand）做了改进。[3] 国际上，有较多学者应用 CAT 来测试参与者在接受儿童哲学课程后认知方面产生的变化。认知能力测试通过一系列选择题，为每位儿童提供可靠有效的标准化语言能力、非语言能力和定量能力得分。这三个能力测量方法中的每一个都有三个

[1] Ennis，R. H. & Millman，J. Cornell Critical Thinking Test，Level X（Fifth Edition）[M]. Seaside，CA: The Critical Thinking Company，2005.

[2] Verburgh，A.，François，S.，Elen，J.，& Janssen，R. The Assessment of Critical Thinking Critically Assessed in Higher Education: A Validation Study of the CCTT and the HCTA [J]. Education Research International，2013.

[3] Smith，P.，Fernandes，C.，& Strand，S. Cognitive Abilities Test 3（CAT3）[M]. Windsor: NFER-Nelson，2001.

子测试。因此，该评估为每位儿童提供了总共九个子测试的分数，分别为语言分类、完成句子、语言类比；数字类比、数列、构建方程式；图形分类、图形类比、图形分析。

（6）学习者自我评估量表

学习者自我评估量表（Myself as A Learner Scale，MALS）由伯登（Burden）于 2000 年开发，该工具聚焦“学业自我概念”与“学业自尊”，通过测评“学生对自己在教育环境中作为学习者和积极的解决问题者的看法”，来检验学生自我认知的变化，国际上有较多研究者通过该量表来检测儿童哲学课程活动对儿童社会情感方面的影响。[1] 该量表共有 20 个问题，分别为：① 我很擅长做测试；② 我喜欢有问题可以解决；③ 当我被赋予一项新的任务时，我通常有自信完成；④ 我仔细考虑我该做什么；⑤ 我很擅长讨论事情；⑥ 我的任务需要很多帮助（反向问题）；⑦ 我喜欢做困难的任务；⑧ 我做新任务时就会焦虑（反向问题）；⑨ 解决问题很有趣；⑩ 当我被任务困住时，我通常能想出下一步该做什么；⑪ 学习很轻松；⑫ 我不擅长解决问题（反向问题）；⑬ 我知道很多词语的意思；⑭ 仔细思考有助于任务做得更好；⑮ 我知道如何解决我遇到的问题；⑯ 我发现很多功课很难（反向问题）；⑰ 我很机灵；⑱ 我知道如何成为好的学习者；⑲ 我喜欢动脑筋；⑳ 学习很难（反向问题）。

（三）文档作品

文档作品收集的类型比较丰富，如教师的日志、儿童的案例、儿童的思考日记或问题书、儿童的探究报告及儿童的绘画作品等。[2] 其中，教师的日志可以记录教师自己在探究中所做的事情，如使用了什么刺激物、探究了哪些问题、自己是如何回应的等。关于儿童的案例或故事，可以是单个儿童或一个团体的故事，儿童的案例或故事可以揭示儿童哲学的一些其他类型的资料不能揭示的重要特征。关于儿童的思考日记或问题书，可以请儿童

---

［1］ Burden，R. Myself as A Learner Scale［M］. Windsor：NFER-Nelson，2000.

［2］ Mostert，P. Where Are We Now? Effect-studies and the Rise of Diversity in Philosophy for Children［J］. Analytic Teaching and Philosophical Praxis，2022，42（1）：47—58.

写或画出自己的问题和想法，如“我现在的一个想法是……”“我仍然有一个问题是……”“我同意的一个想法是……因为……”“我不同意的一个观点是……因为……”“我想进一步思考的一件事是……”“我喜欢这次讨论的一件事是……”“我不喜欢这次讨论的一件事是……”。

通过这样的过程，可以了解到活动中不愿意发言或发言较少的儿童的想法，而无须再进行口头对话。

需要注意的是，有些儿童需要帮助和鼓励才能顺利画画和写作，而画画和写作的目的是进一步打开对话的可能性，而不是展示和测试儿童的绘画和写作能力。如果幼儿不能独立完成绘画，可以采用幼儿口述、教师记录的方式。

第十一章

幼儿园儿童哲学课程活动案例与评析

本章所列举的幼儿园儿童哲学课程活动的案例来源于廊坊经济技术开发区第一幼儿园的郝津梦老师与李庆鑫老师。其中，文本开发、活动实施过程、儿童哲学促进者回顾与反思由郝津梦老师完成，观察记录由李庆鑫老师完成。参与点评的专家主要包括廊坊市直属机关第一幼儿园周超园长，廊坊市直属机关第二幼儿园柴美艳园长，天津市和平区教师发展中心付莹老师。同时，笔者于 2022 年 8 月在廊坊师范学院举办的首届“儿童哲学与高品质幼儿园建设”学术论坛上也分享了该案例。

该活动案例是郝津梦老师组织实施的一次儿童哲学活动，虽然存在较多问题，但反映了幼儿园教师刚开始实施儿童哲学活动的普遍困境，非常值得刚接触儿童哲学的教师学习借鉴。

一、活动文本开发

1. 采用绘本名称

《自己的颜色》。

2. 绘本简介

绘本的作者是美国作家李欧·李奥尼。

绘本讲述了变色龙很苦恼，因为它没有自己的颜色，它总是走到哪儿，颜色就变成什么样。有一天，它遇见了另外一只变色龙，它们约定：既然改变不了现实的条件，就一起改变身上的颜色。从此以后，两只变色龙过上了快乐而满足的生活……

3. 绘本主题开发与分类

形而上学：身份认同（自我同一性）、我是谁、变与不变、普遍与特殊。

道德哲学 / 伦理学：友谊、幸福。

4. 绘本讨论的哲学指导

自我是身体还是意识？笛卡尔的理论是，自我认同的本质是自我心灵或者自我意识。对于我们大多数人而言，一个人似乎心灵未发生改变，他的身体外观变化也是可以接受的。自我就是思想着的自我，意识到自己的自我。绘本中变色龙变色是它的身体外部变化，不管它变成何种颜色，或者它们本身就没有自己的颜色，它们依然是可以以自己彩色的外观快乐地生活在这个世界上的。

因为变色龙自身的特殊，所以遇到同类就会不再孤独，两只变色龙在一起一样建立起了友谊。亚里士多德认为，友谊有两种基本形式：一种是功利的友谊，另一种是真正的友谊。变色龙的友谊不仅在于它找到了和它一样的动物，还在于它们可以相互陪伴，彼此认同，彼此理解。但我们同时也应该思考，难道只有同一类人才能够做朋友吗？变色龙可不可以与其他动物试着建立友谊呢？与自己不相同的人建立友谊需要克服哪些困难呢？

5. 主题开发与提出问题

（1）主题：身份认同（自我同一性）

绘本中的话：“难道我们就不会有我们自己的颜色吗？”“我们走到哪儿，颜色还是会随之变化，但是你和我总是一样的。”

主题分析：如果我总是和别人做一样的事情，说别人说过的话，没有自己的想法，就会觉得一切没有意义吗？但太过于自我又会让人反感，过于高估自己的能力，过分强调独特，又会让人敬而远之。究竟如何才能够做好自我呢？其实我们很大程度上都像变色龙一样，依赖于情境来理解我们是谁。思考着哪个是真正的“我”以及和其他动物的关系问题。变色龙起初在寻找自己身体颜色与其他动物的不同，但遇到一个思想上有共鸣的另一只变色龙以后，它便不再寻求自己身体真正的颜色了。

问题提出：

① 为什么变色龙总是想和其他动物一样只有一种颜色？

② 如果你是变色龙，你会像它一样寻找一种属于自己的颜色吗？

③ 你去不同的地方，会表现出不一样的自己吗？

④ 你对待老师与父母的方式和对待朋友的方式一样吗？即使不一样，你觉得你还是原来的你吗？

⑤ 如果你换了不同颜色的衣服或者发型，你还是你吗？

（2）主题：我是谁

绘本中的话：“我是谁？他抬头看着天空飘过的云朵，细细思考着。”

主题分析：在家里你是谁？在学校你是谁？在工作单位中你又是谁？这些不同场景下的你是同一个你吗？你觉得你表现出来的行为和说话的内容会有哪些不一样的地方？让工作单位中的人知道生活中的你，会发生什么事情呢？为什么我们现在习惯于对不同人展示自己不同的那一面呢？对于小朋友来说，与父母、老师相处时的状态有什么区别呢？为什么总是说原生家庭对孩子的影响很重要？塑造成的我又是谁呢？我改变自己以后，与原来的我就不是同一个人了吗？

问题提出：

① 你是谁呢？请介绍一下你自己。

② 如果你失去了记忆，你还是你吗？

③ 如果在大家讨论过程中，你改变了想法，你还是你吗？

④ 你长大以后，还会和现在的你一样吗？

（3）主题：变与不变

绘本中的话：“‘如果我一直待在叶子上，我就会永远是绿色的，那样我也会有我自己的颜色了。’想到这儿，它就高高兴兴地爬上最绿的一片叶子。可是到了秋天，叶子变黄了——那只变色龙也变黄了。”

主题分析：在漫长的冬夜里，变色龙变成了黑色的。为了能够拥有确定不变的一种颜色，变色龙再一次陷入那一份不确定中，它独自忍受漫长的冬夜，以及无边弥漫着的那一片黑色。我特别感慨，这不也是我们每一个人的宿命吗？变色龙选择依附在一片叶子上，还是最绿的那一片，它以为从此不会再有变化，可是它没有想到，叶子的颜色也会变化，甚至叶子还会凋零。我们呢？每一个人，无一例外的，都会变化。幼儿成长变化很快，小的时候喜欢探索新鲜、刺激、不确定的事物，当成长为大人的时候，总在寻找一份确定性的东西——学习、工作、恋爱、婚姻……我们也在为自己寻找一种颜色。可是，这个世界唯一确定不变的，正是它的不确定性。幼儿在自己很小的时候会发现四季的更替，会经历与父母的离别，从入园哭哭啼啼到舍不得离开教师，这些都是变化，在变化之中的幼儿又会有怎样的感受呢？这些都是值得去一起探讨的。

问题提出：

① 你认为什么是变化？什么是不变？请举例子说明一下。

② 在你身边，有什么东西是变化的呢？有什么东西是一直不变的呢？

③ 我们自己哪些是可以变的，哪些是不会变的？

④ 你去新的幼儿园会是怎样的体验呢？

⑤ 你觉得爸爸妈妈对你的爱会变吗？

⑥ 当你的爸爸妈妈批评你的时候，他们的爱改变了吗？

（4）主题：普遍与特殊

绘本中的话：“所有的动物都有自己的颜色，只有变色龙例外；当遇见另一只变色龙时，它们在一起就是一样的颜色。”

主题分析：普遍性是事物共同具有的必然性质，特殊性是事物特有的，不同于其他事物或一般情况的性质。二者是辩证统一的，普遍性寓于特殊性之中，并通过特殊性表现出来，特殊性也离不开普遍性。普遍与特殊的关系在绘本中体现得淋漓尽致，对于普遍拥有自己颜色的动物来说，变色龙是特殊的；对于与自己一样变色的另一只变色龙来说，变色龙与它是一样的。我们是要保持自己的个性“特立独行”，还是要融入人群？是“我”和“他们”，还是“我”和“我们”？我们需要自我，也需要认同。如何在与众不同中寻求共生的平衡点呢？

问题提出：

① 在所有动物都有自己的颜色的情况下，变色龙就必须有自己的颜色吗？

② 你觉得什么是特殊的呢？变色龙特殊吗？

③ 你有没有觉得自己有什么特别之处呢？

④ 什么时候你会想变得和其他小朋友一样呢？

⑤ 如果你遇见听不见声音的小朋友，你会如何对待他呢？

（5）主题：友谊

绘本中的话：“为什么我们不待在一起呢？你和我的颜色总是一样的。它们一起变成了绿色、紫色、黄色，还有红色带圆点的，幸福地生活在一起。”

主题分析：在寻找与成长的路上，在诸多不确定的世界里，我们有一份选择权——我们可以选择和谁在一起。父母、家庭、皮肤等出生问题，是我们不能选择的；但是我们可以选择成长中同行的伙伴，可以选择前行路上的榜样，可以选择并肩作战的战友，可以选择相伴一生的伙伴。我们终究会遇到一个尺码相同的灵魂，一起行走，去抵御这个世界的不确定性以及漫漫长夜中的一片漆黑。

问题提出：

① 你觉得什么是好朋友？请说说自己的观点。

② 变色龙为什么没有和其他动物成为好朋友呢？

③ 你会交什么样的朋友呢？选择和自己一样的，还是不同的？

④ 你认为对于友情来说什么最重要？

⑤ 当你难过时好朋友没在你身边，那还算好朋友吗？

（6）主题：幸福

绘本中的话：“它们幸福地生活在一起。”

主题分析：不同人对幸福的定义不同，那么你在什么时候会感到幸福？你怎么知道自己这个时候是幸福的呢？它是一种内在的力量还是外在的动力？它是一种瞬时的感受还是弥漫较久的心境？（它是短暂的还是持久的？）变色龙找到了自己的同类就一起幸福地变换颜色，这是一种陪伴的幸福，它不再觉得孤独与难过。你能看见幸福吗？有没有能让每个人都幸福的事情？我们如何让别人感受到幸福？作为幼师，你如何感受到这份职业带给你的幸福？

问题提出：

① 什么是幸福？或者具体一点说什么是快乐？

② 有什么事情让你感到非常幸福（快乐）呢？

③ 有没有可以让所有人都幸福的事情？说出你的理由。

④ 幸福从哪里来的？是需要通过别人来感受的吗？

⑤ 有没有在别人不幸福的时候你感到很幸福的情况？

二、活动实施过程

（一）预热准备

律动导入：《颜色歌》。

（二）呈现刺激物

讲述绘本《自己的颜色》。

（三）思考时间

给幼儿 5—10 分钟时间回想绘本内容、思考问题并画下来。

（四）问题生成（见图 11-1）

图 11-1　幼儿的绘画

幼儿提出问题，教师记录如下：

（1）为什么变色龙会变色？

（2）为什么变色龙是五颜六色的？

（3）为什么变色龙可以随周围的环境变化？

（4）为什么变色龙没有自己的颜色？

（5）为什么变色龙可以变色，而人不可以？

（五）问题分享

由每个小组 / 同伴 / 作者解释或澄清他们的问题。

（六）问题选择

儿童通过投票或协商选择问题。投票情况如下：

（1）为什么变色龙会变色？（4 票）。

（2）为什么变色龙是五颜六色的？（4 票）。

（3）为什么变色龙可以随周围的环境变化？（5 票）。

（4）为什么变色龙没有自己的颜色？（7 票）。

（5）为什么变色龙可以变色，而人不可以？（5 票）。

票数比较分散，下次呈现问题时，可以整合一下问题，如（1）和（5）是否为同一个问题，（3）和（4）是否为同一个问题。另外，如果提出的问题较少，也可以不进行问题分类，直接让儿童投票，看看是否能选出票数比较多的问题。如果儿童选出的问题不具有哲学性也没有关系，教师可以顺着儿童的讨论，看看儿童能讨论到什么地步。

（七）起始发言

教师：我们刚刚选择的问题是："为什么变色龙没有自己的颜色？"

L：变色龙在草里就会变成自己的颜色。

教师：有人同意或不同意他的想法吗？

S：为什么变色龙可以在土地里变成灰色？

X：因为变色龙不是其他的动物而是自己的生命，可以在哪就变成什么颜色，如果在海里，就可以变成海水的颜色。

教师：刚刚 X 说得非常棒！变色龙不是其他的而是自己的，它在不同的环境中就会变成不同的颜色。他说得非常棒！还有别的人有别的想法吗？同意他的想法吗？

Z：我同意。

教师：请你说一说理由，为什么同意他的想法？

Z：因为他说得很正确。（教师可以追问："他说的是什么观点呢？"可以思考一下孩子对"正确"的看法。）

S：它是自己的生命，并没有别人的生命。

N：变色龙本来就走到哪里就变成什么颜色，它有很多颜色。

教师：N觉得变色龙本身就是这个样子的，就是走到哪里就变成什么颜色的，有人有不一样的想法吗？或者有不同意的想法吗？

Z：我还是同意。

教师：其他人同意吗？不同意的原因是什么呀？

教师统计哪些幼儿同意“变色龙的生命是自己的不是别人的，所以走到哪里就能变成自己的颜色”的观点。共有7人。（问题是否已经被孩子转移了？从没有自己的颜色到生命是自己的，这两者的关系是什么呢？）

教师：其他不同意的小朋友，你认为为什么变色龙没有自己的颜色呢？

S：因为变色龙的身体里面本来就是有好几种色彩的，所以它只要站在那里，从它的眼球到身体就会变色。

（八）探究对话

构建对话一般来说是基于原来的问题继续深入。

教师：刚刚我们投票第二多的问题中有一个是：“为什么变色龙可以变色，而人不可以？”

L：因为人不是变色龙。

S：因为人并不会变色。

Y：人晒了太阳就会变黑。

教师：Y说人可以变色，人被太阳晒就会变黑。

L：人本来就没有颜色。

Z：因为人是各种各样的颜色。（潜在主题：不同人种、多元、包容）

教师：人怎么有各种各样的颜色呢？

Z：S有白色的衣服、粉色的裙子。

教师：你是觉得人是彩色的吗？（这里需要澄清人皮肤的颜色与衣服的颜色）

Z：是的。

教师：现在有两种想法：想法一是人是没有颜色的（Y提出）；想法二是人是彩色的（Z提出）。现在我们想一想人到底是彩色的还是没有颜色的呢？是会变色还是不会变色的呢？

S：老师，我的舌头会变色，吃了火龙果牙齿也会变成红色。

N：因为人生下来就不会变色，你也不要以为长大就会变色。

W：人穿啥衣服就是啥颜色。

教师：那你同意 Z 的观点吗？

（W 点头）

S：我吃完桑葚舌头会变成紫色。

教师：那你认为人会变色吗？

（S 摇头）

教师：S 认为即使我舌头变成紫色，人也不会变色。她不认为人会变色。

L：吃绿雪糕的话舌头会变成绿色。

X：他吃了什么颜色的东西就会变成什么颜色。

教师：哪里变？

幼儿：舌头、嘴巴。

教师：那你觉得人变色了吗？这算变色吗？

（部分幼儿摇头）

W：我有问题，吃了桑葚手会变成紫色。

Z：人的世界也会变成彩色，比如说那个大型积木有红色、紫色和浅紫色，还有粉色。

教师：我们生活的世界是彩色的，有很多不同的颜色。现在我们有三种观点。观点一：人不会变色，只有一种颜色。（4 人）观点二：人是彩色的，因为人可以穿不同颜色的衣服，所以人可以每天变不同的颜色。（5 人）观点三：人在被太阳晒后会变黑，吃某种食物舌头会变不同的颜色，所以人是变色的。（8 人）变色龙变色和人变色是一样的吗？哪里不一样？

W：人的身体不会变色，变色龙的身体能变色。（鼓励别的幼儿举出反例）

S：头发也不会变色，脚也不会变色。指甲会变色。

N：变色龙喝了彩色油漆，所以变色。

S：我们变色的原因是太阳晒的。

教师：那变色龙变色的原因是什么？它可以被太阳晒黑吗？

多数幼儿：不会，因为它会变色，只有土能把它变成黑色。

（九）最后发言

教师应鼓励讨论过程中发言较少的参与者呈现他们的观点。应让每个人有时间对内容进行反思，并对所讨论的问题或议题提出自己的最新想法。

教师：我们刚刚讨论的问题是什么呢？

S：因为变色龙本身就是这样的。

Z：我认为变色龙是让朋友涂成这个颜色的。

L：为什么变色龙会发生变化？

N：因为变色龙本来就会变色。

X：因为变色龙本身就会变色。它在哪儿就会变成什么颜色。

S：因为变色龙出生的时候本来就是彩色的。

W：为什么变色龙是彩色的？

Y：变色龙本身就是这样的。

N：因为变色龙本身就是这个样子的。

教师：刚刚我们讨论了第一个问题："为什么变色龙没有自己的颜色？"很多小朋友认为变色龙有自己的生命，它本身就是这样的，出生的时候就是会变色的。（儿童哲学的目的之一就是保护好奇，避免出现"本来就是这样"之类的回答。）

第二个问题是："为什么人不可以变色，而变色龙可以变色？"这个问题有一半的小朋友认为人是可以变色的，通过太阳晒和吃不同颜色的食物；还有的小朋友认为人始终是一个颜色的。现在想一想你的想法是什么。你认为人可以变色还是不可以变色呢？

第三个问题是："人变色和变色龙变色是一样的吗？"想一想你的答案是什么。有的小朋友说因为变色龙的变色是全身的变色，而人的变色不是全身的变色。还有的人认为人变色是由于太阳晒的，而变色龙自己就可以变颜色。

今天很多小朋友都发言了，而且声音很洪亮，我们的活动就到这里，谢谢小朋友。

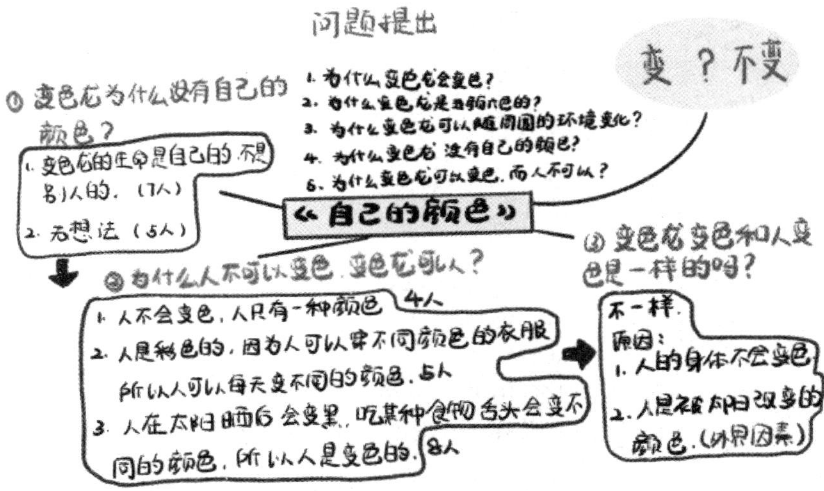

图 11-2　教师反思问题提出环节的概念图

（十）反思与计划

在活动环节中，教师没有进行活动的评估环节以及概念地图的绘制（见图 11-2），应完整地展现帮助孩子进行观点的建构及表达。

在教师发现问题陷入僵局后，没有及时地深化或转化问题，而是直接选择了孩子们投票第二多的问题进行讨论，应尝试进行引导展开进一步的讨论。比如，一定要有自己的颜色吗？为什么变色龙想要拥有自己的颜色呢？后面为什么又不想拥有了呢？

在活动后期，部分孩子对于谈话的内容参与度较低，并开始游离。教师在活动环节的把控上，应设置可以让孩子们按照观点选择分组而坐或更加具有互动性的形式进行发言，帮助幼儿集中注意力，关注身边同伴的表达。

三、儿童哲学促进者回顾与反思

1. 组织与引导探究

（1）是否为课程选择一天或一周中的最佳时间？

教师选择在上午八点半左右开始活动，此阶段的幼儿是较为活跃及注意力集中的。

（2）是否选择了一个好的练习开始课程？

教师选择了跟着歌曲《颜色歌》律动作为开始，《颜色歌》与刺激物《自己的颜色》相关，能帮助幼儿进入状态并把注意力聚焦在教师身上，为刺激物的呈现做准备。但此导入方式与思考练习并无关系，教师应多尝试和发现关于思考类的小游戏或者练习进行导入。

（3）是否将练习联结到上一节课？（或者明确它与即将到来的活动的联系？）

在本次活动开展之前，共开展过两次儿童哲学活动，教师带领幼儿进行了主题为“关于什么是有价值的？”和以绘本《花格子大象艾玛》为刺激物的哲学活动。幼儿讨论了为什么花格子大象艾玛和别人不一样的问题，并进行了关于独特性及价值方面的讨论。幼儿已经能初步表达自己的观点，不再拘泥于答案是正确的还是错误的，而是说出自己的想法，听同伴表达。但幼儿还没有提问的经验。

（4）是否选择一个好的刺激物进行探究？

讨论判定是否选择一个刺激物，进行相关内容的探究。

（5）是否为刺激计划可能产生的一系列重大想法做好准备？

《自己的颜色》可以帮助幼儿认识到在成长过程中不能只在乎表面的东西，要认识到快乐做自己以及友情的珍贵。这本书的文字虽然简单，却能让幼儿知晓小动物的颜色以及明白变色龙的颜色是可以随着季节、地点的不同发生变化的这一特点。这本书讲述了一只苦恼的变色龙逐步发现自我、认识自我的故事。变色龙很苦恼，因为它没有自己的颜色，因为它总是走到哪儿，颜色就会随着周围环境而变化。最后它找到了令人开心的解决办法，它有了一个与它共同分享变化本质的朋友。它们一直在一起，至少它们的颜色是一样的。在刺激物《自己的颜色》绘本开发过程中，两位教师开发了很多主题，如自我、友谊、变与不变等，并预设了可能出现的问题，这为后面的活动开展时教师该如何应对并促进对话提供了帮助。

（6）是否提供良好的思考时间？

活动过程并没有固定的框架和提示，这给予了幼儿充分的思考时间。在分享了刺激物《自己的颜色》之后，教师邀请幼儿花一些时间来思考这一刺激物所引发的困惑之处或有趣的地方。在这个过程中，教师给幼儿一张纸，让他们写写画画，这对探究活动是很有帮助的。个别幼儿会发呆或不知从何处下笔，教师会蹲下来去询问他们的困难及想法。幼儿发呆、不画画是因为他们对于“画”有抵触，不会画或担心画得不好，所以教师询问了他们的想法和想表达的问题，询问幼儿觉得刺激物的哪些地方很有趣，喜欢或者不喜欢哪一部分，从幼儿那里得到他们关于自己提出的问题或陈述的明确说明，并告诉他们后面直接说出自己的问题就可以，不必把它画出来。对于不太自信的幼儿来说，这段对话可以使他们在接下来提出问题或想法时更自信。遗憾之处是教师并没有让幼儿以小组的形式讨论，一定程度上影响了后面团体讨论时幼儿之间观点的碰撞及联结。

（7）是否组织好提问，例如通过两人或小组进行对话，以及就何时和如何发布问题提供明确指导？

幼儿在提问环节时出现了说陈述句的情况，而不是提出问题。教师针对这一情况进行了引导和说明，如在表达问题时，一个幼儿提出“变色龙在海水里面就是蓝色的”，教师回应幼儿，他所表达的不是一个问题，而是一个观点，并引导他“需要回答的才是问题”“一起去探索答案的才是问题”。“小朋友们所说的只是你们的想法，是陈述句，并不是提问。”帮助幼儿理解什么是提问。

（8）是否所有问题都能被表达和欣赏？

幼儿通过问题进行绘画，在展示时教师倾听并一一记录。

（9）是否组织好问题选择，使每个人都对问题选择过程感到满意？

对于问题的选择，孩子们进行民主投票，最终将票数最多的确定为今天要讨论的问题。在收集完问题后，教师虽然把相同的问题放到了一起，但是并没有对问题进行分析和明确，如问题（1）“为什么变色龙会变色？”和问题（2）“为什么变色龙是五颜六色的？”实质上是一个问题，可以合并以防混淆。

2. 实施探究

（1）是否帮助幼儿从一开始就关注所选问题？

短暂的休息后，教师在活动开始时就提出了所选问题：为什么变色龙没有自己的颜色？但开始时幼儿的思维还停留在提问题环节，并没有根据教师的提问进行回答和解释，在经过两三个幼儿出现同一情况后，教师决定进行干预——“你所说的不是回答，而是问题。我们现在需要讨论我们提出的问题‘为什么变色龙没有自己的颜色？’”——慢慢地幼儿开始解释及讨论。

（2）是否鼓励不同的、有创意的观点，尤其是在开始时？

开始时幼儿对于“为什么变色龙没有自己的颜色？”进行了讨论，但多为相似解释，或部分幼儿无新的解释，在教师多次提问后，陷入了僵局，就只有一种答案“本身如此”。此时教师不知如何进行更有创意的引导，所以把问题转向了“人”和“变色龙”的讨论。但在后面的讨论中，出现了变色龙身体里有不同颜色的油漆、变色龙身体里有几个色彩、变色龙是魔法变的颜色等解释。

（3）是否鼓励幼儿在彼此想法的基础上进行合作？

由于教师没有在之前的思考时间让幼儿进行团体讨论和分享，所以幼儿的表达多为自己观点的阐述，没有彼此之间观点的碰撞及合作，这也是教师应该改进的部分。

（4）是否确保所有人都参与探究并对探究感兴趣？

在问题展开后，教师发现个别幼儿对于问题并没有做出解释，所以进行了投票，帮助幼儿通过投票的方式参与进来，投票结束的时候教师询问没有发言的幼儿选择投票的理由，也能进一步了解不发言幼儿的想法和观点，但是依然有幼儿注意力不在讨论上面。

（5）是否鼓励幼儿更仔细地倾听他人的意见？

活动期间，教师在初期发现幼儿可以较为安静地倾听和表达，但中后期有部分幼儿出现了玩游戏和聊天的情况，教师采用的方法为提高音量，吸引幼儿注意力，并在中间停止了讨论，和幼儿明确需要倾听别人的想法。在活动中教师进行了几次小的总结，拉回没有认真倾听的幼儿的注意力，也帮助他们回顾其他幼儿的观点。

但个人认为应该有更好的办法去处理这种情况，如设计环节让幼儿动起来或以对立观点的选择而坐进行讨论，这样幼儿更有参与感。

（6）是否确保幼儿在表达自己的想法时特别顾及彼此的感受？

在最后敲鼓发言的环节中，虽然教师在活动前和幼儿分享了小鼓的使用方法，也告诉幼儿可以自行选择是否要发言，但是在实施中，教师发现有的幼儿不敲鼓也不说话，他们身边的幼儿会说：他不敲鼓也不说话。这一现象说明，这个小朋友并没有顾及另一个小朋友的紧张感受。所以幼儿在表达自己的想法时，没有考虑到彼此的感受。

（7）是否鼓励幼儿对彼此的想法产生质疑？

鼓励幼儿要求他们的同伴为自己的观点提供证据或理由。

（8）是否确保探究过程有助于加深对所选问题的理解？

在幼儿回答问题后，教师会重复一遍幼儿的回答，帮助其他幼儿进行理解和思考，也会进行追问或反问。如当幼儿提出“人也可以变色”的观点时，教师提出“人的变色和变色龙的变色是否一样”的问题让幼儿思考，进一步理解人的外界行为干预与动物本能反应的区别。多数幼儿能知道这是不一样的，但具体的原因无法进行概括和总结，多数幼儿以看到的外显状态“身体变色”“手变色”“舌头变色”等为理由做阐释。

（9）是否确保探究过程中产生的问题得到解决，或注意到要保存下来供以后探究？

在问题提出时，李庆鑫老师记录了幼儿在思考时间的提问，但在讨论过程中，教师没有及时用笔记录幼儿在其中提出的问题，所以在后面回顾与反思时没有较为完整地和幼儿进行观点建构和分享。

（10）是否鼓励在探究过程中使用思考词汇或短语，如“同意/不同意”“但是”“如此”“假如”等？

在讨论时，教师提出了“有人同意他的想法吗？”“有人不同意他的想法吗？理由是什么？”等问题，鼓励幼儿提出自己的观点并做出判断。

（11）是否在探究期间或结束时帮助幼儿认识和反思关键概念，例如制作概念地图？

在结束时，教师没有绘制概念地图，也没有引导幼儿用关键词的方式表达自己的收获，这是这一活动欠缺的部分。应绘制概念地图帮助幼儿进行观点的建构及总结。

（12）是否积极实现最后的想法，例如为他们提供一个焦点或框架，或者记录他们的方式。

3. 组织评估

（1）是否为幼儿提供一个好的机会对流程进行评估？

教师没有设置评估环节，应加入拇指法等评价方法，使活动流程完整，帮助幼儿回顾自己的表现及对活动进行评价。

（2）是否鼓励他们思考如何在下一次探究中改进他们的思维、说话和行动？

（3）是否鼓励他们将探究中的想法与生活或学习联系起来？

（4）是否检查有任何问题需要进一步研究或反思，无论是在课堂上还是课堂外？

结束时教师对活动进行了总结，但没有给幼儿充足的时间静静地回想一下这节课的内容，也就是没有询问幼儿这节课讨论了哪些问题，哪里还没说清楚，下一步继续讨论的重点是什么，哪些问题或有什么新的问题可以带回家继续思考等。

四、观察记录

儿童哲学活动观察记录表

第一部分　背景信息	
教师	
姓名	郝津梦
专业	学前教育
教龄	5 年
幼儿	
年龄段	6 岁
数量	14 位
P4C 活动	
绘本名称	自己的颜色
主题	自我
日期	2022 年 8 月 19 日
持续时长	50 分钟

续表

<table>
<tr><th colspan="4">第二部分　观察教师实施儿童哲学活动</th></tr>
<tr><th colspan="2">观察维度</th><th>描述标准</th><th>描述与反思笔记</th></tr>
<tr><td colspan="2">1. 计划与准备</td><td>• 有证据表明 P4C 活动是教师事先准备好的吗？证据是什么</td><td>有。小律动《颜色歌》；教师的文本开发
教师在开始活动前对绘本进行了哲学主题的开发，进行了主题分析并预设了一些问题</td></tr>
<tr><td rowspan="5">2. 实施策略</td><td>（1）刺激物</td><td>• 教师展示了刺激物吗？教师是以什么方式呈现的</td><td>教师展示并讲述了绘本《自己的颜色》。可以以动画形式来呈现</td></tr>
<tr><td>（2）问题生成</td><td>• 教师是否引导儿童提出问题？以何种方式引导儿童
• 教师是否很好地组织儿童提出问题，如使两人或一组进行对话，并对何时和如何发表问题给予明确的指导</td><td>是。以绘画方式提出自己的问题，然后通过投票产生的
给予了儿童充分的思考时间，鼓励儿童用绘画方式来阐述自己的问题</td></tr>
<tr><td>（3）探究对话</td><td>• 问题展示。在显眼的位置展示问题，对问题进行称赞、分析和比较
• 问题的选择。对一个问题达成一致，作为探究的重点
• 第一句话。让探究开始
• 建立对话或中间词。在彼此想法的基础上，争取更好地理解所产生的概念或问题
• 最后的话 / 结束。给儿童一个机会，让他们对已经讨论过的内容说最后的话</td><td>询问是否同意发言者的看法，并说出理由；询问其他人有没有不一样的看法
当幼儿表达出现陈述句，而不是一个问题时，教师会引导幼儿一起探索，使儿童认识到没有答案的句子是问题</td></tr>
<tr><td>（4）反思</td><td>• 为儿童提供一个评价过程的机会
• 鼓励儿童反思如何在下一次活动中改进他们的思维、说话和行动
• 鼓励儿童将 P4C 活动中的想法与他们生活或学习的其他方面联系起来
• 检查是否有任何问题可以在班级或班级外进一步研究或思考</td><td>有。最后对讨论内容发言
反思的过程过快，且多为教师发言，儿童参与度较低</td></tr>
<tr><td>（5）延伸活动</td><td>• 教师是否有组织延伸活动？有哪些延伸活动</td><td>无。结束较快，没有提出延伸的问题及活动</td></tr>
<tr><td colspan="2">3. 提问技巧</td><td>• 教师问的是低级问题还是高级问题？是封闭式问题还是开放式问题？是发人深省的问题还是简单的回忆问题</td><td>开放性问题：人怎么有各种各样的颜色呢？人会变色吗
并没有问是不是、好不好等低级问题，也不是简单回忆绘本的问题。尽量给儿童一个开放的空间讨论问题</td></tr>
</table>

续表

观察维度	描述标准	描述与反思笔记
4. 建立连接或生成意义	• 能够简化和清晰地解释概念，并将概念或问题与儿童的生活和兴趣联系起来	变与不变 什么情况下人的某个部位会发生变色，又不会变色？比如吃火龙果舌头变色；太阳会让我们变黑；衣服代表人体的颜色，所以每天可以穿不同的衣服变不同的颜色 概念没有呈现得很清楚。但讨论的内容与儿童的生活是有联系的
5. 学习环境	• 是否营造了创造性的氛围 • 是否营造了心理安全和心理自由 • 是否适应学习者关于环境的需求 • 是否营造一种相互支持关心的氛围	教师很尊重儿童的想法，会很耐心地倾听儿童的问题。从之前的坐在椅子上活动到现在的围坐在一起讨论问题，会让儿童更加放松
6. 班级管理技巧	• 安排座位以容纳每个儿童 • 控制课堂上的破坏性行为 • 让儿童遵守课堂规则 • 安抚捣乱或吵闹的儿童 • 针对每组儿童建立班级管理制度 • 避免几个儿童扰乱整个课堂 • 有效地处理不服管教的儿童 • 采取足够的必要措施保证活动运行 • 让儿童清楚地了解教师对儿童行为的期望	儿童围坐成一个圆圈，画画的时候有每个儿童的座位 当儿童想上厕所时可以比OK的手势，然后教师眼神示意，儿童轮流去，不耽误活动的整体进程 儿童知道教师希望他们认真倾听他人说话，不随意打断他人 当儿童出现注意力不集中的时候，很容易忽视这一部分儿童的存在
7. 意外情况	• 例如，突然的外部干扰，儿童陷入争执	无

第三部分　儿童哲学对幼儿思维的影响

观察维度	描述标准	描述与反思笔记
1. 批判性思维	**探究行为** • 问相关问题 • 避免一概而论 • 要求声明有证据支持 • 提出解释性假设 • 认识到语境的差异 • 乐于建立在别人的想法上	**问相关问题：**1. 儿童石问为什么变色龙可以在土地里变成灰色；2. 儿童张问为什么变色龙没有自己的颜色；3. 儿童王及儿童乔问为什么人不可以变色，而变色龙可以变色呢 **提出自己的假设：**1. 儿童朱提出人是各种各样的颜色，儿童王同意她的观点，也认为人穿啥衣服就是啥颜色；儿童石反对人是彩色的，认为虽然舌头因为吃了火龙果变了颜色，但是人也不会变色

续表

<table>
<tr><th>观察维度</th><th>描述标准</th><th>描述与反思笔记</th></tr>
<tr><td>1. 批判性思维</td><td>推理行为
• 提供适当的类比
• 寻求澄清不明确的概念
• 做出相关的区分和联系
• 用令人信服的理由支持观点
• 提供正例和反例
• 寻求潜在的假设
• 做出适当的推论
• 做出客观的判断</td><td>其实在探究过程中，儿童会有“变色龙本来就是这样的”的说法和想法，对于自己的观点并没有提供有力的证据
没有特别清晰的呈现，儿童也没有提出假设的表现或者令人信服的理由支持观点</td></tr>
<tr><td>2. 创造性思维</td><td>流畅性：在一个 P4C 活动中产生几个不同的想法
原创性：产生了独特的想法
想象力：设想图画故事书的可能结局，或想象中的情况细节，如在对话中扮演一个新的角色，假装或假设</td><td>儿童刘和儿童孙认为人不是变色龙，所以不会变色；儿童刘认为人晒太阳会变黑；儿童张认为人本来就没有颜色；儿童朱认为人是有各种各样的颜色（比较特别的想法），穿什么衣服就会变成什么颜色
儿童还是提出来一些独特想法的，也比较令教师惊喜</td></tr>
<tr><td rowspan="5">3. 关怀性思维</td><td>欣赏性思维：重视自然、艺术或物品的价值和美感，而不是金钱价值；重视态度、行为或个人特征等抽象事实</td><td></td></tr>
<tr><td>感性思维：儿童对什么是对的什么是错的有清晰的认识或强大的正义感</td><td>儿童朱会提到“正确”一类的词，儿童薛会说哥哥说得很有道理，但是他们的认知是否清晰有待考证</td></tr>
<tr><td>主动思考：基于某种理由，朝着儿童所重视或关心的事物，热情地采取行动的状态</td><td>人身体的某个部位在什么情况下会变色，以及人会不会变色</td></tr>
<tr><td>规范性思维：出现同理心，避免以自我为中心的思维</td><td></td></tr>
<tr><td>移情思维：感觉、思考或行为就像儿童经历了其他人的事件、情况或挑战一样</td><td>吃了火龙果、桑葚舌头、嘴巴变色；晒了太阳人会变黑</td></tr>
<tr><td>4. 合作性思维</td><td>• 同意或不同意其他儿童的观点并给出理由
• 提供评论或评价意见
• 直接对其他儿童讲话
• 回忆他人的观点并说出其名称
• 将注意力集中在说话者身上
• 避免打断发言者的发言
• 在小组中互相鼓励发言
• 试着在别人的想法基础上发展
• 听取与自己不同的观点
• 想改变他们的想法</td><td>儿童会说出同意或者不同意其他儿童的观点，但是并不能够清楚阐述理由。基本上儿童都是对着教师讲话，不是直接对着其他儿童。儿童注意力难以集中在说话者身上，此外教师还需要引导儿童试着在别人的想法基础上有延伸，但儿童基本上都止步于同意说话者观点，对自己的观点并没有深入阐述</td></tr>
</table>

五、专家点评

周园长点评

亮点：

1. 我认为老师具有很强的思维能力，对于孩子的思维能力的成长是很有效的。

2. 老师对讨论问题的数量也给了孩子一定的规定。

3. 提的问题都是开放性的。

4. 给孩子们创造了宽松、有关怀性的环境，这点比较好，形成了快速的对话圈。教师对于班级的管理也比较适宜。

不足：

1. 活动的时长过长，我认为游戏性和趣味性在活动中再串联一下会更好。

2. 我们在探讨这些问题后是形成什么样的概念和观念呢？在概念和观念的引领上，我感觉有一些模糊。我没有在讨论的过程中看到孩子们形成了哪些概念的认识，我们老师对哪些概念进行了引领。

3. 在连接上，我们关注到变色龙变色，我们是不是还应该关注到人的自我认同感上，变色龙由一开始不认同自己到后来认可自己，怎样让孩子形成这种认同自己的心理？

4. 在思维的体现上，我们体现得比较多的是批判性思维和创造性思维，而其他的思维还不是特别的多。

总体感觉老师的思维水平很好，大家能辩证地发现问题，活动提高了教师的专业素养。我认为不管怎样的学习，都是为了让老师形成科学的教育观。

柴园长点评

亮点：

1. 教师文本解读的能力和反思的能力很好。

2. 流程很清晰，能看出哲学活动的策略。

不足：

1. 现场对孩子的解读能力需要增强。师幼互动的质量不是特别高。师幼互动时语言需提炼。虽然问的都是开放性的问题，但是问题对幼儿思维的激发价值不是特别高。

2. 教师读绘本时，没有让孩子去回顾，或者参与绘本阅读。第一次很快地读完会忘记。我会担心孩子是否能深刻理解，从而影响到后面的提问。

3. 讨论环节，孩子声音较小，不是很积极。师幼互动更多的是和教师一人互动而不是和所有人互动，只有师生个人的互动，对于其他的孩子来说就是无效的等待，或者说牺牲了同伴合作的机会。

4. 在讨论问题时感觉更多的是停留在一个问题上反复纠结，没有往下深入的过程。教师在用语“正确”时会有暗示。

付老师点评

亮点：

1. 步骤清晰。

2. 有思考时间。

3. 哲学思维工具的使用：提出观点、说明理由、是否赞同。

4. 回应幼儿的时候思路清晰，快速将孩子的问题进行归纳和梳理。

不足：

1. 缺乏从表象到本质的探寻，例如改变背后的本质、自然与环境的联系、外在与内在的变化等。

2. 教师应思考如何引发哲学问题。例如 P4C 与日常教学活动的区别是什么？可以多讨论哲学问题、大问题、大概念。如变色龙愿不愿意变色？如果它可以选择，它想变成什么颜色？它变后，还是它吗？

3. 多引导幼儿建立哲学观点，能多视角地看待问题，例如如何看待这个世界？引导幼儿学会换位思考和思考方法，了解为人处世的原则（关怀性思维）。

4. 建议分两节课进行讨论，上半节课专注于提问，下半节课进行深入的哲学讨论。

六、幼儿园儿童哲学活动设计表

幼儿园儿童哲学活动的步骤在第九章已做了详细论述。在该部分将列举一些空白的表格和活动设计方案供幼儿园教师参考。

（一）幼儿园儿童哲学探究活动计划表

步骤	内容
预热准备 （Preparation）	
呈现刺激物 （Presentation of Stimulus）	
思考时间 （Thinking Time）	
问题生成 （Question-Making）	
问题分享 （Question-Airing）	
问题选择 （Question-Choosing）	
起始发言 （First Words）	
探究对话 （Building Dialogue）	
最后发言 （Last Words）	
反思与计划 （Review and Reflect）	

另外，幼儿园教师刚开始实施儿童哲学活动，或面对小班、中班的幼儿时，也可以将探究步骤简化为准备（Ready）、安排（Set）、开始（Go）。

准备（创造大观念） 刺激物与思考时间	
安排（问题生成与选择）	
开始（创造对话） 探究、回顾	

（二）幼儿园教师首次进行的六次儿童哲学活动设计方案

由英国 SAPERE（在教育中提倡哲学审视和反思协会）设计的首次进行

的六次儿童哲学活动设计方案，对刚接触儿童哲学的幼儿园教师是一个很好的入门训练。笔者于 2022 年 8 月完成了由英国 SAPERE 组织的儿童哲学 1 级课程，本章所列举的六次儿童哲学活动设计方案，主要来源于 SAPERE 的儿童哲学课程培训指导手册。

活动 1	
日期	
活动目的	
活动细节	
探究的问题	
反思与改进	
活动 2	
日期	
活动目的	
活动细节	
探究的问题	
反思与改进	
活动 3	
日期	
活动目的	
活动细节	
探究的问题	
反思与改进	
活动 4	
日期	
活动目的	
活动细节	
探究的问题	
反思与改进	

续表

活动 5	
日期	
活动目的	
活动细节	
探究的问题	
反思与改进	
活动 6	
日期	
活动目的	
活动细节	
探究的问题	
反思与改进	

活动 1　儿童哲学活动介绍

1. 活动目标

对生活中重要的事情进行深思熟虑；共同提出关于我们觉得有趣或令人困惑的事物的问题；仔细倾听他人的想法并做出回应；尽量清晰地表达我们的想法；为我们认为的某事提供论据；一起合作对问题进行回应；建立探究的基本规则。

2. 建议刺激物

童谣《聪明的老猫头鹰》。

一只聪明的老猫头鹰站在橡树上，它听到得越多说得越少，它说得越少听到得就越多，为什么我们人类还不如那只聪明的老猫头鹰呢？

3. 活动建议

你更愿意成为一只聪明的老猫头鹰，成为一只聪明的小猴子，成为一只年长的聪明海豚，还是成为一台聪明的机器人？

尽量强调不同选择（决策）背后的理由，特别是介绍“利弊”和“有力或无力的理由”的概念。

进行一个简短的讨论：“对话如何帮助我们变得明智（做出更好的决策）？”引导讨论：“什么是良好的对话（讨论）？”

4. 培养的技能

一次只有一个人说话；看着说话的人；建立在他人的观点上。

活动 2　第一次完整的探究活动

1. 活动目标

带领幼儿完整地体验儿童哲学探究活动的步骤。

2. 建议刺激物

绘本《小蓝与小黄》《自己的颜色》等。

3. 活动重点

选用一个哲学问题，带领幼儿体验一个完整的探究过程。可以给幼儿介绍一下每个步骤的内容和要求。如果幼儿年龄较小，或参与的兴趣不足，也可以将活动分成两部分。

4. 活动建议

教师提前了解故事，并做文本开发。首先，邀请幼儿分组（两人一组）相互复述故事。然后，可以通过教师提供多个问题，幼儿选择一个；或幼儿提供多个问题，教师选择一个。

（1）热身活动采用“站起来”活动（与技能“只有一个人说话”相关联，意味着一次只有一个人站起来）。

（2）教师提供的问题数量不超过 4 个，以免负担过重。

（3）提出问题环节，询问幼儿是否对某个问题感兴趣，并给出理由。然后询问不选择某个问题的理由。

（4）投票选择问题时，为避免幼儿之间相互干扰，可以采用请幼儿闭眼举手的盲选方法。另外，幼儿可以对多个问题投票。对于年幼的儿童，如小班幼儿，教师可以替幼儿寻找并确定一个大多数幼儿都感兴趣的问题。

（5）轮流发言策略，鼓励幼儿之间互相交谈。要求幼儿在想要发言时，可以通过举手示意。在这个阶段，教师可以组织轮流发言，当幼儿变得足够自信和流畅时，可以请幼儿自己决定下一位发言者是谁。注意：当教师想要发言时，也要举手示意，因为征求幼儿的同意很重要。不过，作为探究的引导者，教师应该被给予优先权。

（6）在探究环节如果有很多幼儿想发言时，可以先暂停探究过程，采用分组的方式，让幼儿成对交谈。如果只有几个幼儿在圈内要发言，教师可以只关注一个特别有趣或有争议的问题。

（7）最后的发言环节，给每个幼儿，尤其是那些还没有发言的幼儿一个最后发言的机会（不一定是对他们思考的总结）。教师可以以问题“在思考这个问题时，你认为最有帮助或最令人惊讶的想法是什么”作为引导。

（8）评估环节，询问幼儿对提出问题、投票、轮流发言、相互交流、给出理由、最后的思考、自我评估等技能的掌握程度。

活动 3　提问

1. 活动目标

在哲学探究中选择合适的问题，引导幼儿理解什么样的问题才是哲学问题。

2. 建议刺激物

一幅图片，例如《乔治和龙》。也可以选择幼儿熟悉的某个绘本中的一幅图画。

3. 活动重点

可以引入问题象限，将问题分为文本性问题、想象性问题、事实性问题和探究性（思考性）问题。对于中大班幼儿，刚开始时，可以先帮助他们区分事实性问题和探究性（思考性）问题。

4. 活动建议

（1）向幼儿展示图片，并询问他们的“第一印象”，例如喜欢或不喜欢，什么是奇怪或令人困惑的。幼儿可以画出自己的想法，然后与其他人分享。

（2）另一个方法是运用“谈话焦点”的概念，请幼儿在图片中找到他们想讨论的内容，然后将其转化为一个开放性问题进行讨论。

（3）对于幼儿园大班或中班的幼儿，可以要求他们根据第一印象列出尽可能多的问题（教师需要示范如何将陈述转化为问题）。教师还需要给幼儿展示什么是事实性问题和思考性问题。请幼儿在自己提出的问题旁标记上F（事实）或W（思考）。

（4）检查问题分类。教师要特别注意那些不太容易分类的问题，可以利用这个机会澄清分类的标准。本次活动的目标是鼓励幼儿提出好的哲学探究问题，并帮助他们区分事实性问题和思考性问题。

（5）在提出问题环节，询问每个小组最好的问题是什么或最想讨论的问题是什么，并将每个小组推荐的问题公开讨论。讨论时，可以是问题背后的理由；对于年龄较大的幼儿，也可以是问题之间的联系或关联。

（6）反思问题类型。在回顾环节中，反思不同类型问题的目的及其在不同情境中的应用。教师可以建议幼儿列出他们在一周内使用过的问题，列出使用问题的主题以及问题的结果或答案。

5. 培养的技能

理解和运用问题象限；选择和提出问题。

活动4 第二次完整的探究活动

1. 活动目标

活动4可以延续活动3，并使用活动3生成的问题进行一次完整的探究活动，进而加深对适合哲学探究的问题的理解。同时，回顾在上一次的探究中改进的重点是什么。

2. 建议刺激物

活动3中使用的图片或生成的问题。

3. 活动重点

选择一个问题作为探究对象。

4. 活动建议

（1）热身活动。重复“依次站起来”活动（轮流发言），以展示眼神接触和合作工作的必要性。

（2）选择一个问题。回顾活动 3 中的问题，重点关注探究类问题。如果同时存在多个问题都很合适，可以采用全班盲选投票的方法来确定最终要讨论的问题。确定后，可以要求幼儿通过说“我选择了这个问题，因为它让我真的思考”来表述他们的选择。

（3）设定学习目标。提醒幼儿，上次活动和本次活动初期重点都是关于提问，是否能不断提出新问题是讨论（探究）成功与否的指标之一。可以请一位志愿者担任“新问题监控员”，其任务是特别留意探究过程中提出的任何新问题，并在出现时大声喊出“这是一个新问题”。

（4）开始对话。请提出问题的幼儿说出他们的初步回答，或者解释他们提出问题的思路——他们是如何想到这个问题的。

（5）作为探究过程的促进者，教师也可以提出一些问题，如：“总是这样吗？”“你的观点和她的一样吗？”还可以使用更具技巧性的苏格拉底式问题形式，比如：“有人能举一个……的例子吗？”（本书在第九章详细列举了教师可以应用的提问类型）

（6）在探究过程（中间发言）与最后发言时尝试将它们融入探究的节奏中，这个过程持续大约半个小时。

（7）在回顾环节，可以询问幼儿“什么进展得顺利”“如果……会不会更好”等问题，引导幼儿确定他们喜欢的方面，并思考如何改进下一次的探究。

（8）记录内容。如果时间允许，教师还可以使用一个圆圈地图（在一个大圆圈上写下想法），记录幼儿在两次探究中讨论的一些最有趣或最重要的事情。这将为下一节课介绍“重要观念”和“有趣概念”铺平道路。另外，也可以选择不进行投票，而是对每个问题都进行讨论。例如，将问题分配给小组，鼓励小组成员自主讨论 3—5 分钟，然后轮流邀请每个小组分享他们讨论的要点。

5. 培养的技能

哲学性的提问；回顾与反思探究过程。

活动 5　大观念和哲学概念

1. 活动目标

重点介绍大观念和哲学概念，能按照儿童哲学探究的十个步骤进行完整的探究，并围绕一个重要的问题展开对话。

2. 建议刺激物

蕴含有大观念和哲学概念的刺激物，如绘本《重要书》。

3. 活动重点

发展哲学概念。

4. 活动建议

起始活动，绘制“小”观念和“大”（重要和有趣）观念之间的粗略区别。呈现出一系列不同的观念，并要求幼儿讨论哪个观念更“大”，如苹果与水果，勺子与工具，雏菊与植物等。

（1）观看刺激物。以与之前的活动相同的方式观看刺激物，要求在一两分钟的反思时间后，与整个班级分享“第一印象”。

（2）介绍“大观念”或“概念”，并提前制作概念卡片，如害怕、勇气、爱、幸福、生气、忠诚、好、坏、友谊、霸凌、自我认同、孤独、友善、自私、权力、报复、家庭、真实、幻想、梦等。教师可以运用绘画的方式描述这些概念，以帮助幼儿提前了解这些概念。在呈现刺激物后，问幼儿是否能看到概念卡片与刺激物之间的联系。

（3）确定问题时以三人小组的形式，要求幼儿选择一个（或多个）概念，并提出一个使用该概念的问题。

（4）关联问题。教师朗读幼儿的问题，并与之前的问题或其他幼儿的问题建立连接，寻求两者之间共同的概念。

（5）选择一个问题。通过投票，让幼儿选择一个感兴趣的问题。在这里要注意，如果选出的问题不明确，可能需要重新投票选择前两个或三个问题。

（6）起始发言时，如果参与探究的人数超过 12 个，可以请幼儿分小组讨论所选问题中的重要词语或概念，然后让提出该问题的小组先回答。

（7）探究对话时，可以请幼儿轮流发言，也可以提前告知幼儿一些发言的信号，如当手放在膝盖上时是有话要说，避免举手对正在发言者的打断或干扰。

（8）最后的发言可以采用轮流发言的形式，要求幼儿简要说明他们目前的思考进展。不愿意发言的幼儿可以选择跳过。

（9）评估时，要反思做得好的地方以及需要改进的地方。

5. 培养的技能

发展和识别哲学概念；构建大观念。

活动 6　进一步地探究

第六次活动不是一个具体的活动计划，而是为幼儿园教师提供如何继续探究的建议。

1. 规划未来的探究

现在的目标是让幼儿园教师能继续使用儿童哲学探究的十个步骤，并随着教师变得更加自信和幼儿的进展，进行相应的调整。

2. 热身活动

热身活动可以是一个特定技能的练习，也可以是与刺激物相关的活动。

3. 寻找合适的刺激物

本书在第七章详细列举了选择刺激物的标准及建议。

4. 初始想法

教师可以引入思考日志，供幼儿绘制或帮助幼儿记录他们自己的想法。对于低龄的幼儿来说，通过绘画来解释他们的思维是一种很好的方式。

5. 提出问题

探究的问题通常应由幼儿自己生成。但对于低龄的幼儿，如果还没有到自己能独立选择的阶段，教师仍然需要用一些问题引导其思考。

6. 大观念

继续实践“大观念”来创建重要问题。对于低龄的幼儿，可以使用简化的短语来表示大观念，例如这个故事是否关于“友善”“害怕”“不按照指示行事”等，也可以鼓励幼儿在这些词语之间建立连接。

7. 为每个探究会话设定重点，并进行评估

经常回顾探究的基本规则，每次会话都关注其中的一两个规则。请幼儿回顾他们个人和班级在遵守基本规则方面的表现如何，并根据情况进行补充。（本书第五章详细列举了利用教育戏剧构建规则的方法）

8. 在他人观点的基础上发展

鼓励幼儿仔细倾听，尝试在彼此的基础上进行对话，如使用“我同意/不同意 ××，因为……”，并叫出彼此的名字。

幼儿园教师需要区分儿童哲学中的哲学对话（Philosophical Dialogue，PD）与日常对话的不同。哲学对话具有显著特点，其中关注对真理和理解的追求，这在日常课堂聊天中可能并不常见。PD 的特点是一种探究性质，追求更加简明、具有挑战性和扩展性的观点或概念。相比之下，日常交流，如谈论假日的乐趣或西藏的天气，并不一定包含这种追求。另外，为了使 PD 发挥良好效果，它需要一定的结构和严谨性。在有良好组织的情况下，对某个目标的探索通常更加有效。虽然我们都可能对事物产生好奇，但在 PD 中，这种好奇需要引导到某种进展。不同的观点可以被提出和分享，但在某个时刻，参与者需要更深入地交流和发展这些观点。

另外，如果教师能提出适当的问题，儿童哲学探究的目标和过程就可以变得更加明确。这些问题可以从一般的邀请开始（例如：“有人可以对此做出回应吗？”），到需要深思熟虑的具体呼吁为止。本书在第九章详细列举了教师可以应用的提问类型。

本章从不同的维度也列举了一些教师可以应用的提问问题。

问题 / 澄清	我们对这个问题不理解的是什么 关于这个问题，我们有什么疑问 你指的是什么
假设	有人对这个问题有建议或答案吗 有其他的建议或解释吗
理由	为什么要这样做 有什么证据支持这种观点

续表

例子	有人能想到一个例子吗 有人能想到一个相反的例子吗
区分	我们能在这里做一个区分吗 有人能给出一个定义吗
联系	有人能够在这个想法上继续发展吗 有人能将它与另一个想法联系起来吗
影响	这背后有什么假设 它导致了什么结果
意图	那才是真正的意思吗 那是我们真正要表达的吗
标准	是什么使得它成为……的一个例子 在这里真正重要的是什么
一致性	结论是否正确 这些原则 / 信念是否一致

第十二章

幼儿园运用教育戏剧实施儿童哲学

当前，许多幼儿园教师对儿童哲学的概念、价值等还缺乏明确的认识，对如何实施儿童哲学感到困惑；有些幼儿园教师听到“哲学”一词就害怕、恐惧，以至于缺乏开展儿童哲学的自信；也有些幼儿园教师认为儿童哲学与日常生活无关，即便有兴趣开展儿童哲学，也感到无从开始，难以发掘可以讨论的“哲学问题”。

事实上，儿童哲学的一些原则和方法就蕴藏在许多幼儿园教师的课堂中。比如，教师常常不自觉地在运用探究团体或对话教学，在课堂讨论或师幼互动中也常常充满了反思和论证，尤其是运用了大量的教育戏剧策略，如角色扮演、教师入戏、肢体与动作表达及各种道具的使用等。另外，在已开展儿童哲学的幼儿园中，还面临着“探究团体”难以适应幼儿年龄特点的难题：幼儿园阶段的幼儿主要处于感知运动阶段和形象思维阶段，语言表达能力尚不够完善，主要采用“对话”的“探究团体”很难唤起幼儿参与的积极性，常常导致儿童哲学课沉闷无趣，甚至中断。同时，在儿童哲学讨论中只让幼儿用单一口头语言的表达方式可能导致教师忽视或难以理解儿童的观点；而探究团体对语言的过于强调也忽视了幼儿的身体和情感表达在发展中的重要作用。

那么，如何既能促进幼儿高阶思维的发展，又能让幼儿园教师对儿童哲学感到熟悉和容易上手，对儿童哲学在幼儿园的推广显得尤为重要。因此，笔者提出将教育戏剧融入儿童哲学，通过“肢体与声音的表达”及“戏剧策略”两条路径来推动儿童哲学在我国幼儿园的深入应用。

一、教育戏剧与儿童哲学的天然联结

儿童哲学课程是以儿童已有的思维方式和生活经验为基础，采用绘本、故事等刺激物，通过哲学探究团体教学法，在探究与对话中提高儿童的批判性思考、创造性思考、关怀性思考、交往沟通、团队合作及文化认同能力。教育戏剧的概念是以“戏剧”形式为主，包含人物、情节、主题、对话及特殊效果等戏剧元素，以教育而非展演为目的，强调作为教育工具价值或艺术本体价值的一种戏剧活动。[1]

最早将儿童哲学与教育戏剧结合起来的是英国学者奈杰尔·托伊（Nigel Toye）（1994）。他认为，这两种教学法在理解师生关系的本质上是相同的。同时，他还认为，教育戏剧可以提高儿童哲学参与者的感受水平，尤其是针对那些阅读儿童哲学材料有困难的儿童，而儿童哲学可以帮助教育戏剧提高其哲学性，促进儿童更好地倾听、生成概念、面对挑战和进行深度思考。[2] 刘易斯和钱德利（2012）在《通过第二课堂实施儿童哲学》（*Philosophy for Children through the Secondary Curriculum*）一书中，从目标、原则、环境营造等方面提出，儿童哲学与教育戏剧有着五方面的联系：（1）都有助于培养批判性思维和创造性解决问题的能力；（2）两者可以互补，动静结合，教育戏剧比较强调动，儿童哲学比较强调静；（3）两者都需要而且能够培养合作精神；（4）都为价值和观念的澄清提供了安全的环境；（5）都有助于发展参与者的同理心、理性表达能力。[3] 劳拉·多林皮奥（Laura D'Olimpio）、克里斯托夫·泰舍斯（Christoph Teschers）（2017）也持相似的观点，他们认为，在儿童哲学中，通过戏剧策略将抽象的哲学概念形象地表现出来，可以激发幼儿的想象力和参与的热情，进而推动儿童哲学活动进行得更深入。[4]

综合不同学者的研究成果，本书认为教育戏剧与儿童哲学之间有着以下几方面的天然联结：

---

[1] 倪凯歌，赵卓．教育戏剧的内涵及在幼儿园的应用［J］．陕西学前师范学院学报，2019，35（3）：6—10.

[2] Toye，N. On the Relationship Between “Philosophy for Children” and Educational Drama［J］. Thinking：The Journal of Philosophy for Children，1994，12（1）：24—26.

[3] Lewis，L.，& Chandley，N.（eds.）Philosophy for Children through the Secondary Curriculum［M］. Bloomsbury Publishing，2012：236.

[4] D'Olimpio，L.，& Teschers，C. Drama，gestures and philosophy in the classroom：playing with philosophy to support an education for life［C］. The routledge international handbook of philosophy for children. New York：Routledge. 2017：177—184.

（一）在理论基础上，教育戏剧与儿童哲学都借鉴了杜威的思想

在理论基础上，二者都借鉴了杜威的实用主义哲学，都强调做中学，强调实现把人作为人的教育。教育和戏剧最早的结合源自法国思想家卢梭提出的“做中学”（learning by doing）以及“戏剧实践中学”（learning by dramatic doing）的教育思想；其后，美国哲学家、教育思想家杜威进一步将戏剧方法用于教学活动中。[1] 杜威在《艺术即经验》（*Art as Experience*）一书中指出，教育全部活力的主要源泉在于本能，以及儿童主动的态度与活动，而不在于外在素材的表现与运用。因此，不论是通过他人的理念或是通过感知，以及这些不计其数的儿童自发性活动，如装扮（plays）、游戏（games）、尽力模仿（mimic efforts）等，都能被教育所运用，这些都是教育方法的基石。

同样，“儿童哲学之父”李普曼思想的最重要来源就是杜威[2]，杜威的著作及杜威本人与李普曼的私交，都对李普曼儿童哲学思想的形成起着关键作用。李普曼就是因为阅读了欧文·埃德曼（Irwin Edman）的两本讲述杜威的书——《哲学家的假期》（*Philosopher's Holiday*）和《哲学家的追求》（*Philosopher's Quest*），而放弃了工程学，确定了将哲学作为自己的奋斗目标。在随后研读杜威的《哲学与文明》（*Philosophy and Civilization*）一书时，李普曼发现强调实用主义的杜威，却将哲学完全界定为理论性的，而未能赋予哲学实践的角色，这引起了李普曼的质疑，这个质疑为李普曼未来开创致力于将哲学实践化的“儿童哲学”埋下了种子。[3] 因此，从某种意义上来说，李普曼促成了杜威教育思想的复活，并表明它完全能以浪漫的形式付诸实践。[4]

---

［1］倪凯歌，赵卓．教育戏剧的内涵及在幼儿园的应用［J］．陕西学前师范学院学报，2019，35（3）：6—10.

［2］韦彩云．思维教育的一生：儿童哲学课程（P4C）之父李普曼生平述评［J］．新儿童研究，2020（1）：142—162.

［3］Lipman，M. Philosophy or Children's Debt to Dewey［A］. Taylor，M. et al.（ed.）Pragmatism，Education，and Children International Philosophical Perspectives［C］. New York，NY：Amsterdam，2008：143—151.

［4］李凯，杨秀秀．为思维而教：李普曼儿童哲学的教学意蕴［J］．外国教育研究，2019，46（5）：16—29.

然而，李普曼早期对杜威感兴趣的却是他的艺术哲学。他自己也说："杜威的著作中起初引起我兴趣的并不是他的教育思想，而是他的艺术哲学。"[1]早在1946年进入哥伦比亚大学学习时，李普曼就将艺术哲学作为自己的研究领域，并于1950年完成了博士论文《艺术探究的问题》(Problems of Art Inquiry)[2]。该论文包含了艺术哲学和美学，想要在杜威忽视的地方开拓出一片天地。之后，李普曼又继续研究了十几年美学和关于判断的哲学。但由于怀疑艺术哲学的实用价值，并认为通过艺术哲学来实现抱负的可能性小之又小，再加上1968年哥大学生抗议活动的冲击，李普曼认为在大学开展思维教育为时已晚。他说："当我看到哥大所做出的笨拙的努力时，我不禁想到，哥大的问题是无法在哥大自己的机构框架内得到解决的。教师和学生一样，都是来自同样的小学和中学教育体系。如果我们在早期就被错误地教育了，那我们会有许多共同的错误想法，而这些错误想法会让之后教育的成果付之东流。"[3]这最终导致李普曼转向了儿童思维教育。但他并未完全放弃对艺术哲学的追求，1973年出版的《当代美学》(*Contemporary Aesthetics*)便是代表。在李普曼之后出版的著作中，也可以看到"艺术"的影子，如在1977年出版的《教室里的哲学》(*Philosophy in the Classroom*)一书中，李普曼提到了戏剧与儿童哲学的两种关系：戏剧可以为儿童提供象征性解释；戏剧可以帮助儿童理解和应付各种情境。

李普曼认为，由于儿童尚未对周围世界形成一种较为充分和完备的认识，所以对周围世界处处感到惊奇，而儿童有三种办法来解释周围惊奇的事物：一是获得科学解释；二是通过童话或故事做出象征性解释；三是以问题的形式从哲学上来说明问题。[4]李普曼认为，儿童既想得到实义的解释，也想得

---

[1] M.李普曼.哲学探究[M].廖伯琴，张诗德，译.太原：山西教育出版社，1997：2.

[2] Lipman，M. Philosophy or Children's Debt to Dewey[A]. Taylor，M. et al.(ed) Pragmatism，Education，and Children International Philosophical Perspectives[C]. New York，NY：Amsterdam，2008：143—151.

[3] 韦彩云.思维教育的一生：儿童哲学课程（P4C）之父李普曼生平述评[J].新儿童研究，2020（1）：142—162.

[4] M.李普曼.教室里的哲学[M].张爱琳，张爱维，译.太原：山西教育出版社，1997：40.

到象征性的解释，为此他们将目光投向戏剧、幻想、童话和民间传说，投向无数不同层次的艺术作品。然而，科学的解释和象征性的解释都不能满足儿童对哲学解释的需求。因此，教育戏剧虽然能满足儿童对象征性意义的追求，但对儿童的发展来说远远不够，如果不能将这些象征性解释提升到哲学解释的高度，如怎样进行推理、做出概括、发现矛盾、探寻基本假定、强调思想连贯的必要性等[1]，就难以满足儿童对形而上学、逻辑、价值、伦理等意义的寻求，也将会导致儿童哲学活动流于形式，成为缺乏深度思维和高阶发展的“玩闹”。另外，李普曼在该书中提出了七种获取意义的方法：发现多种选择；理解公正无私；辨识一致性；发现为信念提供理由的可能性；学会全面地考查问题；理解和应付各种情境；认识部分与整体的关系。[2]其中，教育戏剧在促进儿童“理解和应付各种情境”上作用巨大。正如李普曼所说，可以采取设计情境进行表演的方式对儿童进行这些方面的训练，重要的是让儿童参与情境并进行表演，认识各种情境的细微区别，使其决策能力得以逐渐提高。[3]

（二）从属性上来看，教育戏剧与实施儿童哲学的探究团体都属于教学法

教育戏剧与儿童哲学的联结更多体现在教育戏剧与实施儿童哲学的探究团体的联结上。李普曼曾指出，在普通课堂中要想实现高阶思考（批判与创造），就需要依靠高质量的材料，例如叙事故事，还需要依靠高质量的教学法，例如探究团体。[4]高振宇（2018）等学者认为作为儿童哲学核心教学法的探究团体，源于苏格拉底及其对话[5]，儿童哲学是建立在“所有儿童都是天生的哲学家”这一信念上，探究团体为儿童提供了像哲学家思考的机会，在探究团体中，孩子们可以讨论与他们生活经验相关的和重要的道德伦理问题。

[1] M. 李普曼 . 教室里的哲学［M］. 张爱琳，张爱维，译 . 太原：山西教育出版社，1997：145.

[2] M. 李普曼 . 教室里的哲学［M］. 张爱琳，张爱维，译 . 太原：山西教育出版社，1997：75.

[3] M. 李普曼 . 教室里的哲学［M］. 张爱琳，张爱维，译 . 太原：山西教育出版社，1997：86.

[4] Toye，N. On the Relationship Between “Philosophy for Children” and Educational Drama［J］. Thinking：The Journal of Philosophy for Children，1994，12（1）：24—26.

[5] 高振宇 . 孔子对话教学视野下儿童哲学探究团体的重构与创新［J］. 教育发展研究，2018，38（Z2）：65—73.

正如探究团体一样，教育戏剧也致力于创造一个支持儿童探索与讨论道德和哲学问题的环境。鲍德温（Baldwin）(2004）提出，在教育戏剧中可以通过“即兴创作”引出讨论的主题，通过“定格”“静止画面”将讨论的问题聚焦，还可以通过“思想追踪”“坐针毡”“良心巷”“论坛剧场”等策略发表评论或回应，通过“说故事”“即兴创作”“小团体角色扮演”将讨论主题深化和扩展，也可以通过“倒叙”和“说故事”来进行反思和回馈。[1]具体而言，作为一种教学法，教育戏剧与儿童哲学探究团体在目标、内容、教师及儿童的角色方面都有着密切的联结。

1. 目标上都有助于发展儿童的批判性思维、创造性思维、关怀性思维、交流沟通能力及合作精神，但各有侧重

儿童哲学的核心目标主要体现在批判性思维、创造性思维和关怀性思维，但在实践中，交流沟通能力和团队合作能力也是儿童哲学的关键目标。[2]林玫君（2017）认为，教育戏剧可以发展儿童的自我概念、情绪处理能力、社会观点取代能力、社交技巧以及认知思考、创造力和价值判断力。[3]这些目标与儿童哲学的目标有较多交叉的地方。

在儿童哲学中，批判性思维相对是最受关注的目标，其中逻辑推理是批判性思维的核心元素，也是最能体现儿童哲学“哲学性”的地方。儿童哲学中的创造性思考主要体现在原创力、助推力、想象力、发明力、惊奇性、自我超越性等方面，值得注意的是，创造性思考与批判性思考往往相辅相成、相互促进。[4]与儿童哲学相对更关注批判性思维不同，教育戏剧历年来最关注创造性思维的培养，以至于教育戏剧的名称在美国演变成了“创造性戏剧”(creative drama)，以威尼弗列德·沃德（Winifred Ward）1930年出版的《创造性戏剧技巧》(*Creative Dramatics*）为主要代表。在关怀性思维方面，儿童哲学强调作为探究主体的儿童不仅应该关怀自身的观点、思考以及贡献，也应该关怀他人以

[1] Baldwin，P. With Drama in Mind：Real Learning in Imagined Worlds[M]. London：A&C Black，2004：13.

[2] 高振宇. 基于核心素养的儿童哲学课程体系建构[J]. 上海教育科研，2018（1）：20—23，19.

[3] 林玫君. 儿童戏剧教育之理论与实务[M]. 台北：心理出版社，2017：28.

[4] 高振宇. 基于核心素养的儿童哲学课程体系建构[J]. 上海教育科研，2018（1）：20—23，19.

及整个探究过程的进展和共识的达成；在教育戏剧中，关怀性思维更强调对他人的认同、共同感受及情感的关怀，因此儿童哲学与教育戏剧在关怀性思维的培养方面有着更高的一致性。另外，儿童哲学中的交流沟通及合作能力的培养更侧重于通过口头语言的方式沟通和合作；而在教育戏剧中，除了口头语言，还有其他多种沟通方式，如肢体动作、道具的使用等。

因此，从目标维度上来看，儿童哲学更为侧重对批判性思维的培养，教育戏剧更为侧重对创造性思维的培养，两者都强调对关怀性思维的培养，但在对交流沟通及合作精神的培养方面，教育戏剧显得更为多元和丰富。正是这种在目标层面的共性和不同，为教育戏剧融入儿童哲学提供了可能性及独特而又互补的价值。

2. 内容上都强调对刺激物的选择及对文本的解构与分析，但标准不同

儿童哲学的文本经历了从最初的 IAPC 教材到如今多元材料并用的过程。IAPC 教材作为全球最具影响力的儿童哲学教材，在引入我国时，有学者认为，其内容预设了北美文化情境，不适合中国国情与校情。另外，IAPC 教材在实践中也存在一些问题，尤其是针对幼儿园和小学阶段的教材，因图片的缺失和对情感的忽略也导致了一些批评。在学者卡林·默里斯的推动下，儿童哲学的文本扩展到了图画书、诗歌、音乐、图片等多元材料上，其中绘本成了幼儿园做儿童哲学的首选。持相似观点的杨妍璐（2018）认为，绘本作为儿童哲学文本，在智力适宜性、文学适宜性和心理适宜性方面优越于其他叙事材料。[1]笔者结合卡林·默里斯和自身在幼儿园的儿童哲学实践，认为在幼儿园挑选做儿童哲学的绘本要符合以下五个特征：贴合儿童的生活经验；内容情节能吸引儿童；语言风格适合儿童的年龄；主题有被传达的价值；插画与文字内容摆脱刻板印象。

而教育戏剧同样侧重于对文本或刺激物的选择及解构。林玫君（2017）指出，在进行高阶教育戏剧活动——故事剧场的时候，首要任务就是对绘本的选择与解构。如选择绘本时，应以有趣但不太复杂的情节，包含动作角色

[1] 杨妍璐. 哲学文本绘本及在儿童哲学课中的应用［J］. 上海教育科研，2018（1）：24—27.

与对话的故事为主；绘本的结构最好有起承转合，便于戏剧架构；同时，还要考虑绘本中的角色、人名、版本、逻辑性、主动或被动、动作和口语的比例、高潮与控制的平衡、定点与动点的差异、与幼儿经验的联结、情节与人物的真实性或虚构性等要素。[1]

综上所述，儿童哲学与教育戏剧在选择文本时都比较重视与幼儿生活经验的联结，都强调内容与语言风格要适合儿童的年龄，都侧重于故事的逻辑性和主题有被传达的价值。而儿童哲学因为有“哲学”的元素，更强调对主题的选择和讨论问题的确定；教育戏剧因为有“戏剧”的元素，所以更侧重一些具有舞台呈现效果的元素，如角色、动作、情节等。

3. 两者在教师和儿童的角色方面有较多相似

托伊（1994）指出，在儿童哲学中，教师并不是无所不知者，所运用的方法也不是说教的，教师作为团体的一员，需要去建构、提问和挑战儿童的思维，进而促进儿童更深入地思考。[2]鲍德温（2004）更系统地描述了儿童哲学教师的五种角色[3]：选取适宜的刺激物推动探究；建立探究团体的协议和规定；通过评论或提问来澄清问题或概念，如“我认为你说的是……”；鼓励团体成员回应发言者，如“还有哪位同学对（儿童的姓名）的发言要补充吗?”；描述评论或问题导致的影响，如“那么你的建议会导致……”或者“如果你说的是真的，那是否意味着……”。其中，前三种儿童哲学教师的角色与教育戏剧中教师的角色一致。另外，杨懿（2019）认为，儿童哲学教师应该成为共同探究者、促进沟通讨论者以及自我进步者[4]；孙丽丽（2020）认为，在儿童哲学中教师应该成为“宽容者”[5]。这些儿童哲学中教师的角色，

[1] 林玫君．儿童戏剧教育之理论与实务［M］. 台北：心理出版社，2017：229.

[2] Toye，N. On the Relationship Between “Philosophy for Children” and Educational Drama［J］. Thinking：The Journal of Philosophy for Children，1994，12（1）：24—26.

[3] Baldwin，P. With Drama in Mind：Real Learning in Imagined Worlds［M］. London：A&C Black，2004：12.

[4] 杨懿．儿童哲学课程中的教师：角色与任务［J］. 陕西学前师范学院学报，2019，35（4）：30—33.

[5] 孙丽丽．儿童哲学教师的“宽容者”角色及其实践策略［J］. 教育科学研究，2020（11）：10—15.

也是教育戏剧对教师角色的要求。

在儿童角色方面，鲍德温（2004）指出，儿童哲学中儿童的角色有六种[1]：尊重并积极地倾听其他儿童；互相建构和发展彼此的观点；对其他人的观点或评论提出挑战并给出理由；验证假设；符合逻辑思维；跟随探究的步伐。其中，前五种儿童的角色与教育戏剧中儿童的角色相一致。

二、教育戏剧融入儿童哲学的意义

（一）扩展幼儿表现自我的方式

刘晓东指出："目前的儿童哲学课还仅囿于通常的'言说'的层面，尚未提升到儿童的'一百种语言'展开儿童世界的境界。对年幼儿童来说，局限于'言说'的儿童哲学探究是片面的。"[2]而教育戏剧提供的丰富的肢体动作和戏剧策略，帮助儿童突破了单一口头语言的限制，可以实现以多种方式表达自我。

如当和儿童讨论"害怕"的时候，低龄儿童很难用语言描述清楚，但是，如果让孩子们用肢体和表情表现出害怕的样子，探究活动立马就活跃了起来，孩子们可以用不同于口语的多种方式来呈现对"害怕"的理解，这种多元的呈现也有助于儿童哲学教师及时了解儿童的想法，进而推动探究的发展。本章第四节论述的"肢体与声音的表达"中包含的韵律活动、模仿活动、感官动作、声音与口语练习、口述默剧及多种戏剧策略都可以成为儿童表现自我的方式。

因此，教育戏剧通过扩展幼儿表现自我的方式，允许甚至鼓励儿童以其"一百种语言"来"做哲学"，从而回归感性层面，实现理性和感性在儿童哲学活动中的统一。

（二）帮助幼儿理解儿童哲学活动的规则

在开展儿童哲学活动之前，建立探究团体的规则至关重要，规则的目的在于保证参与者能认真倾听、真诚回应和积极思考，规则的具体内容可以由

---

[1] Baldwin，P. With Drama in Mind：Real Learning in Imagined Worlds［M］. London：A&C Black，2004：12.

[2] 刘晓东．论儿童哲学课的哲学基础［J］. 教育发展研究，2018：15—16，57—64.

教师和儿童共同商量决定。在确立规则的过程中，卡林·默里斯建议用情境表演的方式将规则表演出来，之后针对表演进行讨论，以帮助儿童理解规则。默里斯在其著作《故事智慧：通过故事思考》(*Storywise*：*Thinking Through Stories*) 一书中列举了十个关于规则的情境，并提供了具体的操作方法。见表 12-1。[1]

表 12-1　儿童哲学活动规则情境表演及操作方法

<table>
<tr><td>你们在互相交谈，但其中一个人没有听</td><td rowspan="10">操作方法：将这十个规则写在十张纸条上，将班级依照 3—4 人一组进行分组，每组抽取一个纸条进行情境表演。可以给幼儿五分钟的准备时间，表演后请其他小组幼儿猜测这一组表演的是什么状况，并讨论这样的状况在探究团体中是否合适。将幼儿的反馈记录在黑板或大纸上，以供幼儿建立他们自己的规则时可以参考</td></tr>
<tr><td>你说话的时候每个人都在听</td></tr>
<tr><td>你说话的时候没有人在听</td></tr>
<tr><td>你说话的时候，其中一个人取笑你说的话</td></tr>
<tr><td>你说话的时候，有一个人在胡闹</td></tr>
<tr><td>你说话的时候，有一个人在读书</td></tr>
<tr><td>你说话的时候，有两个人在窃窃私语</td></tr>
<tr><td>你说话的时候，有人举手</td></tr>
<tr><td>你说话的时候，总是有人打断</td></tr>
<tr><td>你的朋友不同意你的观点，你很沮丧</td></tr>
</table>

（三）为参与者营造安全的氛围，促进师幼平等

米德和维果斯基为“思维是对话在内心的再现”这一观点提供了哲学和心理学依据，而教育戏剧可以为儿童哲学参与者进行内部对话和外部对话提供安全的氛围，从而促进思维的发展。米德说，儿童上学时已具有交往的要求，只是等待机会表达而已，儿童需要一个适当的环境使其与人交往的倾向能建设性地表现出来。[2] 李普曼也说过：“班上常常少言寡语的儿童不是不想交谈，他们只是害怕自己的话不被重视。如果课堂内有一个真正互相尊重的集体，他们能有讲话的机会，并能得到尊重，那么，他们就会从缄默中走出来，自觉地加入到集体讨论中去。一个不善言辞的孩子其实经常会有一种美

[1] Murris，K.，& Haynes，J. Storywise：Thinking Through Stories [M]. Pembs：Dialogue Works，2000：59.

[2] M. 李普曼 . 教室里的哲学 [M]. 张爱琳，张爱维，译 . 太原：山西教育出版社，1997：28.

好的向往，那就是能够站在教室的前面向全班同学讲述某个重要的问题。”[1]教育戏剧中的“角色扮演”“教师入戏”“使用道具”等策略，通过创设虚拟情境或虚拟角色，可以为参与者营造安全的氛围。比如，在“角色扮演”中，请一位害羞的儿童模仿故事中的害羞行为，在教育戏剧创设的虚拟情境中，该儿童可能会感到更轻松自在，也更愿意表达自我。当虚拟情境中的害羞行为被同伴认可而不是在现实中由于害羞而成为关注的焦点时，这名害羞儿童将逐步接纳自己，并自信起来。另外，有时部分儿童会害怕教师的传统权威形象而不敢表达，这时可以利用“教师入戏”和“使用道具”策略，请教师带一个头饰进入戏剧情境，扮演其中一个角色，与幼儿共同推动探究的发展。这将极大化解幼儿以往对教师形成的“恐惧”和提防心理，当教师放下身段与幼儿一起“玩”的时候，就自然地缓解了教室中儿童和成人间不对等的权力关系，更好地促进了师幼平等，而这是儿童哲学能够顺利进行的重要条件。

（四）更好地处理讨论中出现的突发状况

在探究团体的讨论过程中，往往会出现一些突发状况，有些幼儿会突然提出一些关于暴力、性、伤害、嫉妒、讨厌等“危险”或“敏感”话题，让探究团体的组织者措手不及，既难以中断，又难以直面儿童的提问。

如笔者于2020年12月在幼儿园大班开展儿童哲学探究活动中，组织15位大班幼儿讨论“人的成长过程中什么会发生变化？”这个问题，有个5岁的男孩A说：“我觉得我的可爱会变。”我问他为什么。他说：“小的时候，我姐姐很喜欢我，说我很可爱，现在我长大了，我姐姐很讨厌我，所以我觉得，我的可爱会变。”接下来我问大家：“你们觉得是男孩A本身比较可爱呢，还是讨厌呢？”（这样问是想引导幼儿认识到男孩A所说的自己讨厌只是他姐姐认为他讨厌）。大家七嘴八舌地说男孩A比较可爱，但有一个女孩A突然说：“男孩A很讨厌，男孩B也很讨厌。”说完，女孩A站起来，用手指着女孩B、女孩C、女孩D说：“她、她、她，都很讨厌！”还没说完，全班炸了锅……

当此之时，作为儿童哲学教师，该如何接下女孩A抛出的问题，既能

---

[1] M.李普曼.教室里的哲学[M].张爱琳，张爱维，译.太原：山西教育出版社，1997：28.

有效化解这场同伴冲突，又能促进幼儿的发展呢？笔者当时采用了“教师入戏”“角色扮演”“使用道具”“表情及动作定格”和“坐针毡”五个戏剧策略。首先，笔者以猎人身份介入，邀请女孩A选择一个头饰道具，她选择了狮子头饰，然后请女孩A扮演一只吃了鹿宝宝的狮子，其他被女孩A讨厌的幼儿扮演鹿群。其次，设置定格画面：猎人设置陷阱网住了狮子，鹿群走过来依次对狮子说“我讨厌你”，并做讨厌狮子表情和动作的定格画面。接下来采用“坐针毡”的策略，邀请“狮子”谈一谈被“鹿群”讨厌的感受，也邀请“鹿群”依次说一说讨厌“狮子”的感受。在这个环节，女孩A说：“很难受、很生气，快气炸了！不想被人说讨厌。”我继续问她：“你说别人讨厌的时候，别人会不会像你现在这样难受呢？”她说会，我继续问她：“如果你不想让别人说你讨厌，你可以不说别人讨厌吗？”她说：“可以。”接下来我问其他幼儿：“如果女孩A不再说大家讨厌，大家还愿意和女孩A做朋友吗？”其他幼儿大声而真诚地说：“愿意！”

在这次活动中，笔者创设了一个假装的情境，在这个情境中，虽然角色和情节是假装的，但是唤起的感受和情绪却是真实的。这样的情境既可以为女孩A和其他幼儿创造一段远离真实矛盾的安全距离，又可以让幼儿体验到不同角色唤起真实的情感（讨厌与被讨厌的感受），以此来促进幼儿的移情能力。虽然一次活动并不能解决女孩A的全部问题，但通过教育戏剧策略的介入，成功地化解了一场同伴冲突，促进了幼儿之间的相互理解，也展现了幼儿之间令人感动的真诚和包容，让一次原定30分钟的儿童哲学活动延长到了70分钟，而且结束的时候孩子们还意犹未尽。

（五）实现从“认知”到“实践”的转变

劳拉·多林皮奥和克里斯托夫·泰舍斯（2017）认为，儿童哲学更侧重“知”，教育戏剧更侧重“行”；儿童哲学更强调对概念的澄清、例证、反思等，而教育戏剧更强调通过对概念的澄清，进而促进行为的改善，帮助儿童塑造更好的行为，以实现美好的生活、艺术的生活。[1] 在我们的日常生活

[1] D'Olimpio，L.，& Teschers，C. Drama，gestures and philosophy in the classroom：playing with philosophy to support an education for life［C］. The routledge international handbook of philosophy for children. New York：Routledge. 2017：177—184.

中，当我们运用想象力探索生活、信念和选择的时候，我们常常会在脑海中形成一个预演，而教育戏剧鼓励我们在假装的情境中展现我们的想法，而不仅仅是在我们脑海中预演。这种在假装情境中的真实展现，与探究团体中的互相倾听与表达相结合，更有助于发展参与者的同理心、社会交往技巧、团体合作能力和关怀性思维。比如，在上述案例中，通过幼儿在假装情境中的真实预演，与探究团体的讨论和反思相结合，有效促进了幼儿从“观念”到“行为”的改变，通过多种教育戏剧策略的融入，将儿童在哲学讨论中接触到的“可爱”“讨厌”等概念应用到了假装的情境中，达成了相互原谅和包容的行为结果，直接塑造或改善了幼儿的行为，实现了从“认知”到“实践”的转变。

三、教育戏剧融入儿童哲学的路径

教育戏剧类型的划分有两种标准：第一种是幼儿参与的自发性和主动性，第二种是幼儿活动的水平。按照前者，可将教育戏剧分为幼儿自发性的戏剧游戏、以戏剧形式为主的自发性创造活动和以剧场形式为主的表演活动三种类型。在这三种类型中，又以幼儿自发性的戏剧游戏中幼儿的主动性最高，以剧场形式为主的表演活动中幼儿的主动性最低。按照后者，可将教育戏剧分为肢体与声音的表达、故事剧场两种形式。[1]

依据这样的分类，教育戏剧融入儿童哲学共有五条路径：通过幼儿自发性戏剧游戏融入；通过以戏剧为主的自发性创造活动融入；通过以剧场形式为主的表演活动融入；通过幼儿肢体与声音的表达融入；通过故事剧场融入。

依据已有研究成果，在通过幼儿自发性戏剧游戏融入儿童哲学方面，孙丽丽（2018）在《儿童哲学探究的戏剧游戏教学模式与策略》一文中认为，戏剧游戏是儿童一种有创意的哲学探究方式，并提出了包含暖身、表演、探索、复演、拓展五个程序的“游戏—探究”教学模式。[2] 孙丽丽（2019）在

---

[1] 倪凯歌，赵卓.教育戏剧的内涵及在幼儿园的应用［J].陕西学前师范学院学报，2019，35（3）：6—10.

[2] 孙丽丽.儿童哲学探究的戏剧游戏教学模式与策略［J].陕西学前师范学院学报，2018，34（10）：35—41.

另一篇论文《在故事中看见孩子：说演故事在儿童哲学中的运用》中，分析了如何用故事说演“做哲学”。[1]笔者认为，故事说演本质上是一种以“故事剧场”为主要形式的高阶教育戏剧类型。除去孙丽丽已研究过的幼儿自发性戏剧游戏和故事剧场外，还有以戏剧形式为主的自发创造活动和以剧场形式为主的表演活动以及肢体与声音的表达这三种类型尚缺乏相关研究。

另外，宋欣奕、丁星（2020）提出通过即兴表演提升儿童的创造力、通过剧情“冲突”促进儿童社会性发展、通过角色扮演促进儿童认识自我与世界三种融入策略[2]，这种提法揭示了教育戏剧融入儿童哲学的另一条路径——通过教育戏剧策略融入儿童哲学。不过，除了这三种策略外，教育戏剧中还有许多策略，而这正是一线教师相对最熟悉也最需要的地方，那么该如何系统地整理不同戏剧策略在儿童哲学中的应用显得极为重要。同时，将儿童哲学引入幼儿园必须凸显身体和情感的元素以贴合幼儿的年龄特点，因此，本节选取了相对更强调身体与情感的“肢体与声音的表达”及“戏剧策略”这两条路径来探讨教育戏剧如何融入儿童哲学。值得注意的是，这样划分是为了研究所需，并非绝对，在实际教学情境中，实践者可以将“肢体与声音的表达”中的各类活动作为广义的策略或方法使用。

（一）“肢体与声音的表达”在儿童哲学中的运用

葛琦霞（2016）认为，肢体动作是教育戏剧活动中最有创意的部分，通过肢体动作，可以激发参与者的创造力，并在大胆尝试和表现中逐步建立起自信。[3]林玫君（2017）认为，“肢体与声音的表达”这类入门级的教育戏剧活动形式共包含五种类型：韵律活动、模仿活动、感官动作、声音与口语练习、口述默剧。[4]

---

[1] 孙丽丽. 在故事中看见孩子：说演故事在儿童哲学中的运用［J］. 教育发展研究，2019，39（Z2）：94—102.

[2] 宋欣奕，丁星. 教育戏剧融入儿童哲学课的机理与策略［J］. 课程教育研究，2020（1）：8—9.

[3] 葛琦霞. 教室里的小剧场：图画书戏剧教学示例［M］. 台北：天衔文化图书股份有限公司，2016：55.

[4] 林玫君. 儿童戏剧教育之理论与实务［M］. 台北：心理出版社，2017：171.

1. 韵律活动

韵律活动一般指韵律动作（rhythmic movement），是指随着韵律而创作的肢体动作。我们常常看到儿童随着音乐起舞，就是源于我们人类对韵律的敏感性，韵律活动就是利用儿童的这种天性，利用身体或物体、乐器或音乐来唤醒儿童的肢体动作表达。韵律活动可以包含三种类型，由身体的韵律引发的肢体动作表达和由乐器等物品的韵律引发的肢体动作表达以及由词语的韵律引发的肢体动作表达。[1]

（1）由身体的韵律引发的肢体动作表达在儿童哲学中的应用

用手拍打身体是创作韵律最简单的方法，也可以加上道具模仿动物的移动，机械性的固定动作也是常用的方式。这类戏剧活动较为简单，一般可以作为儿童哲学探究活动开始之前的热身环节，通过和儿童一起拍拍手、拍拍肩、拍拍腿等动作，可以较好地集中儿童的注意力，唤醒儿童参与探究活动的热情和积极性；也可以利用这类由身体引发的肢体动作引起儿童对自我的关注，与儿童一起探讨形而上学的问题，如成人与小孩的差异、我是谁、人的同一性、组成我的物质属性等；另如，缺失了身体的哪些部分，人将不再是人？我在成长过程中，身体发生了哪些改变？发生改变后，我还是不是原来的我？

（2）由乐器等物品的韵律引发的肢体动作表达在儿童哲学中的应用

通过手摇铃、手鼓、高低木鱼、三角铁等乐器制造出的节奏，可以很容易引发儿童的想象与肢体创作。比如，在儿童哲学中对“大”“小”“轻”“重”这类本体论概念进行探究时，就可以用敲鼓来表现大象沉重的步伐，用三角铁表现老鼠轻快的步伐，同时请儿童用肢体跟随乐器表现出大、小、轻、重的步伐。在这个过程中，儿童可以通过具身体验，更好地感受这些概念，进而在感受的基础上表达观点，澄清概念。

（3）由词语的韵律引发的肢体动作表达在儿童哲学中应用

由词语的韵律引发的肢体动作表达在儿童哲学中的应用最具代表性的

[1] 林玫君．儿童戏剧教育之理论与实务［M］．台北：心理出版社，2017：171.

就是儿童哲学之歌，或者称为哼唱“哲—学”的仪式，如伊娃·佐勒·莫尔夫（2019）在著作中详细描述了他们所开展的“哲学探究”之歌，他们将 Philosophieren 拆分为 Phil-o-so-phie-ren，具体过程如下[1]：

“飞儿”（Phil）——把手臂和手张开，试着抱着一个想象的地球仪：在那里，我们能够看到“飞儿”。

“哦”（o）——有好多！让我们拍一次自己的脑袋……

“嗖”（so）——再拍一次我们的腿：这就是世界的奇妙所在！

“飞”（phie）——现在我们来倾听世界，并集中注意力：把双手放在耳朵后面，回头看一下……

“哼”（ren）——我们感知和发现的东西，都到了我们的心里：把双手小心地放到心上面。

这个韵律活动结合了音乐和拍打身体的肢体动作，这样的活动作为儿童哲学探究的热身环节，可以较好地集中幼儿的注意力，帮助幼儿做好探究的准备。实施儿童哲学的幼儿园也可以开发自己的哲学之歌，如天津市一些幼儿园开发的儿童哲学之歌，歌词如下：“小朋友们围成圆圈，我们手拉手；我们在一起呀，快乐做游戏；讨论，问问题时，想一想呀，问一问；P4C，我们在一起呀，现在就开始！”不同的幼儿园可以依据自身的特色和实际，创设符合自己的儿童哲学之歌。

2. *模仿活动*

模仿活动（imitative movement）是参与者经过实际观察、讨论、分享进而了解模仿对象后，经过自己的理解与想象，运用自己的肢体或声音将这些对象的特点重新创造（recreate）出来的活动。模仿与角色扮演不同，角色扮演更强调对人物角色的扮演，而模仿的对象不限于人物。模仿既是一种活动类型，也是一种戏剧策略，教育戏剧中的模仿活动可以包含对人物的模仿、对动物的模仿、对物品或符号的模仿、对自然现象的模仿四种类型。

---

[1] 伊娃·佐勒·莫尔夫.小哲学家的大问题：和孩子一起做哲学[M].杨妍璐，译.北京：中国轻工业出版社，2019：35.

（1）对人物的模仿

对人物的模仿既可以模仿日常生活中的真实人物，像幼儿平常接触到的各种角色或各行各业的人，如可以利用绘本《我们的妈妈在哪里》，邀请幼儿模仿各行各业人们的职业特点、衣着装扮，在模仿和体验的基础上与幼儿一起探讨社会哲学的不同主题，如社会分工、不同职业的价值等；另外，也可以模仿绘本故事中想象的人物，如通过对各种神、怪、精灵的模仿，进而引导幼儿关注形而上学中想象与现实的关系、错觉、幻觉等问题。需要注意的是，对现实人物的模仿要引导儿童着重分析人物的生理特点和心理特点，如高低胖瘦、不同的情绪状态等，而对虚拟人物的模仿则重在把握意象。

（2）对动物的模仿

对动物的模仿往往是幼儿的最爱，通过引导幼儿观察和想象动物的形态、动作、行为模式、成长过程等方面，进而鼓励幼儿用自己的肢体动作或口语呈现出来。这一活动类型比较适合探索本体论中关于自我认同的哲学主题，如以绘本《小猫皮皮》为例，在绘本中小猫皮皮分别模仿了公鸡、山羊、鸭子、兔子等动物，最后发现还是做小猫最好。可以通过该绘本邀请儿童像小猫皮皮一样模仿其他动物，并体验成为其他动物的感受，进而与儿童一起思考自我认同的主题，比如我是谁，我能做什么，我喜欢什么，是什么让我与众不同，等等。[1]

（3）对物品或符号的模仿

由于物品和符号缺乏自发性的动作，故对物品或符号的模仿相对更需要教师的引领。在选取儿童模仿的物品对象时，可以重点选择儿童熟悉的物品，如儿童的玩具、生活用品等；对符号的模仿，可以借助不同幼儿肢体的组合，既可以锻炼合作能力，也可以丰富活动的方式。如在对物品的模仿中，可以选取玛格丽特·怀兹·布朗的绘本《重要书》。该绘本用诗一样的语言描述了多种物品的属性及重要特征，比如对勺子来说，最重要的是

---

［1］伊娃·佐勒·莫尔夫．小哲学家的大问题：和孩子一起做哲学［M］．杨妍璐，译．北京：中国轻工业出版社，2019：49.

用来吃饭，可以邀请儿童模仿书中物品最重要的特征，也可以将模仿扩展到生活中的物品上，在模仿物品的同时，引导儿童思考形而上学中关于物质的属性、本质等哲学问题，请儿童说出他们认为的某一物品的最重要属性，并用肢体动作表现出来，之后进行分享和讨论。对符号的模仿，可以选用李欧·李奥尼的绘本《字母树》。该绘本运用不同的字母组合成了不同的词语，最后组合成了一句话“世界和平，造福全人类”。在以这个绘本开展的儿童哲学活动中，可以邀请儿童模仿不同的字母，通过不同幼儿肢体间的组合运用，构建出有意义的词语和句子，在体验合作的基础上进而体验符号的意义，之后引导儿童关注认识论中文字的本质、意义，也可以引导儿童讨论道德哲学和伦理学中的合作、友谊以及社会政治哲学中的暴力、战争与和平等。

（4）对自然现象的模仿

对自然现象的模仿，常常在教育戏剧或儿童哲学中被忽视。事实上，自然界中的各种现象（风火雷电、日升月落、四季交替等）都可以用时间（长短、快慢等）、空间（高低、形状等）和运动（轻重、平缓等）三个维度进行动作模仿。对自然现象的模仿比较适合同儿童进行形而上学、环境哲学和美学主题的探索。如在绘本《风喜欢和我玩》中，以一个儿童的观点，将风跟人玩的方式一一呈现出来。可以利用该绘本，邀请儿童模仿自然界的各种物体，让模仿风的人，跟这些物体一一互动，在模仿与互动中体验与自然相处时的乐趣和美好，进而思考世界的本质、万物间的关系、世界的组成等。在罗贝尔的绘本《猫头鹰在家》中，描述了猫头鹰和冬天的风以及月亮做朋友的故事，通过组织儿童模仿猫头鹰与风、与月亮做朋友的活动，进而思考友谊是什么，人能否与自然界中的风、月亮成为朋友等。在绘本《一片叶子落下来》中，通过儿童用肢体动作表现叶子从出生到飘落的过程，儿童可以深刻体验到自然万物的变化及生命的历程，在模仿体验的基础上，进而与儿童探究死亡与永恒等哲学主题。

3. 感官活动

在教育戏剧中，视、听、嗅、味、触这五种感官是重要的创作工具，感官活动（sensory activity）就是通过多种形式加强参与者的五官感受力和表现力的活动。这类活动较适宜于与儿童探究本体论及心灵哲学的问题。具体而言，可以选取儿童生活中常见的物品，只通过看外表、听声音、闻气味、触摸质地中的一项或几项来判断物品的名称、属性和特质，进而与儿童探究该物品的本质属性。以苹果为例，苹果的本质属性是红色的圆形（看），还是会发出咚咚的声音（敲击）？是有香甜的味道（闻），还是脆脆的感觉（触）？通过封闭一种感官或多种感官，儿童可以更聚焦于某一感官去体验物质的属性，这往往能发现很多生活中被我们忽略的东西，从而赋予“司空见惯”或“理所当然”以新的意义和惊奇，这也有助于儿童探索物质的主要属性与次要属性的关系，从而更好地认识这个世界。

教育戏剧中的感官活动，也适宜于进行心灵哲学不同主题的探究。例如，在进行各种感官体验活动之后，教师可以与儿童一起探究不同感觉的本质是什么；感觉与存在的关系是什么；看见的就是真的吗；错觉、幻觉、想象的本质是什么；情绪及情感的本质是什么；如何识别和处理情感等问题。

4. 声音与口语表达活动

在低龄儿童阶段，尤其是幼儿园，受限于幼儿口语表达的能力，一般使用声音模仿和对白模仿两种形式。声音模仿是针对特别的声音或音效做模仿，对白模仿是针对某些人物的口语内容或对话做模仿。例如，在应用绘本《猜猜我有多爱你》进行儿童哲学探究时，就可以将该文本中的对话用肢体表现出来，如“手臂张开，开得不能再开”“手举高，高得不能再高”等，从而将抽象的爱用具体的肢体活动表现出来。在肢体表现之后的讨论环节，可以请幼儿说一说哪些词语比较容易做动作；哪些词语较难做动作；这些动作能把词语的意思表现出来吗；我们能否用肢体动作来表达我们对朋友和父母的爱；用肢体动作与口语表达爱会有什么相同和不同等问题。

5. 口述默剧

口述默剧（narrative pantomime）是指教师用旁白的方式把文本读出来，并引导幼儿通过动作来呈现文本的内容。在低龄儿童阶段，使用单角口述默剧是较容易入门的方式。单角口述默剧采用只有单一角色的文本进行默剧呈现。在选择单一角色文本作为刺激物时，要遵循以下四个原则：第一，故事中最好有连续性的动作；第二，故事遵循起承转合的结构；第三，考虑故事中地点与空间中的定点；第四，当故事角色过多时，可以适当删改。“口述默剧”作为进入“故事剧场”之前的过渡阶段，其本身创设了一个戏剧情境，在这个情境中，足以吸引幼儿投入活动。

如克罗格特·约翰逊的《阿罗有支彩色笔》和谢尔·希尔弗斯坦的《失落的一角》就非常适合单角口述默剧。通过《阿罗有支彩色笔》，可以同儿童探究想象与现实以及阿罗在他创作的世界中的角色等形而上学的哲学问题；通过《失落的一角》，可以同儿童探讨整体与部分、自我认同等哲学主题。另外，也可以选取社会现实中某些现象或某一个体的行为，用口述默剧的方式呈现出来，进而引发儿童的关注、思考和探究。值得注意的是，几乎任何现象和行为都可以用口述默剧的方式表现出来，口述默剧表现的优点在于表现者本人没有语言的参与，更能引发探究团体的关注，更能聚焦于行为本身，增加体验的深刻性。如将同伴霸凌用口述默剧的形式表现出来，在没有语言的参与下，会令行为的表现更加严肃。

（二）不同戏剧策略在儿童哲学中的运用

戏剧习式（drama conventions）即戏剧教学方法、戏剧教学策略或戏剧教学手段，也有人称为手法、惯例和技巧。为方便理解，笔者在本书中统称为戏剧策略。鲍德温（2004）指出，在使用戏剧策略时，要注重将其命名，只有命名了，儿童才能熟悉，才能更好地掌握[1]，而且命名或概念化过程也是儿童哲学探究中的重要一环。鲍德温（2004）在其著作中列举了24种不同的戏剧策略[2]，本书立足鲍德温的相关研究，结合国内幼儿园开展儿童哲学活动的实践需求，共选取了15种戏剧策略，见表12-2。

---

[1] Baldwin，P. With Drama in Mind：Real Learning in Imagined Worlds [M]. London：A&C Black，2004：28.

[2] Baldwin，P. With Drama in Mind：Real Learning in Imagined Worlds [M]. London：A&C Black，2004：86.

表 12-2　教育戏剧策略及操作性定义

戏剧策略	操作性定义
1. 角色扮演（Role Play）	扮演不同于自己的角色身份
2. 教师入戏（Teacher in Role）	教师进入戏剧情境，扮演其中一个角色，以角色身份与幼儿共同塑造角色、发展情节
3. 定　格（Still Image and Freeze-frame）	教师用口令即时叫停幼儿正在进行的动作，幼儿动作由运动到静止
4. 镜像画面（Mirror Images）	运用肢体造型，集体复制呈现生活场景及事件，形成一幅视像画面
5. 思想追踪（Thought-tracking）	教师暂停下来，轻敲儿童扮演的角色，然后请儿童大声说一说当下扮演该角色的感受
6. 口述默剧（Oral Mime）	教师以旁白的形式描述一件物品或讲述事件的发展
7. 讨论（Discussion）	在戏剧情节发展的关键时刻，通常是戏剧冲突的解决环节，教师带领幼儿讨论如何解决问题
8. 坐针毡（Hot-seating）	幼儿以自己或角色的身份采访戏剧角色
9. 神秘之物（Mystery）	教师出示一封信、一个盒子、一张地图、一把钥匙等，引发幼儿猜想，推动戏剧情节的发展
10. 集体角色会议（Collective Role）	集体以角色身份召开会议，听取意见、商量计划、讨论解决问题的策略等
11. 良心巷（Conscience Alley）	全体分成两列，中间的距离容许一个角色通过，就如穿过一条“巷子”，其他幼儿以某角色或自己的身份对穿过巷子的这一角色提出自己的意见或看法
12. 仪式典礼（Ritual）	结合戏剧情节，设计与表现节日、婚庆等节庆的礼仪程序
13. 专家外衣（Mantle of Expert）	该方法最早是由桃乐丝·希思考特于 20 世纪 60 年代末提出，是指教师真正地邀请某一领域的专家进入课堂，与儿童一起探究，如科学家、画家、音乐家、医生、农民等
14. 墙上的角色（Role on the Wall）	这是一种简单的团队视觉探索方法，通过将一张没有五官的人脸贴在墙上，请团体成员描述和记录他们对某一角色的认识
15. 即兴创作（Improvisation）	即兴创作与幼儿自发性戏剧游戏较为相似，是指儿童在未经彩排的场景下进行的肢体或语言创作

在这 15 个戏剧策略中，有些策略较为简单和常见，如角色扮演、教师入戏、神秘之物、即兴创作等；有些较为少见，如定格、坐针毡、良心巷、专家外衣等，但少见并不意味着价值就小。为便于实践者在开展儿童哲学活动

时选取适宜的戏剧策略，本书依据儿童哲学探究团体开展的步骤，将上述15个策略纳入不同的实施阶段，但这样的划分并非绝对，每个戏剧策略在儿童哲学活动不同阶段都可以灵活运用。

李普曼和夏普的儿童哲学探究团体教学法一般包含以下几个步骤：呈现刺激物、生成问题、探究对话、元认知反思、将观念转换为行动。[1]在幼儿园实施儿童哲学时，由于幼儿进入探究状态需要一定的时间，可以在呈现刺激物之前加入一个“热身阶段”，以稳定幼儿情绪和吸引幼儿注意力。

1. 儿童哲学热身阶段

可以采用教师入戏、神秘之物、专家外衣、角色扮演和口述默剧等戏剧策略。通过这些戏剧策略可以消除幼儿的紧张心理，为幼儿营造安全氛围，也可以激发幼儿参与的兴趣和积极性。

2. 呈现刺激物阶段

在呈现刺激物时，可以呈现多种类型的材料，如绘本、图片、儿童的生活故事、艺术作品和重要的或令人不安的世界事件等。在呈现这些刺激物时可以采用神秘之物，将刺激物藏在一个袋子或箱子中，请幼儿猜一猜，或闭上眼睛拿出来，以增加神秘感，激发幼儿的思考；也可以采用口述默剧，幼儿在旁白的提示下做动作，既可以增加趣味性，也可以为不愿说话和分享的幼儿营造安全的氛围；还可以采用仪式典礼的策略，通过仪式的引入，可以增进幼儿对发言和讨论的重视。

3. 生成问题阶段

该阶段的主要任务是围绕刺激物提出相关疑惑或问题，可以采用角色扮演、定格、镜像画面、墙上的角色、即兴创作等策略进行问题聚焦和激发讨论。例如，当讨论“霸凌”问题时，可以将同伴冲突进行角色扮演，进而将不同角色的表情进行定格，请幼儿围绕定格画面提出问题或表达感受；当幼儿难以表达清楚问题时，还可以请幼儿进行即兴创作，用表情、肢体等形式

---

[1] Joe Oyler. Philosophy with Children: The Lipman-Sharp Approach to Philosophy for Children [C]. In: Peters M. (eds.) Encyclopedia of Educational Philosophy and Theory. Springer, Singapore. 2016: 1—7. https://doi.org/10.1007/978-981-287-532-7_226-1.

表达自我，推动问题的生成。

4. 探究对话阶段

这一阶段往往是儿童哲学活动花费时间最长的阶段，从确定问题到回答问题，可能要花费 15—25 分钟，同时，这一阶段也最能体现儿童批判性思维、创造性思维、关怀性思维和合作精神。在该阶段可以依据探究过程的发展，灵活采用戏剧策略，如前文案例中提到，由于探究过程出现了突发状况，笔者当时采用了教师入戏、角色扮演、使用道具、表情及动作定格和坐针毡五个戏剧策略来化解冲突。另外，也可以单独采用思想追踪的策略，使活动暂停下来，围绕儿童扮演的某一角色或提出的某一问题进行更深入的思考。

5. 元认知反思阶段

元认知反思阶段既是提升儿童思维水平，也是进行儿童哲学活动效果评估的重要阶段。在该阶段，可以采用坐针毡、集体角色会议、良心巷等戏剧策略。这三个策略都较为重视反馈和反思：坐针毡侧重于对某一参与者的公开采访；良心巷则更为隐秘和安全，在良心巷中幼儿可以小声、放松地用言语表达自己的想法；而集体角色会议强调集体一起进行反思。这三种方式各有侧重，在实践过程中，可以依据幼儿的状态和问题的推进情况灵活选用。例如，当处理敏感话题或遇到敏感幼儿时，就可以采用更私密的良心巷策略；面对一些需要澄清的话题时，就可以选用坐针毡或集体角色会议策略。另外，这三种策略都具有很强的仪式感，可以令参与者感到自己的发言受到重视，进而体会到被尊重的感觉，而这也是儿童哲学中关怀性思维的体现。

四、教育戏剧融入儿童哲学的问题与展望

上文提到的教育戏剧活动类型“肢体与声音的表达”较适宜于幼儿园中班及以下幼儿，而故事剧场较适宜于大班及以上儿童；另外，不同的戏剧策略，如角色扮演、冲突等在不同年级儿童哲学活动中运用都可以达到较好的效果。不过，在实践中需要注意，对教育戏剧的过分追求，会导致儿童哲学丧失其“哲学性”，变成纯粹的肢体活动，这种偏离不仅导致儿童哲学探究活动流于形式，同时也会令幼儿园教师产生做儿童哲学的盲目自信；而对儿童哲学“哲学性”的过分追求，会导致幼儿园儿童哲学活动偏离儿童的发展水

平和生活经验，同时也会令许多缺乏哲学基础的幼儿园教师感到惊慌，不敢碰触儿童哲学。

教育戏剧与儿童哲学有着各自的原则和特点，二者的相互融合，既深化了教育戏剧，也活跃了儿童哲学，过于厚此薄彼的做法都是不适宜的。正如在杨志成的绘本《七只瞎老鼠》中，每只瞎老鼠都摸到了大象的不同部分，都以为是别的什么东西，把腿当成柱子、把鼻子当成蛇、把象牙当成长矛、把头当成悬崖、把耳朵当成扇子、把尾巴当成绳子。在儿童教育领域中，同样有许多不同领域的人都碰触到了“大象”的不同部分，有的人采用“对话”的方式教学，有的人带领孩子构建“探究团体”，有的人在和孩子们探索“哲学话题”，有的人在用“哲学的方法”探究问题，有的人在用教育戏剧的方式组织孩子们“说演故事”……由于儿童天性好奇、爱智慧，有着“做哲学”的天性，这些不同领域的人已经是在和儿童做哲学了，只是侧重点、深浅程度和所称呼的名称不同。

这个时候我们急需一只白老鼠跑到大象身上，把各个部分都探索一遍，然后和大家一起验证，这就是一头大象呀！那么，在儿童教育领域，这头“大象”又是什么呢？我们该如何利用这头“大象”来化解儿童哲学的“哲学性”与“教育性”之间的隔阂？或许这头“大象”是“真正的促进儿童的发展”，不管是被称为“教育戏剧”还是“儿童哲学”，不管被称为“对话教学”还是“探究团体”，不管被称为“教儿童学会思考”还是“思维游戏”，只要能真正促进儿童的道德情感思维（关爱与合作）和高阶智力思维（批判和创新）的发展，我们就可以说，正是这些不同的“蔽见”，一起构成了我们儿童教育领域的“大象”。

第十三章

应用儿童哲学开展幼儿价值观教育

开展价值观教育，在幼儿的发展中起着价值观念奠基的作用，然而，如果在幼儿缺乏对这些价值观内涵的探究、理解和反思的基础上，只是简单地机械记忆价值观内容，不仅容易导致价值观教育入耳不入心，难以从观念转化为行动，还会破坏幼儿当下的生活。正如黄进指出，当教育目标单一地由抽象的哲学概念而来，或者由更高年龄阶段的目标分解而来时，我们就很容易忽视儿童当下生活中所蕴含的发展的多种可能。[1]

因此，对幼儿这一群体进行价值观教育，应采取适合其年龄心理特征的教育方式，应该多以其能理解的、乐于接受的“低结构”方式方法开展。而儿童哲学以其民主对话的道德情境、重视儿童个性情感的生动素材、灵活多元的提问方式和重视学科融合的创新形式[2]，为开展幼儿价值观教育提供了新尝试。基于此，本章将儿童哲学引入幼儿价值观教育中，通过论述应用儿童哲学开展幼儿价值观教育的必要性和可能性，进而提出具体的实施策略。

一、应用儿童哲学开展幼儿价值观教育的必要性

（一）儿童哲学对智慧的追求需要价值观的引领

哲学的本意是爱智慧，儿童哲学也可理解为儿童对智慧的追求，然而，对智慧的追求常常会陷入“唯智主义”的误区。当儿童哲学探究过于强调批判性思维时，常常导致探究过程缺乏正向价值的引领，甚至陷入对抗、吵闹的状况；而当儿童哲学探究过于强调创造性思维时，又容易导致对人文关怀的漠视。如笔者在幼儿园以图画书《喂，小蚂蚁》作为刺激物进行儿童哲学探究时，幼儿提出了消灭蚂蚁的各种办法，虽然充满了创造性思维，但是却

[1] 黄进．从儿童的兴趣出发［J］. 幼儿教育 .2019（Z4）: 34—36.

[2] 郑敏希．儿童哲学：一种适应道德教育转型的新尝试［J］. 教育科学研究 .2020（9）: 5—9.

缺乏对生命的关怀，这时，就急需友善这一价值观的引领。正如王占魁所指出的，如何在儿童哲学追求“爱智”（哲学性）的过程中体现“爱人”（儿童性），或者说如何以“爱人”（儿童性）的方式追求“爱智”（哲学性），进而实现中国传统课堂整体上从“灌输式教学”向具有儿童哲学品质的“论证式教学”转变，乃是今后中国儿童哲学课程的历史使命。[1]另外，通过儿童哲学探究，虽然能倾听到幼儿的心声和理由，却也常常因出现负面和消极的结果而陷入争议。如笔者在幼儿园以图画书《小魔怪要上学》作为刺激物开展了一次儿童哲学探究活动，大班幼儿围绕“为什么要上学?”这个问题进行了深入探究。在对这个问题的对话中，幼儿提出了许多不愿上学的理由，如有几位幼儿提到，幼儿园总是排练节目，太累了；还有部分幼儿说，不上幼儿园就可以一直睡觉，可以一直吃喝玩乐；最令人震惊的是，有几位孩子说上学太烧脑了，太令人失望了，太让人愤怒了。另外，虽然有许多愿意上学的幼儿，但其理由却是，如果上学的话父母会买玩具、买好吃的；还有一位幼儿提到，自己上学是为了“改变人生”，一位不到6岁的幼儿说要为了改变人生而上学，不知应该是喜还是忧。虽然该活动呈现了当前一些幼儿真实的想法，甚至暴露了一些教育问题，但是仅仅呈现出这些问题还不够。当幼儿表示厌学时，该如何解决？当幼儿为自己的厌学辩护时，作为教师和家长又该如何引导？如何在对智慧的追寻中加入正向积极观念的引导，是儿童哲学面临的一大挑战。此时，就需要价值观的引领，如将敬业、友善、自由等价值观融入儿童对“上学（幼儿园）”的探究过程中。教师可以提供一些正向的例子来改善幼儿不愿上学的态度，也可以请幼儿表达出自己对幼儿园的期望，共同构建幼儿心中“友善”“自由”的幼儿园环境等。

（二）幼儿对价值观的理解需要儿童哲学的推动

冯留建提出，价值观的培育有三条路径：理论认知、价值认同和道德规范，其中理论认知有助于理解价值观的内涵；价值认同强调要建立接受

---

[1] 王占魁.“爱智”抑或“爱人”——论中国儿童哲学课程的价值与未来[J].教育发展研究，2020（22）：11—20.

内化机制、实践强化机制和引导机制；道德规范要加强公民个人品德建设和道德修养。[1]依据皮亚杰的道德认知发展阶段理论，幼儿园阶段的儿童处于前道德和他律道德阶段，尚未涉及个人道德规范，因此，幼儿价值观教育应侧重在对价值观的认知和认同上。单纯的灌输和记忆虽能增加对价值观的认知，但却难以达成对价值观的认同。幼儿对价值观的认同，不仅需要将价值观转化为幼儿能理解的故事、图画书等刺激物，还需要将价值观与幼儿的经验相联结，从而赋予价值观意义，儿童哲学在这方面有着巨大价值。

具体来说，儿童哲学对幼儿价值观教育的推动，主要通过探究对话来实现。探究对话体现在六个方面：教师与价值观内容的对话（即教师对价值观的理解）、幼儿与价值观内容的对话（即幼儿对价值观的理解）、教师与幼儿围绕价值观的对话（即师幼对话）、幼儿与幼儿围绕价值观的对话（即幼幼对话）、教师与自我的对话（即反思）及幼儿与自我的对话（即反思）。其中，探究对话的难点在于教师如何促进幼儿与幼儿围绕价值观进行对话，以及如何引导幼儿围绕价值观结合自身经验进行自我反思。在这方面，儿童哲学思维工具发挥着关键而独特的作用。例如，教师通过利用“澄清”这一思考工具，可以追问幼儿：你说的是什么意思呢？你说的是……的意思吗？你这么说的理由是什么呢？你为什么这么肯定呢？这与我们讨论的问题有什么关系呢？你是说……还是……？请你再解释一下这个问题，可以吗？等等。通过利用“质疑”这一思考工具，可以提问或追问幼儿：有没有另外的可能呢？你可以从另一个角度看这个问题吗？为什么有必要……？……和……之间有什么区别吗？你的观点和……的观点有什么不同吗？如果你把……和……进行比较呢？为什么……比……好呢？等等。通过运用“评估”这一思考工具，可以问幼儿：谁能为我们总结一下要点呢？有谁能说说我们的思考把我们带到了哪里呢？我们提出了哪些新的想法呢？在今天的活动中，我们是否以彼此的想法为基础呢？等等。

---

[1] 冯留建.社会主义核心价值观培育的路径探析[J].北京师范大学学报（社会科学版），2013（02）：13—18.

二、应用儿童哲学开展幼儿价值观教育的可能性

（一）国内外应用儿童哲学开展德育已有丰富的研究与实践

对幼儿进行价值观教育属于德育范畴，而应用儿童哲学开展德育一直是儿童哲学研究与实践的一大议题。马修斯·李普曼提出，儿童哲学有助于道德教育，能增进学生对伦理概念的理解。[1]近年来，国际上一些学者围绕儿童哲学视域下德育的目标、内容和方法三个维度做了丰富研究。例如，在目标维度，玛格丽特·夏普将李普曼儿童哲学中的关怀性思维与德育相结合[2]；在内容维度，艾瑞克·凯尼恩等人提出，对学前儿童进行德育可以通过儿童的“身体”进行思考，在德育内容方面可以包含美德、勇气、节制与自控、友谊、快乐与更大的好处、规则与尊重、关心七项内容[3]；在方法维度，蒂姆·斯普罗德（Tim Sprod）将探究共同体作为实施道德教育的方法[4]。在国内，对儿童哲学视域下道德教育的关注兴起于2004年，如吕绍娴[5]、廖丁瑶[6]介绍了李普曼及马修斯儿童哲学中的德育。近几年，有较多学者围绕儿童哲学对国内道德教育的启发做了深入探索，如潘小慧[7]、王清思[8]、郑敏希[9]、高振宇[10]、张娅[11]、高洁和张丹[12]等。高振宇提出，基于儿童哲学的道德

---

[1] Lipman，M. Thinking in Education［M］. New York：Cambridge University Press，2003：50，242，259，271.

[2] Sharp，A. M. The Other Dimension of Caring Thinking［J］. Journal of Philosophy in Schools，2014，1（1）：15—21.

[3] Kenyon，E.，Terorde-Doyle，D.，& Carnahan，S. Ethics for the Very Young：A Philosophy Curriculum for Early Childhood Education［M］. London：Rowman & Littlefield，2019：33.

[4] Sprod，T. Direction in a Community of Ethical Inquiry［J］. Journal of Philosophy in Schools，2020，7（2）：60—75.

[5] 吕绍娴 . 李普曼儿童哲学中学校德育理论与实践探析［D］. 云南师范大学，2004.

[6] 廖丁瑶 . 马修斯儿童哲学视域下的儿童道德发展问题研究［D］. 浙江财经大学，2021.

[7] 潘小慧 .“儿童读经”与“儿童哲学”大不同——从伦理教育理念看儿童读经与儿童哲学［J］. 陕西学前师范学院学报，2018，34（10）：1—4.

[8] 王清思 . 儿童哲学探究团体中的德育意蕴［J］. 教育发展研究，2018，38（Z2）：74—81.

[9] 郑敏希 . 儿童哲学：一种适应道德教育转型的新尝试［J］. 教育科学研究，2020（9）：5—9.

[10] 高振宇 . 儿童哲学视野下的道德教育：理念、路径与策略［J］. 新课程评论，2021（1）：20—29.

[11] 张娅 . 道德人类学视野下的儿童哲学［J］. 伦理学研究，2019，102（04）：122—127.

[12] 高洁，张丹 . 儿童哲学对幼儿园品德教育的启示［J］. 福建教育，2021，1341（38）：25—27.

教育，应通过引入和开发适宜刺激物，启发儿童进行伦理探究；运用思维工具，积极发展儿童道德推理能力；应设置思想实验，深度升华儿童道德思考。高洁和张丹提出，儿童哲学融入幼儿品德教育，应坚持生活化、对话性和思辨性三原则。另外，还有部分学者尝试将儿童哲学融入小学道德与法治课程教学中。[1]这些研究为应用儿童哲学进行幼儿价值观教育提供了丰富的基础与借鉴。

（二）儿童哲学的目标与部分价值观有一定联系

儿童哲学最早是由李普曼于20世纪60年代末创立的，简称P4C，早期儿童哲学的目标主要集中在批判性思维、创造性思维和关怀性思维三方面。其中，批判性思维包含探究行为、思想开明行为和探究行为三个特征；创造性思维包含流畅性、原创性和想象性三个特征；关怀性思维包含欣赏性、情感性、主动性、规范性和移情性五个特征。[2]随着儿童哲学理论和实践的发展，其目标的内涵逐步增加了交流沟通能力、团队合作能力[3]及文化认同。从儿童哲学的目标与价值观内容的关系来看，自由是儿童哲学批判性思维和创造性思维产生的基础；友善、和谐、文明是儿童哲学关怀性思维的体现；而平等、公正、诚信是儿童哲学实现合作性思维的保障；民主价值观是儿童哲学目标在社会层面的追求；爱国价值观体现在儿童哲学文化认同这一目标上；而法治更多体现在对规范的遵守上，而规范同时也是关怀性思维的重要特征；敬业在幼儿阶段体现在幼儿对自己作为学生的责任感和主动性，而这也是儿童哲学关怀性目标的主要特征。

文明作为一种价值观，从理念层次来看是中华民族的“文明复兴梦”，是一种新型文明的诞生，正如季羡林先生把中国的崛起称为文明的崛起。[4]一

[1] 覃春燕．儿童哲学融入道德与法治课程的现状反思与路径探寻［J］．基础教育论坛，2022，430（32）：26—27.

[2] Lipman，M. Thinking in Education［M］. New York：Cambridge University Press，2003：50，242，259，271.

[3] 高振宇．基于核心素养的儿童哲学课程体系建构［J］．上海教育科研，2018，368（01）：20—23，19.

[4] 李文阁．论社会主义核心价值观的形成、内涵与意义［J］．北京师范大学学报（社会科学版），2015（3）：5—13.

种新型文明的崛起必然建立在东西方文化基础上，并与时代进步和发展趋势相一致。儿童哲学虽由李普曼提出，但其理论溯源可追溯至古希腊苏格拉底和古代中国孔子的思想中，如苏格拉底式探究强调我只知道我是无知的，强调从质疑走向倾听，强调教师成为与学生对话的共同探究者；而孔子“启发式”教学同样强调秉持着“无知”精神，重视学生的主动及独立思考，强调师生间及同伴间相互学习[1]，这些都是儿童哲学的核心精神。另外，基于孔子的思想，儿童哲学在中国的发展开始由“思维技能”转向“哲学智慧”，从关注认知到兼顾情感和审美，从诉诸定义走向诉诸情境[2]，从强调批判性思维走向对关怀性思维侧重的转变[3]。因此，或许可以这么说，基于东方文化，对启发式教学和关怀性思维强调的中国式儿童哲学，既是对传统文化的守正创新，也是与国际对话的结果，可作为中国对世界儿童哲学发展的贡献，这展现了东方传统文明在儿童哲学课程中的复兴。

（三）儿童哲学探究共同体体现了民主这一价值观内容

从国家层面来看，富强、民主、文明、和谐分别规定了国家在经济、政治、文化和社会四方面的发展目标。其中，儿童哲学探究共同体与价值观中的民主观密切相关，价值观中的民主，体现在民主选举、民主决策、民主管理、民主监督以及保障和尊重人权等方面。[4]而李普曼开创的儿童哲学继承与发展了杜威的实用主义教育思想和皮尔士的探究共同体这一概念，进而形成了哲学探究共同体这一实施儿童哲学的教学法。其中，共同体是一个真实鲜活、亲密包容、合作共享的有机体。在杜威看来，“共同体”与“民主”是一个意思，杜威的社会改革理想是将“大社会”（great society）建成“大共同

---

[1] 张传燧．孔子与苏格拉底对话教学法：比较文化视角［J］．教师教育研究，2006（6）：62—66.

[2] 高振宇．孔子对话教学视野下儿童哲学探究团体的重构与创新［J］．教育发展研究，2018（Z2）：65—73.

[3] Lam，C. M.（ed.）Philosophy for Children in Confucian Societies：In Theory and Practice［M］. New York：Routledge，2020：1.

[4] 戴木才，田海舰．论社会主义核心价值体系与核心价值观［J］．中国党政干部论坛，2007（2）：36—39.

体”（great community）。[1] 因此，儿童哲学对共同体的强调与实践是实现民主这一价值观的有力途径。另外，在儿童哲学探究共同体的实施过程中，常常采用一人多票或一人一票的方式，由幼儿投票选出要讨论的议题，这是民主选举、民主决策在幼儿阶段的灵活应用之一。同时，儿童哲学探究共同体强调营造一种受欢迎、有动力、安全感强的氛围，在这种环境中，幼儿可以轻松表达他们的好奇心，分享他们的意见和感受，进而自由而充满关怀地评价彼此的理由和观点。[2] 然而，这种氛围的营造需要一定的规则，在共同建立规则的过程中，也体现了民主这一价值观。如笔者在幼儿园开展儿童哲学活动时，请幼儿自己制定规则，经过幼儿群体之间的讨论与协商，共同制定了四项规则：举手才可以发言，不要打断别人的发言，不要和身边的朋友打闹，别人说话的时候要看着别人。

（四）价值观内容是儿童哲学探究主题的重要来源

价值观的内容与哲学中的分支或议题密切相关，如仁与友善、义与爱国、礼与文明、智与富强、信与诚信、中庸与和谐等。而对这些议题的讨论，正是儿童哲学凸显“哲学性”的一个重要特征。儿童哲学探究团体教学法与幼儿园常规教学的不同之一在于，教师要有意识地将具体的情境性问题提升至普遍性的哲学问题。在儿童哲学探究中，幼儿常常会提出各种问题，如大人自由还是小孩自由？为什么我们要轮流发言？好朋友做了错事，我要不要告诉老师？别人欺负我时，我要不要报复回去？为什么大熊猫是国宝？为什么要上幼儿园？可不可以说谎？教师可以这样引导：从大人自由还是小孩自由引导到什么是自由；从轮流发言引导到什么是平等；从要不要告状引导到什么是公正；从同伴矛盾引导到对规则、法治和友善的探究；从为什么大熊猫是国宝引导至对爱国的探究；从为什么要上幼儿园引导至对敬业的探究；从可不可以说谎引导至对诚信的探究。需要注意的是，教师的引导要建立在幼

[1] 吴向辉，涂诗万，赵国祥．“共同体”与“社会”：对杜威《民主主义与教育》中“Community”的探析［J］．教育学报，2022（5）：31—43.

[2] Haynes，J. Children as Philosophers：Learning through Enquiry and Dialogue in the Primary Classroom［M］. Abingdon：Routledge，2008：35.

儿的兴趣和经验之上，同时，要遵循幼儿在活动过程中生成的探究方向。如果幼儿缺乏共同经验且不感兴趣，教师“完成任务式”的引导和总结就容易变成“说教”和“灌输”，而这不仅违背了儿童哲学的精神，也不利于幼儿对价值观的理解和认同。

（五）两者都需要借助一定的“刺激物”来增进教育效果

生活化是价值观的内在要求，也是培育和践行价值观的基本路径。[1]价值观生活化的途径之一是要借助一定的刺激物，将抽象的价值观念转化为具体的情境，而图画书是实施幼儿价值观教育的有效刺激物。[2]教育部于 2021 年 10 月组织专家遴选推荐了 375 种幼儿图画书，其中，中国原创图画书占比 78%，这些图画书蕴含丰富的价值观主题，是引导幼儿从小感知中国文化、培养爱国主义情感、开展价值观教育的丰富材料，如推荐书单中的《百鸟朝凤》蕴含“友善”，《哪吒闹海》蕴含“自由”，《迟到大王》蕴含“诚信”，《更少得更多》蕴含“平等”与“公平”等。然而，如果缺乏对这些图画书资源的深度解析及阅读引导，就很难发挥其在幼儿价值观教育中的作用。事实上，自儿童哲学创立之初，图画书就已经成为开展儿童哲学的刺激物。卡林·默里斯认为，应用图画书开展儿童哲学，不仅可以带来乐趣，还可以将抽象的问题具体化，在激发儿童情感和想象力的同时，可以为探究提供更多的自主性。[3]因此，价值观教育与儿童哲学在幼儿阶段的推进，都需要借助图画书这一刺激物，而经由儿童哲学探究共同体对蕴含价值观图画书的探究，不仅有助于儿童哲学目标的实现，也有助于推进价值观教育的深入。

综上所述，应用儿童哲学开展价值观教育的可能性，体现在儿童哲学在德育中的应用、儿童哲学目标、儿童哲学探究共同体教学法、儿童哲学探究主题及儿童哲学的刺激物这五方面。立足必要性和可能性，本书提出了应用

---

[1] 马建新．社会主义核心价值观生活化：内涵、特征及实现路径［J］．信阳师范学院学报（哲学社会科学版），2021（2）：72—76.

[2] 朱家雄．社会主义核心价值观主题绘本［M］．武汉：长江少年儿童出版社，2015.

[3] Murris，K. Philosophy with Picturebooks［C］. Encyclopedia of Educational Philosophy and Theory，Springer，Singapore. 2016：1—7.

儿童哲学开展幼儿价值观教育的三个策略。

三、应用儿童哲学开展幼儿价值观教育的策略

（一）选用体现价值观主题的图画书

由于儿童哲学与价值观教育都需要借助一定的刺激物，在应用儿童哲学开展幼儿价值观教育时，首要任务是选取适宜开展价值观教育的刺激物。其中，蕴含价值观内容的图画书是适合幼儿年龄阶段的重要资源，这就需要围绕价值观，分门别类建立丰富的图画书资源库；另外，也可以采用滚雪球的方式，逐步积累适合开展价值观教育的图画书。例如，通过探究图画书《更少得更多》中平等和公平主题，进而搜集蕴含家庭成员关系平等和公平的《朱家故事》，同伴关系中平等和公平的《小老鼠和大老虎》等。在应用图画书开展价值观教育方面，朱家雄（2015）、康明（2015）等也提出可以通过图画书开展幼儿价值观教育。

另外，在选取合适图画书的基础上，还要对所选图画书进行二次文本开发。在这方面，托马斯·沃顿伯格的著作《小孩童大观念：基于绘本的儿童哲学课程》可提供详尽的参考。[1]在文本开发的同时，也要注意将图画书中蕴含的价值观与幼儿的生活经验相结合，如笔者在第八章提到的“幼儿园儿童哲学探究活动主题选择策略”中，提出教师可将刺激物中蕴含的哲学主题与活动过程中幼儿生成的问题相结合来确定儿童哲学探究活动的主题，具体包括五个步骤：第一，通过集体备课，围绕儿童哲学刺激物开发其中蕴含的哲学主题；第二，呈现刺激物，请幼儿提问；第三，将幼儿的问题分类，聚焦于哲学探究类问题上；第四，将问题与教师预设的哲学主题建立联结；第五，在儿童哲学探究活动过程中生成新的主题。[2]

（二）引入儿童哲学思考工具

目前，国际上已经发展出了多种儿童哲学思考工具，比较适合幼儿园阶

[1] 托马斯·E. 沃顿伯格．小孩童大观念：基于绘本的儿童哲学课程［M］. 柯婷，韦彩云，译．桂林：广西师范大学出版社，2022：2.

[2] 倪凯歌．幼儿园儿童哲学探究活动主题选择策略——以绘本《小蓝和小黄》为例［J］. 福建教育，2021（51）：24—27.

段的主要有三种。第一种是夏威夷儿童哲学创始人托马斯·杰克逊（Thomas Jackson）所开发的优秀思考者工具包（WRAITEC：What 指观点，Reason 指理由，Assume 是假设，If...then... 是推断，True 是真理，Example 是正例，Counterexample 则指反例）。[1] 第二种是澳大利亚的菲利普·卡姆所开发的20 个思考工具，其中初级工具包含问题象限、建议、理由、赞同与反对、举例、做出区分、临界案例、目标靶、思想实验及拇指法；中级工具包含议题、反例、标准、概括及讨论地图；高级工具包含事实、价值与概念、演绎推理、推理图、假设及分歧图。其中初级工具较为适合幼儿园阶段。[2] 第三种是英国的罗杰·萨克利夫所开发的"A-Z 思考步法"（A-Z Thinking Moves），其中，Ahead 是提前思考，Back 是回顾，Connect 是关联，Divide 是区分，Explain 是解释，Formulate 是构想，Group 是归类，Headline 是标题，Infer 是推测，Justify 是证明，Keyword 是关键词，Look/Listen 是看与听，Maintain 是保持，Negate 是否定，Order 是按顺序，Picture 是想象，Question 是提问，Respond 是回答，Size 是度量，Test 是检验，Use 是使用，Vary 是变通，Weigh-up 是权衡选择，eXemplify 是举例，Yield 是让步，Zoom in/out 是聚焦细节或关注整体。[3] 这三种类型的思维工具有较多的重合之处，如对概念和观点的澄清、追问理由、表达赞同或反对、举例、假设、做出区分、思想实验、问题象限等，在使用时可以灵活交叉使用。另外，在使用儿童哲学思考工具时，要避免为了把握工具而使用工具，而应该将儿童哲学思考工具融入幼儿的生活中。

（三）构建"关怀型"儿童哲学探究共同体

随着儿童哲学在中国的发展，其显著特点就是对关怀性思维的强调高于批

[1] 冷璐. 美国：夏威夷儿童哲学的团体探究式教学［J］. 上海教育，2019，1075（02）：40—43.

[2] 菲利普·卡姆. 20 个儿童思考工具［M］. 冷璐，译. 北京：中国轻工业出版社，2021.

[3] Sutcliffe，R.，House，B.，& Chandley，N. Making Metacognition Simple：Philosophising and Thinking Moves［C］. In Philosophy for Children Across the Primary Curriculum. Abingdon：Routledge，2023：11—13.

判性思维[1]，而对“关怀”的强调，也是落实友善、平等、公平、自由、民主、和谐等价值观的主要条件。因此，儿童哲学探究共同体的营造，应该以“友善”价值观作为指引，致力于构建“关怀型”儿童哲学探究共同体。

李园园和鄢超云提出，学前儿童价值观启蒙的实施路径包括三方面：认识与理解导向的价值观对话、情感与体验导向的价值观体验、意愿与行动导向的价值观实践。[2]

李普曼—夏普的儿童哲学探究共同体共包含五个步骤：呈现刺激物、生成问题、探究对话、元认知反思、将探究转化为行动。[3] 儿童哲学探究共同体的构建与实施过程，正体现了幼儿对价值观的认知、体验、对话、判断和实践过程。然而，幼儿园阶段的儿童，其语言能力、自控能力、有意注意能力等尚处于发展中，这就需要教师在应用儿童哲学开展价值观教育时，进行一步步具体的引导，而李普曼—夏普探究共同体五步骤对幼儿园阶段的儿童来说，显得不够具体明确。近年来，英国的 SAPERE 结合低龄儿童的年龄特点，提出了儿童哲学探究共同体构建与实施的十个步骤，分别为：（1）预热准备；（2）呈现刺激物；（3）思考时间；（4）问题生成；（5）问题分享；（6）问题选择；（7）起始发言；（8）探究对话；（9）最后发言；（10）反思与计划。[4] 具体而言：

（1）在预热准备环节，幼儿和教师共同围成一个圈，保证每位成员可以看到彼此的脸，能进行目光接触，能清晰地听到对方说话，并感到舒适、被尊重；同时，确保活动规则应该经由小组讨论和同意，并且能及时修订完善。

（2）在呈现刺激物环节，保证刺激物能够吸引幼儿，对幼儿是有意义的。

（3）在思考时间，允许幼儿个人独自思考或与同伴交流，允许幼儿可以

[1] 高振宇，周傅盛．“关心型”儿童哲学探究共同体模式的建设：诺丁斯对话思想的启示［J］. 河北师范大学学报（教育科学版），2022，24（06）：44—55.

[2] 李园园，鄢超云．学前儿童社会主义核心价值观启蒙的意义与路径［J］. 幼儿教育，2022，No.915，No.916（Z6）：9—13.

[3] Oyler，J. Philosophy with Children：The Lipman-Sharp Approach to Philosophy for Children［C］. Encyclopedia of Educational Philosophy and Theory，Springer，Singapore. 2016：1—7.

[4] Gorard，S.，Siddiqui，N.，& See，B. H. Philosophy for Children：Evaluation Report and Executive Summary［M］. EEF：London，UK. 2015：10.

用语言表达，也可以用绘画表达，并给幼儿留足够的思考和表达时间。

（4）在问题生成环节，要确保每位幼儿的问题都得到了表达和回应，为幼儿提供机会进行同伴分享。

（5）在问题分享环节，可采用问题象限进行分类，也可以请幼儿对每个备选问题进行称赞并表明理由，如“我喜欢……的问题，因为……”。

（6）在问题选择环节，可经由幼儿投票或与教师协商产生。

（7）在起始发言环节，可以通过询问参与者选择这个问题的原因开启探究。

（8）在探究对话环节，通过互相借鉴彼此的观点，以更好地理解讨论的内容。在该环节常常会出现幼儿因为观点不同而吵起来的状况，这就需要教师时刻以“关怀”来化解幼儿的戾气，鼓励幼儿认真倾听，以温和的方式参与对话。

（9）在最后发言环节，可以鼓励探究过程中发言较少的幼儿发表他们的观点。

（10）在反思与计划环节，要关注幼儿的情感反馈，及时询问幼儿开心或不开心的理由，以改进探究共同体。同时，鼓励幼儿将探究过程形成的观点落实到实践中。如在对友善这一价值观探究之后，可以请幼儿用行动向身边的人、物及环境表达自己的友善。

后　记

十四年来，我一直在回答两个令人尴尬的问题：

十四年前，有人问："你学的什么专业？"我说："学前教育。"对方很惊讶："什么？你是学学前教育的？一个男生？"

十四年后，有人问："你是做什么的？"我说："在幼儿园推广儿童哲学。"对方很惊讶："什么？幼儿能学哲学？"

而这本书就是为了解答这两个问题，尤其是第二个问题。

十五年前，如果你问我：你要报考什么专业？我会坚定地回答：学前教育。

而今，如果你再次问我：未来你的事业是什么？我依然会坚定地回答：学前教育。具体来说，是在学前教育领域推广儿童哲学。

记得2010年，在母校洛阳师范学院学前教育专业的职业规划课堂上，我作为志愿者，请同学们讨论我未来可能扮演的人生角色时，高迎春同学提出了"先驱"这一角色。虽然，当时不甚理解这个角色与我的关联，一种无形的力量让我把"先驱"这一角色放在了所有角色的前面，在当时的认知中，超越了孙子、儿子、丈夫和父亲等人生角色。虽说当时年少轻狂，而如今出版《幼儿园里的儿童哲学》这本书，似乎成了践行"先驱"这一人生角色的自我预言。

对自我成长经历中关键事件的回忆，或许是每个从事儿童哲学课程的研究者和实践者必经的一环。

从整个生命历程来说，我的幼教历程或许从小学或初中时就开始了。我的父亲共有两个弟弟，三个妹妹，而我是家中长子，同时也是大家族中的长孙。从我有记忆开始，我的生命中就从不缺乏弟弟妹妹，叔叔家的，姑姑家的。我喜欢陪伴他们，我的生命中从不缺乏幼教经验。

高中时，我痴迷于《老子》和《庄子》，常常在老家的房顶、树林中、野地里诵读《老子》《庄子》，我对书中提及的"复归于婴儿"的精神状态非常向往。后来我知道，那叫"儿童精神崇拜"；另外，我很喜欢儿童文学、美学、教育学，以及孩子，而幼教可以很好地把这些结合起来。

然而，我自己很清楚，我当时选择幼教的决定性因素是基于这样一种懵懂的信念："童年的经历决定人的一生"，到了大学我才知道，那是弗洛伊德的理论。而高二时，我只是在一些零星文章中见过这样若隐若现的观点，但是每次我都会被这样的观点深深触动。我知道自己为什么对这些论述如此敏感，这和我童年所受到的匮乏的幼儿教育有关。

正是这种信念督促着我走上了幼教之路，给了我力量面对父母亲人起初的不理解和反对，面对社会人群的异样目光。

记得我刚到洛阳师范学院修读学前教育专业时，是藏着这样一个梦想的：我要创造一种幼教课程模式，可以适用于广大的中国农村，给那里的孩子带来光明和希望。大一时，我第一次读了《窗边的小豆豆》，观看了纪录片《小人国》，由此了解了北京李跃儿的"芭学园"，这成了我当时心目中的幼教桃花源。我也曾以她们为榜样，利用暑假带队回乡创建自己的"芭学园"。

后来，我接触到了"儿童哲学"，我意识到"儿童观"的问题是目前中国最需要改善的问题。于是我决定读研，读南京师范大学的儿童哲学、儿童观的方向，自认为可以从根本上为改善幼教贡献一分力量。后来，因缘巧合之下，我读了天津师范大学的研究生，选择了其他方向的导师，但我并没有放弃"儿童哲学"。研一时，知道了"毛毛虫儿童哲学基金会"的存在，然而在独自摸索之中，我的"儿童哲学"研究走偏了方向，偏离了最初的"儿童观"，陷入了"李普曼哲学思维训练"的模式，在缺乏资料和实践的情况下难以突破。研二时，我被迫放弃了"儿童哲学"，开始追随导师做其他课题——数学政策、游戏、幼儿园课程，后来又做了行动研究。慢慢地，我已经遗忘了我曾经沉迷的“儿童哲学”。

2015 年 9 月，作为研究生交换生，我去了台湾半年。这半年是我的教育观念发生重大改变的半年。在林楚欣老师开设的“幼教课程模式专题研修”这门课上，一位同学问我以后想要做什么，我说做幼教。同学追问，具体要做什么呢？我竟一时语塞。我一直以为我目标明确，幼教！幼教！幼教！但具体要做什么呢？我竟然回答不上来。我陷入了迷思、困惑和焦虑当中。为什么我竟然从没有考虑过这样具体的问题？我自以为目标清晰，实则是空泛无主。回想起我在天津师范大学时，一心只想要读博士，读幼教的博士，现在发现一味的读书，竟令自己陷入一隅而不自知，猛然发现原来读书竟然可以麻痹你，可以让你不去选择，可以拖延你早晚都要面对的问题。

后来，我突然意识到，我曾经对“儿童哲学”很感兴趣啊，而“毛毛虫儿童哲学基金会”就在台湾啊，为什么我不去尝试呢？于是，我努力争取，成了“毛毛虫儿童哲学基金会”的一名志愿者，参与了他们的许多培训和活动，遇到了许多在台湾推动儿童哲学的学者，如杨茂秀、刘旭恭、邱承宗、陈玉金、童嘉等。

这只是开始，机遇之门一扇一扇地向我打开。

后来，利用学校安排实习的机会，我接触到了台湾的华德福幼儿园、爱弥儿幼儿园，并跟随玉英园长和高秀华园长学习了很多。

后来，我独自骑自行车去环岛。我选择独自环岛，是因为我想要学会独自面对我的孤独，我想要聆听我最内在的声音，我想要去感受属于我独自的生命。

路上，虽然会遇到同伴，但终究要各奔东西，生命还得独自去走。

环岛之路，就像生命之路。一路上会有上坡，也会有下坡；会有逆风，也会有顺风；会有雨天，也会有晴天……

生命的坦然在于接纳自己的速度，在调整自己的步调中与生命之路保持一致。下坡、顺风、晴天时飞速奔驰的快感固然吸引人，但上坡、逆风、雨天的缓慢和艰难也别有一番风味。重要的是要允许自己的缓慢，允许上坡的缓慢、逆风的缓慢、雨天的缓慢。允许缓慢，才不会焦虑；允许缓慢，才不会筋疲力尽；允许缓慢，才能持久；允许缓慢，才能感受到身边风景的美；允许缓慢，才能享受到狂奔之时的欣喜。如果问我环岛最大的收获是什么，我会说，我找到了生命的步调。我找到的又何止是生命的步调！在独自面对茫茫原野之中，在独自穿梭在漫漫长夜之中，在独自聆听生命对谈之中，我寻回了一些我曾遗失的东西，或许那是梦想，或许那是“先驱”的使命……

2016 年，我去了廊坊师范学院教育学院工作。

从本科到硕士研究生毕业，我对幼教课程或模式的迷恋经历了小豆豆的“巴学园”、蒙台梭利、华德福、瑞吉欧、安吉游戏等，但总是无法在这些课程模式之间找到平衡。2019 年，在为学前教育专业学生开设“经典幼教课程模式”这门课时，我又深入对比了这些课程模式，最终发现儿童哲学可以完美地整合各种幼教课程模式的优点。我不再禁锢于某种课程模式中，而是从儿童观、教育观以及教学法的层面思考幼儿教育，于是我将儿童哲学提升到作为我的教育信念的高度。随后，在教育学院李士萍院长的鼓励下，我逐步开设了儿童哲学工作坊，从工作坊变成选修课，一步一步开始到幼儿园推广儿童哲学。

最终，复归来处，一切又回到了初衷。

倪凯歌

二〇二三年十二月

图书在版编目（CIP）数据

幼儿园里的儿童哲学 / 倪凯歌著. — 上海：上海教育出版社，2024.1

ISBN 978-7-5720-2364-4

Ⅰ. ①幼… Ⅱ. ①倪… Ⅲ. ①哲学 - 教学研究 - 学前教育 Ⅳ. ①G613.3

中国国家版本馆CIP数据核字(2023)第221953号

责任编辑　刘美文
封面设计　陆　弦

幼儿园里的儿童哲学
倪凯歌　著

出版发行　上海教育出版社有限公司
官　　网　www.seph.com.cn
地　　址　上海市闵行区号景路159弄C座
邮　　编　201101
印　　刷　上海盛通时代印刷有限公司
开　　本　700×1000　1/16　印张 15.5
字　　数　230 千字
版　　次　2024年1月第1版
印　　次　2025年1月第2次印刷
书　　号　ISBN 978-7-5720-2364-4/G·2095
定　　价　65.00 元

如发现质量问题，读者可向本社调换　电话：021-64373213